阚雅玲 编著

心智与行为模式提升

广东高等教育出版社
Guangdong Higher Education Press

· 广州 ·

图书在版编目（CIP）数据

心智与行为模式提升/阚雅玲编著. —广州：广东高等教育出版社，2020.8（2021.7 重印）
ISBN 978－7－5361－6755－1

Ⅰ. ①心… Ⅱ. ①阚… Ⅲ. ①素质教育－教学研究 Ⅳ. ①G40－012

中国版本图书馆 CIP 数据核字（2020）第 069263 号

出版发行　广东高等教育出版社
社址：广州市天河区林和西横路
邮编：510500　营销电话：（020）87553335　38493773
http://www.gdgjs.com.cn
印　　刷　广州市穗彩印务有限公司
开　　本　880 毫米×1 194 毫米　1/16
印　　张　12
字　　数　315 千
版　　次　2020 年 8 月第 1 版
印　　次　2021 年 7 月第 2 次印刷
定　　价　35.00 元

光伏发电应用技术

主　编　朱山川
副主编　孙义婷　甄　帅
参编者　许　杨　陶　璐　崔心惠

北京交通大学出版社
·北京·

内容简介

本教材以岗位需求为目标，以学生为中心，以行动导向为原则，以光伏工程项目的项目设计、项目安装（施工）、项目运行维护3个阶段为主线来组织，将教学内容按照由浅入深、由简单到复杂分为5个项目，包括认识光伏发电技术、光伏路灯照明系统、4 kW离网型光伏发电系统、屋顶分布式光伏发电系统和集中式光伏并网发电系统。这些项目既兼顾了光伏发电技术的各种应用场景，又涵盖了光伏发电技术工程应用的基本知识和技能，满足了岗位能力需求。

本教材以任务为单位组织教学，每个任务包含学习目标、任务引入、任务工单、知识点链接库、任务实施、任务实施单、任务验收单、任务评价单、自我评测等内容，层层递进，环环相扣。本教材还融入现代信息技术，配有丰富的微课等教学资源。

本教材可作为高职高专光伏相关专业学生的教材，也可作为新能源类产业方面的技术人员的学习资料和参考资料。

图书在版编目（CIP）数据

光伏发电应用技术 / 朱山川主编. -- 北京 : 北京交通大学出版社, 2025. 8.
ISBN 978-7-5121-5532-9

Ⅰ. TM615

中国国家版本馆 CIP 数据核字第 2025WL4234 号

光伏发电应用技术
GUANGFU FADIAN YINGYONG JISHU

策划编辑：廖志平　　责任编辑：陈成梅
出版发行：北京交通大学出版社　　电话：010-51686414　　http://www.bjtup.com.cn
地　　址：北京市海淀区高梁桥斜街44号　　邮编：100044
印 刷 者：艺堂印刷（天津）有限公司
经　　销：全国新华书店
开　　本：185 mm×260 mm　　印张：12.75　　字数：330千字
版 印 次：2025年8月第1版　　2025年8月第1次印刷
定　　价：48.00元

本书如有质量问题，请向北京交通大学出版社质监组反映。对您的意见和批评，我们表示欢迎和感谢。
投诉电话：010-51686043，51686008；传真：010-62225406；E-mail：press@bjtu.edu.cn。

前　言

“人生成败在心态”、“思维决定格局、格局决定命运”、“所有组织的问题都是人的问题、人的问题主要是心智模式的问题”……这些道理似乎很多人都懂，可懂得那么多道理，为什么依然过不好这一生呢？也许王阳明的“知行合一”是答案。95后的学生开始厌倦“鸡汤”，是因为这些道理难以抚平心灵创伤？还是因为无法给予他们持续而坚定的力量？这些年，我一直在找寻真正能解决态度、心智和思维的工具与模式，希望赋予学生主动解决问题和实践“良知”的力量。在经过多年的准备与积淀后，开发了《心智与行为模式提升》这门课程，并在线学习MOOC，至今已有5 000余名本专科学生及社会人员学习了此课程。

有同学说：本以为是鸡汤课，结果是工具课；本以为是抽象的理论课，结果是改善言行的实践课；本以为是传统的说教课，结果却让我们在行动中，遇见了更好的自己。还有同学说：原本我自闭，现在打开了自己；原本我厌学，这门课让我爱上了学习；原本我脾气暴躁，现在能控制自己；原本我不懂感恩，如今知道感恩才是最高情商；原本不接纳自己和他人，现在能悦已修圆、识人合作。还有同学说：我现在通过管理语言，实现了管理思想；通过管理情绪，进而管理能量；通过管理思维，提升了智慧，我相信通过管理行为，一定会改变自己的命运。

学生们的反馈给了我们极大的信心，于是自主开发了这本教材，进一步完善课程，该课程以马克思唯物辩证法为指导，以社会主义核心价值观为取向，以中国优秀传统文化为根基，以学生的成长与发展为中心，借鉴查理·佩勒林的4D理论，融入管理学、心理学、人脑科学、个人领导力、教练技术等研究成果，为学生提供提升心智与行为模式的理念与工具箱，并通过各种形式让学生反复思考与训练。从天生个性开始，识己识人、修圆谋事，拓展思维模式、改善情绪模式、优化语言与行为模式，进而实现人格的完善、素养的提升、职业的发展、境界的升华。

该课程是课程思政的试点课，对于“立德树人”，我们会习惯性地认为是“立学生的德”，事实上是“育人先育己”。此课程是将教师与学生作为学习共同体，基于“课堂工作坊”实现“教学相长”，基于“课程工具箱”在“做中学”“学中做”，师生共同实现“知行合一”“身心合一”。对于这本教材，我们也是希望能放下学术著作的高冷面孔，以更为亲和的姿态，以活页、工作手册的形式让学生在书中学、书中做，教师在书中教，甚至在书中考。修订后的教材增加了数字化资源，提供教师授课的微视频、辅导学生的对话音频、还有课程PPT以及拓展资源微电影等，为混合式教学提供条件，实现“教师、教材与教法”三位一体的改革，不断提升教学质量与人才培养质量。

该课程不只面向学生，也面向教师；不只面向学校，也面向企业和社会。它能帮助个体认识自己、完善自己，进而成为更好的自己；帮助团队和组织改善文化氛围，提升实力和业绩。如果你想发现天性、悦己修圆；你想掌握自我提升的有效路径；你想学习简单易行的心智与行为模式提升方法；你想体验化解矛盾和解决冲突的4D流程；你想提升个人领导力，打造卓越的团队……就来参加《心智与行为模式提升》的学习吧，期待与你一起共享极富收获又充满愉悦的学习之旅！

该教材由阚雅玲、赵文德、彭思共同完成。阚雅玲主要完成了全书14章的编著工作。赵文德和彭思老师完成了工作坊手册以及14章数字化资源的编辑工作。教材编写过程中，借鉴了很多前辈以及同行的论著和分享，得到了学校各级领导和同事们的大力支持与帮助，郭全美老师将其读书笔记《书香一品》作为本书附录，与同学分享，在此一并表达我诚挚的谢意！由于作者水平有限，书中难免有错误和疏漏之处，敬请广大读者批评指正。

阚雅玲

2021年2月1日

扫码可获取心智与

行为模式提升课程标准

目录

第一部分 课程学习基础

第二部分 心智模式提升

第三部分 行为模式提升

附　　录

第一部分

课程学习基础

本部分为整门课程学习奠定基础，它包括——“课程导读”“基本理念”“AMBR 焦点管理”三个单元。

单元 1 课程导读首先从基本的学习工具“why - how - what”入手，引导同学们思考为什么上大学，怎么上大学，以及上大学学什么；其次介绍“心智与行为模式提升”这门课是什么、学什么、为什么要开设，以及如何上好它；最后，介绍改善心智与行为模式的基本流程与方法，让大家保持对生命的全然觉知，坚持阅读与练习，进而实现“知行合一”。

单元 2 基本理念是作者个人多年工作和生活实践中一直受益的金科玉律。在做任何事情、面对任何人时，若能坚持这些理念，都会有好的结果。

单元 3 AMBR 焦点管理是教大家一个贯穿本课程始终的思维与行动工具——“AMBR 焦点管理”。它能让我们从不同视角去看待人、事、物，改变思维方式，提升心智模式；它能让我们学会向前看，不纠缠于过去的问题中；有效界定问题、找准焦点，清晰目标与成果；它能让我们向内因转化，不纠缠于外因的制约；界定可控与不可控事项，凡是不可控的，选择不纠缠。

单元 1　课程导修

讲课视频　　PPT

首先欢迎你来学习“心智与行为模式提升”课程，这既是一门走心的课，又是一门工具课，还是一门直击灵魂的课。也有的同学认为这是一门疗伤的课、一门救赎的课。期待我们共同度过一段极富收获又非常愉悦的幸福时光。下面，是关于这门课程的总体介绍，希望你能喜欢。

【预期成果】

如果你能认真学习并实践本单元的内容，你可以获得如下学习成果：

1. 掌握基本学习工具“黄金圈法则”；
2. 厘清上大学的“why－how－what”；
3. 理解这门课的“why－how－what”；
4. 组建学习团队，遵守工作坊协议；
5. 掌握改善心智模式的基本流程与方法。

【学习工具】

西蒙·斯涅克（Simon Sinek）的黄金圈法则（见图 1－1）“why－how－what”是我们在学习和工作中非常有用的一个工具。

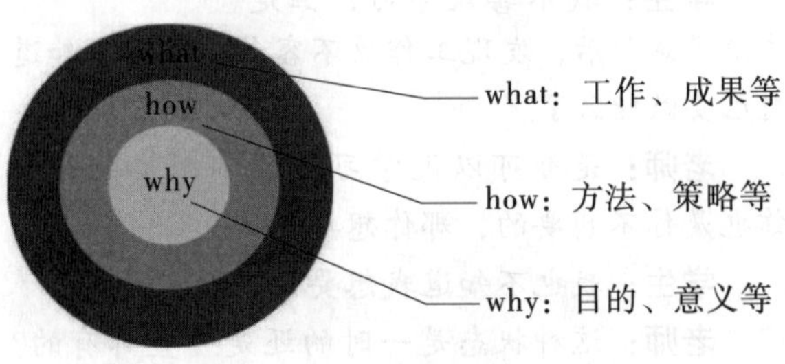

图 1－1　Simon Sinek 的黄金圈法则

请思考：对照图 1－1 显示的 Simon Sinek 的黄金圈法则，你在思考问题和开始行动时，通常思维的顺序是什么？

人们的思维分为三个层次：“what”“how”“why”。“what”是什么或干什么；“how”是做事的方法，特别是有效、高效的方法；“why”是为什么要去做，特别是它的价值和意义。

Simon Sinek 认为：世界上几乎所有领袖级的人物或组织在取得成就的过程中的思考、行动以及交流的方式是一样的，即黄金圈法则：“why－how－what”。

大多数人都明白“what I do”，即自己是在做什么。其中有些人则明白“How to do it”，即怎么做。但只有非常少的一部分人知道“why I do it”，即明白自己为什么要做。

对于这个工具，我们大部分人都是从外向里来思考，先想自己得去做什么；然后再考虑怎么做；最后考虑，甚至不去考虑为什么做。领袖们则恰恰相反。真正成功的、给人启发与激励的思考方式是“why”－“how”－“what”。

任何一件事，只有先拥有了明确的价值观，明白了“为什么”，才会知道如何更好地“怎么做”，才能真正做出所需要的“是什么”。能够这样思考，并带领别人的，才是真正的“领导者”。

德鲁克在《管理的实践》中讲过类似的故事：有人问三个石匠为什么要做石匠，第一个石匠回答：“我在养家糊口。”第二个石匠边敲打石块边回答：“我在做全国最好的石匠活。”第三个石匠仰望天空，目光炯炯有神，说道：“我在建造一座大教堂。”

【批判性思维】

世界上领袖级的人物或组织在取得成就的过程中，其思考、行动以及交流的方式大多都是按照黄金圈法则“why－how－what”，你认为这一定正确吗？你怎么看待下面的观点？

有人说：在未知的领域里，what 与 why 更重要；在已知领域里，how 更重要。因为对于未知的事物，人得先发现它，知道是什么，了解为什么。对于已知的事物，what 与 why 已经不再那么重要。例如，今天几乎人手一台智能手机，我们需要去了解，什么是手机以及为什么要用手机这两个问题吗？根本不需要。现在就变成了怎么样利用手机解决问题，提升工作效率和生活质量，如何用手机拍出好看的照片，等等。

相比于 what 与 why 的概念问题，how 是这些概念在真实社会里所面临的关键问题，谁能够以最短时间解决这个问题，谁就会赢得主动。

例如“口红一哥”李佳琦，就是来帮助人们解决如何选择口红的问题，这是个非常具体的问题。而且他在 2018 年“双 11”里，与马云来了一场出人意料的 PK 赛——直播卖口红。照理说，马云的影响力绝不是一个网红能比得上的，但是结果却大跌眼镜。李佳琦卖了 1 000 支，而马云才卖了 10 支。100 倍的差距，是因为李佳琦在向用户展现选择口红的方式上超过马云。

【工具运用】

请个人思考，并小组讨论下列问题：

1. 你为什么上大学？（why）：写出你们小组认为最重要的 5 个理由。

（1）________________

（2）________________

（3）________________

（4）________________

（5）________________

2. 你准备怎样上大学？（how）：写出你们小组最认同的 5 种方式。

（1）________________

（2）________________

（3）________________

（4）________________

（5）________________

3. 你上大学后准备学什么、做什么？（what）：写出你个人思考后的选择。

（1）________________

（2）________________

（3）________________

（4）________________

（5）________________

【教师辅导】

灵魂的唤醒

对话音频

学生：我不喜欢学习，但是去做了兼职后，发现工作更不容易，我都不知道自己要做什么了。

老师：是否可以说学习是你不想要的，工作也是你不想要的，那你想要什么？

学生：我也不知道我想要什么。

老师：这种状态是一时的还是一直都有的？从何时开始的？

学生：小学的时光是开心的，上了初中就慢慢开始不想学习，基本就总是这样了。

老师：那已经有 6 年多的时间了是吧？还好，人生最美好的 6 年还有四五个吧，你准备还要用几个 6 年度过“学习不喜欢、工作不想做”

这种状态呢？

（学生不语，思考，感觉心里难受……）

老师：想想下一个6年结束时，你会在哪里呢？那是一个什么样的画面，你能描述一下吗？

学生：嗯，那时我会在广州吧，我还是喜欢大城市……我可能会和别人挤在一个廉价出租屋中，还没找到自己喜欢的工作吧。（学生情绪低落）

老师：如果让那时的你对现在的你说些话，你会说什么呢？

学生：6年飞逝而过，6年前种下什么因，6年后就会结下什么果，你要好好努力啊！

老师：好，如果我们把时间再推后6年，那时的你就三十而立了吧，也许有了自己的家庭，那时的你又会对现在的你说些什么呢？

学生：父母慢慢老了，孩子也出生了，今天你的一切会关系到你的父母晚年的幸福，关系到孩子童年的幸福，你得努力啊！

老师：你想努力了吗？若是，那你准备从何做起呢？别急，一点点去做，一点点看着自己成长好吗？

学生：嗯，是的。我想我会先从自己感兴趣的课或感兴趣的书开始学习吧。

老师：好的，你学过SMART的目标制定原则吗？先给自己定一个培养好习惯的小目标，再给自己定一个改掉坏习惯的小目标，成功后就给自己一个奖励，好吗？

学生：好的，谢谢老师！我准备从每天去图书馆看半小时书开始，培养读书的好习惯。我准备改掉睡觉前一遍遍刷手机的习惯。

老师：能否再具体些，准备看什么书？每天刷手机的时间准备减少多少？晚上几点睡觉？越具体越容易落实，越容易养成习惯。你今天回去再好好考虑一下，慎重地制订一份读书计划和作息时间表，然后坚决地去执行，好吗？

学生：好的，谢谢老师！

老师：加油！期待你的好消息！

【知行合一】

对生命保持全然觉知

1. 你大学的“愿望清单”上都有什么？发现什么对你很重要，什么是你上大学后希望达成的目标？互相分享，这是了解自己和他人的一种很好的方式。

____

____

____

____

____

____

____

____

____

____

2. 到现在你做过的最有成就感、最有满足感的一件事是什么？

____

____

____

____

____

____

____

____

____

3. 你想成为一个什么样的人？你最欣赏自己的哪些方面？

____

____

____

____

____

____

____

____

____

____

单元1　课程导读

4. 下列选项你最喜欢哪一个？（a）帮助/提升他人；（b）与他人建立连接；（c）思考/学习；（d）行动/达成结果。在随后工作坊中，将探索你的天生个性，这个问题将开启我们的探索之旅。

5. 如果钱不是问题，你会从事什么职业？为什么？这个问题可能会帮你洞悉自己的天生个性。

【关于课程】

关于“心智与行为模式提升”这门课程，我们同样需要先解决三个问题，“why - how - what”。也许大家还不了解什么是“心智与行为模式”，那么我们就先从“what”开始。

1. 什么是“心智与行为模式”？（what）

心智模式，是指根植在我们内心深处的认知，是我们认识事物的方法和习惯。

心智模式是深植于我们心中，影响我们如何了解这个世界，如何采取行动的许多假设、成见、图像、印象，是对于周围世界如何运作的既有认知。我们通常不易察觉自己的心智模式，以及它对行为的影响。

其实，心智模式是一种思维定式，我们这里所说的思维定式并非是一个贬义词，而是指我们认识事物的方法和习惯。当我们的心智模式与认知事物发展的情况相符，能有效地指导行动；反之，当我们的心智模式与认知事物发展的情况不相符，就会使自己好的构想无法实现。所以，我们要保留心智模式科学的部分，完善不科学的部分，才能取得好的成果。

行为模式是人们有动机、有目标、有特点的日常有规律的行为方式，表现为人们的行动特点、行为习惯和行为逻辑，它受心智模式影响最大。行为模式常常是心智模式的外在表现。

以下案例能帮助你进一步认识什么是心智模式与行为模式。

案例 1

有一次我在英国商场买了件衣服，标价 82 英镑。我拿了 1 张 100 英镑和 2 个 1 英镑硬币，一共 102 元递给了售货员。那个售货员一脸茫然。她把 2 英镑还给我，说不需要。然后把商品递给我，说：82；接着一张张钞票和一个个硬币数给我，说：92，97，98，99，100。

我立刻理解了她的思维模式：你给我 100 元，我连商品带找钱，加在一起还你 100 元。

我的思维模式是：我给你 102 元，商品 82 元，减后你找我 20 元。她居然不理解我的思维模式，我也没用过她的思维模式，但我们各自幸福地生活着。

案例 1 所表现的心智模式是一种思维定式，这种思维定式没有对错。但我们可以反思一下自己的心智模式，有哪些会与事物发展的情况不相符，有哪些会阻碍自己的行动，有哪些会限制自己的人生？比如：平日我们是否会经常说：“不行的，这肯定是做不到的”“老师不喜欢我这种学生的”“我做什么事都做不好”“我这种人是不适合做销售的”……

2. 为什么要学习“心智与行为模式”?（why）

人与人之间的差距，常常在于心智与行为模式的不同。每个人都在以他的理解和经历构建自己的心智模式，然后再用这个心智模式理解这个世界。因为心智模式的不同，同一件事，不同的人做，效果会截然不同。优秀的人和普通人之间的差距，其实就在于他们的心智模式不同。

案例 2

大英图书馆建了一栋漂亮的新楼，准备整体搬迁过去。

但你知道，书多重啊，还这么多，搬家的工作量可是非常大的。

有人估算，做这件事要花350万美元，好大一笔钱。

请问，如果你是馆长，怎样才能把海量的书，用尽量少的钱搬到新馆去?

雇更便宜的人吗?

发动所有员工及其家属?要求新馆建设者承担这个义务?

在“搬书”这个固有的思维模式下，可能很难找到更好的方案了。

那顶级优秀的人，会怎么办呢?

有位年轻人对馆长说：“我来帮你搬，只要150万美元。”

年轻人在报纸上登了一则消息：“从即日起，大英图书馆免费、无限量向市民借阅图书，条件是从老馆借出，还到新馆去……”

年轻人从“搬书”的思维模式，转换为“还书”的思维模式，结果花了不到一个零头就完成了这个看似不可能完成的任务，自己也成了百万富翁。

你看，同一件事，心智模式不同的人去做，效果会截然不同。

案例 3

周日清晨，纽约地铁，乘客们安静地坐着。

这时上来了一位带着几个孩子的男子。孩子们一上来就四处奔跑，撒野作怪，而这个男子坐下来，就像没看见一样。

大家非常不满。

你也终于忍无可忍，对他说：先生，可否请你管管你的孩子们?

故事讲到这里暂停一下。

问问自己：你忍无可忍的心智模式是什么?

是每个熊孩子背后一定有一个熊家长吗?

那个人抬起眼来看你，仿佛如梦初醒般地轻声说：是啊，我想我是该管管他们了。他们的母亲一小时前刚刚过世，我们刚从医院出来。我手足无措，孩子们大概也一样。

这不是故事，这是《高效能人士的七个习惯》的作者史蒂芬·柯维的亲身经历。史蒂芬说，你能想象我当时的感觉吗?我瞬间怒气全消，非常自责，同情与怜悯之情油然而生：啊，原来您的夫人刚刚过世?我感到很抱歉！我能为您做些什么?

有时候，错的不是世界，错的，是我们理解世界的思维模式。

所以，当遇见不愉快的人和事，我们可能会选择抱怨和不理解。但有些人，他们不会随意评判别人，他们会站在对方的角度去思考，他到底为什么这么说?他到底为什么这么做?是不是有什么隐情?他们会选择站在对方的角度去理解他。

案例 4

某公司为员工提供午餐和晚餐。

午餐吃饭的人数一般比晚餐要多，毕竟不是人人晚上都要加班，所以做午餐的供应商利润更高。

只不过有时候，午餐做得很糟糕……

怎么办?

派人和他说不要偷工减料，盯着他好好做?

隔一段时间换个大厨?

要求他们更新菜谱?

这些办法，是最好的方式吗?

这个企业管理者想出了一个制度：

(1) 选2家供应商，一家提供午饭，另一家提供晚饭。

(2) 每3个月做满意度调查，是喜欢午饭还是晚饭？

(3) 如果喜欢晚饭的多，午饭、晚饭供应商交换。

(4) 如果连续 6 个月，午饭都胜出的话，更换晚饭供应商。

自从这个制度开始实施，那些表示“自己已经做得很好了”“换口味成本就要大幅提高”的供应商，很快就能提供比原来好得多的服务。员工的满意度也大大提升。

面对这个问题，常人的思维模式，是要求供应商提高水平，不行我就换掉你。而优秀的人的思维模式，是引入竞争机制，让竞争代替人工，去监督供应商提供更好的服务。

好了，举了这些例子，那我们如何才能提升心智与行为模式呢？那就需要转换我们的思维。思维转换，就是改变我们理解这个世界的方式。如果我们只想发生较小的变化，那么专注于自己的态度和行为就可以了，比如把杯子倒空。但如果你想发生实质性的变化，那就需要“思维转换”，可能连杯子都要换掉。怎么转换呢？你是否很想学习这门课了？

3. 怎么学习“心智与行为模式”？(how)

大多数人都有“道理我都懂，但依然过不好这一生”的感觉。究其原因是知道做不到，等于不知道。在知道的基础上，不断地去付诸行动的检验，不断地觉察学习直到获得真知，那时自然会达到知行合一的状态。

即使大家还不是全然理解，也需要先做起来。做起来再说，遇到问题解决问题，在行动的路上永远有你想不到的问题，但是当你解决了问题的时候，你就成长了，离你想要的目标就更近了。陶行知在读了王阳明的“心学”之后也是如此，开始的时候把自己的名字改成了陶知行，后来发现真的是知易行难，就又把自己的名字改成了陶行知，就是要督促自己先做起来。

行，就是行动，就是做，但是不是只要去做就没问题呢？想想若是行得太多，不去学，不去知，不去思考，像无头苍蝇一样到处乱撞，很辛苦，很勤劳，甚至不管你有多忙，最后都没有多大进步，甚至一旦空闲下来，就觉得心里空空的，感觉很无聊，又不想读书，长期下来，不仅没有在忙碌中让自己越来越好，反而让自己更加迷茫。

那么最好的办法是什么呢？王阳明已经给出答案了，就是知行合一，要在“事上练”，在事上去践行“知行”的功夫。

这门课我们会用工作坊的形式来学习，“工作坊”从字面上看就知道我们要在“做中学、学中做”。工作坊是以解决问题为导向，以达成共识为目标，以创新实践为驱动，促使大家对心智与行为模式进行思考、探讨、实践、分享，进而提升同学们的思想认知与行为能力。

【工作坊协议】

你愿意和老师一起达成如下工作坊协议，共同努力，实现我们的课程目标吗？如果愿意，请郑重签上你的名字。

1. 坚持上课守时。
2. 坚持课上放下手机。
3. 积极投入课堂的训练。
4. 尊重他人的意见与分享。
5. 课后多读书、多交友、多实践。

签名：　　　　日期：

上课的时间很有限，老师会带着同学们一起学习和训练，请大家课后一定多读书、多交友、多实践。

每本书，都是一套思维模式。读的书越多，就会理解越多不同的思维模式，越有助于打开“思维转换”的开关。建议每学期至少读 5 本课外书，并做笔记；喜欢读书的同学，可以考虑读 10 本以上。

每个人，也是一套思维模式。认识的人越多，你会越理解自己思维模式的局限性。

每个行动，能给你巨大的帮助，特别是行动后能反思和复盘。

想要打开“思维转换”的开关，你要读万卷书，行万里路，阅无数人，知行合一。

【组建学习团队】

该课程是通过工作坊来开展学习的，有全

班一起的学习，更有以小组为团队的学习。首先我们要组建学习团队。

1. 按老师和学生达成共识的方式进行分组并确定组长。

2. 组长带领团队成员，确定体现正能量和团队文化的队名、口号和队歌，并在下方记录下来。

（1）我们的队名是：________________________

____

（2）我们的口号是：________________________

____

（3）我们的队歌是：________________________

____

（4）写出队歌中你最喜欢的几句歌词：____

____

____

3. 用你们喜欢的方式在全班进行团队展示，展示内容包括：

（1）团队的队名、口号和队歌。

（2）每人分享“对生命保持全然觉知”中的一个问题。

4. 团队展示互评与教师点评。

【教师辅导】

关于团队合作

学生：在团队里，我是组长，常感到深深的无助，我希望高质量地完成老师布置的任务，但是团队成员都是得过且过，能不做就不做，我都不知道该怎么办了。

老师：“团队成员都是得过且过，能不做就不做”，是这样吗？

学生：也不能说“都是”，每个人程度不一样吧。

老师：也就是说，团队每个人都没有你做组长那么努力，没达到你的期望值是吗？你想要的是什么？

学生：嗯，可以这样说。我想要的是大家齐心协力，共同完成老师布置的任务。

老师：对于你这个目标和期望，你可控的是什么？

学生：我最能控制的是我自己全力以赴吧。

老师：还有呢？你不只是队员，你是组长，还可控制什么？

学生：老师，别人我真控制不了，我只能控制我自己。

老师：你说得对，我们只能改变自己，是否通过可控的自己来影响和调动组员呢？想想你可以做什么？

学生：老师，我真的不知道我还能做什么。

老师：好，那让我们假设一下，想象你的团队，大家团结一致、齐心协力完成任务，是什么样的一个画面？每个人包括你是什么状态？

学生：我想大家都很有积极性、都很投入、都很开心，高质量地完成工作任务，受到老师的赞赏，我们都很有成就感。

老师：如果让大家很有积极性，我们做组长的可以做些什么呢？如果你是这个组的组员，你会对组长有什么建议呢？

学生：要相信大家，不要觉得只有自己做得好吧。

老师：除了相信，还有什么呢？如果组员确实没你做得好。

学生：还要包容吧，我是组长，他们没我做得好也正常。

老师：除了包容，一个做领导的人还可以做些什么呢？

学生：用人之长，分工时要发挥组员的长处，他们会更有积极性，也会做得更好吧。

老师：要想高质量地完成任务，还可以做什么？

学生：还要有目标、计划、实施、检查、完善等。

【自我觉察】

一个人心智成熟的五个表现，你有吗？

一个人的心智成熟是随着对事物的认知水平的提升而逐步形成的，一般而言，心智成熟的人都有以下五个表现。

1. 敢于试错，正视失败

真正心智成熟的人大都具有成长型思维，成长型思维是说我们对待任何事物都会兴致勃勃地去探索，而不是害怕，裹足不前。

即使失败了，他们也会客观看待它，而不是用一件失败的事情否定自己。心理学发现，具有成长型思维的人往往更具有潜力，他们的人生保持着一种弹性和更多的可塑性。他们会从事物中积极地吸取经验，一次次突破现有的障碍，获得飞速的进步与发展。

正如爱迪生发明灯泡，很多人都说爱迪生失败了无数次，但是对于爱迪生来说，他每试错一次，就知道自己离找到对的灯泡材料又近了一步。当一个人有了自己的目标，所谓的失败只会让他更加靠近目标。

2. 接受过去，与过去共舞

心智成熟的人是敢于接受过去，与过去共舞的。我曾经接受过一个学生的咨询，她觉得自己一直在试图逃脱原生家庭的影响。她的父母务农，她觉得自己的父母思维较为狭隘，严重影响了自己的发展。上大学以后，她一直在挣脱原生家庭对她的限制。每个人的原生家庭都是自己生命中重要的一部分，如果我们自己能够清晰地看到原生家庭对自己的束缚，这是我们自我成长的重要一步，我们才会知道，过去并不代表现在，我们才可能从过去的生活中挣脱出来，过上自己想要的人生。

3. 成为自己，为自己负责

心智成熟的人是成为自己，学会为自己负责。成为自己并不是一件简单的事情，因为无论是家庭还是外界都会对我们有诸多的要求。如何成为自己，就是要让我们开始学会听从自己内心的声音，这往往可以让我们走得更远。

4. 适度反思，更好精进自己

适度反思可以帮助我们更好地精进自己，但是不要陷入过度的反思，过度反思往往会让我们陷入自我怀疑。我们每天都可以花点时间审视自己一天所做的事情，看自己是否在哪些方面能够有所提升，从这方面入手，能帮助我们更好地看清自己，也能让我们每天进步一点点。反思的时候可以全然回顾自己一路走来的思考过程，包括自己的情绪是否受思维的影响。人的经历是有限的，反思可以为事情赋予更多的价值。

5. 相信明天，勇敢面对痛苦

真正心智成熟的人往往都是乐观主义的人。我最喜欢的是《飘》中斯嘉丽说的一句话：无论今天发生什么，明天都是美好的一天。她用这个鼓励着自己面对一次次的挫折与伤悲，直到自己成为一个十足坚强的人。微博上有一段很热的句子："每一个强大的人，都会经历一段没人帮忙、没人支持、没人嘘寒问暖的日子。熬过去了，那就是你的成人礼；熬不过，求饶了，这就是你的无底洞。"

【自我修炼】

一、心智模式改善流程

由于心智模式隐而不见，而且具有自我增强的特性，所以它常常变得根深蒂固，难以改变。那么，如何改善心智模式呢？

彼得·圣吉指出，改善心智模式的过程，从本质上是把镜子转向自己，试着看清楚自己的思考与行为如何形成，并尝试以"新眼睛"获得新的信息，以新的方式对其进行解读、思考和决策。这从本质上看是一个自省、学习、创新和变革的过程，具体包括如下四个步骤，如图 1-2 所示。

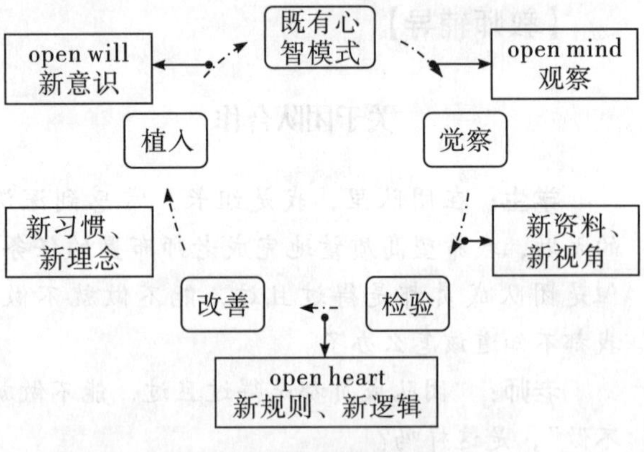

图 1-2 改善心智模式的流程

1. 觉察——开放的头脑

觉察是改变的前提。因此，让人们产生觉察，把隐藏于个人内心深处隐而不见的假设、规则、成见等浮现出来，才能更加主动地对心智模式进行检验和改善。这是一个"打开心门"、让我们有一个"开放的头脑"的过程。觉察可以源自内省，但也离不开外界条件的触发。

2. 检验——开放的视角

俗话说："巧妇难为无米之炊。"在我看来，新的资料是生成新的心智模式的必备原材料。在"心门"打开之后，人们可以通过新的视角去获得新的资料，或以新的视角去审视原有的资料。因此，我们需要有"开放的视角"。

3. 改善——开放的心灵

在接纳了新的资料之后，人们需要用新的规则或逻辑对其进行解读，以便检验心智模式的有效性及其适用范围。由于思维的连续性，这一过程和检验几乎是同步发生的，因此，我们需要有"开放的心灵"。

4. 植入——开放的意志

心智模式不是存在于理性思维的层面，而是隐藏于思维的背后，是在潜意识或无意识状态下发挥作用的。所以，要想让其发挥作用，必须经由持续的练习，让其成为下意识的习惯，让一些价值观、规则、逻辑等成为牢固的信念，进入潜意识层面，才能较稳定、持久地发挥作用。因此我们需要有"开放的意志"。

需要说明的是，这一过程的四个步骤并不是截然分开的，改善心智模式的过程也不是单向的，更不可能一蹴而就，而是非常微妙、复杂、困难的。甚至当你或他人认为你已经发生改变时，一些根深蒂固的观念或习惯仍然不自觉地左右着你。

二、改善心智与行为模式的基本方法

根据上述改善心智模式过程的循环，基于实用的角度，我们可以找到很多改善心智与行为模式的基本方法和工具，如图1－3所示。

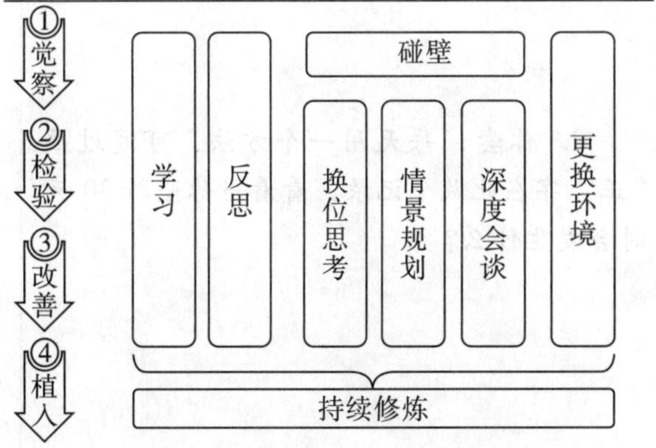

图1－3　改善心智与行为模式的方法

以下是改善心智与行为模式的八种基本方法，供大家学习和实践。

（1）学习。通过获取新的信息，开阔自己的视野，可以拓宽"观察框架"；通过了解新的思考逻辑，掌握更多的规则，可以更新"思考路线"；通过借鉴新的观念，形成新的习惯，可以修正自己的"价值导向"。总之，通过学习，人们可以获得合时宜的心智模式，行动更有效。

对此，需要破除对学习的认识误区，不仅通过阅读、听讲，获取新的知识或信息，也要扩大人际交流，向他人学习，尤其是接纳和欣赏差异性，积极向与自己看法不同的人学习。同时，要善于总结和反思，从工作中学习，把自己的经历当作最主要的学习途径或方式。

（2）反思。反思是改善心智模式的核心方法。通过反思，我们得以发现自己内心世界深处隐藏的成见、假设、逻辑、规则，使这些图像浮现出来，借此可以对其有效性进行检视。此外，自省也可以让我们以开放的心态接纳不同的意见。在这方面，联想集团前任董事局主席柳传志先生就曾向曾国藩学习，养成了自省的习惯，并由此形成了富有联想特色的"复盘"方法论。

（3）碰壁。在当今信息泛滥、浮躁的时代，主动地自省和"学而知之"显得难能可贵，更常见的情形似乎是"困而知之"：因为老办法行不通了，按照原有的规则得出的看法显得不伦不类，据此做出的对策和行动碰壁了，会促发人们产生觉察和内省。因此，不回避和隐藏问题，而是积极地面对问题、困难与挑战，积极地分析原因，尤其是反思自己内心的心智模式，是个人学习、提升的重要契机。

（4）换位思考。《列子》中有一个"疑邻偷斧"的小故事，形象生动地说明：当我们有了某种想法之后，通过心智模式"选择性观察"的机理，就会让我们发现更多能印证这种想法的事例，从而更加坚定自己的判断。这是心智模式的自我增强特性。同时，这个故事也告诉我们，当有了新的资料之后，我们会进行新的推论，从而改变自己的判断。如果能不断发现新的资料或能用新的视角去解读现有的各种资料，就可以持续优化自己的心智模式。

（5）情景规划。在商业应用中，壳牌石油公司是第一家通过“学习如何浮现管理者的心智模式，并加以改善”来加速组织学习的大公司。它之所以能成功地度过20世纪70—80年代两次世界石油危机的巨大冲击，主要归功于其运用“情景规划法”来改善集体心智模式。不同于传统的战略规划或预测方法，情景规划法质疑人们认为理所当然的一些基本假设，例如十几年来，世界石油的需求量一直保持持续稳步增长的态势，所以石油的价格也会保持相对稳定，不会有大幅波动。开发一系列新的情景，帮助管理者以新的视角或方式观察这个世界。从某种意义上讲，情景规划法的特别之处就在于它能促进管理者心智模式的改善。

（6）深度会谈。相对于个人学习，与他人交流更可能让自己“豁然开朗”，正如人们常讲的“听君一席话，胜读十年书”。在这方面，彼得·圣吉推崇的“深度会谈”（dialogue）是一种有价值的交流技巧。在圣吉看来，“深度会谈”是深入的、高层次的、高质量的沟通、倾听与共享，其目的不是探究真相，而是建立“共同的意义”。它要求自由地发掘微妙的话题，摒弃自己的成见，悉心倾听，并通过深入的理性思考，对我们认为理所当然或顺理成章的一些经验、工作程序、方法或假设提出疑问，借以发现隐藏在事物背后的真正规律。因此，深度会谈是改善心智模式的重要方法，也是激发集体智慧的重要手段。

（7）更换新的环境。心智模式的形成具有“路径依赖性”，也就是说由于每个人的成长环境与经历不同，心智模式也可能是不一样的。正如诺贝尔奖得主埃德尔曼所说：虽然我们生活在同一个世界，但由于各自的经历和目的不同，我们对某一特定事件的意义理解各不相同。在这方面，“孟母三迁”的故事深刻地揭示了外部环境对心智模式的影响作用。因此，换一个新环境，有助于个体心智模式的改善。正如清华大学陈国权教授所指出的：改善心智模式的一个有效方法，就是让新颖、鲜活和丰富多样的体验不断冲刷、冲击，甚至冲破我们可能落后和固化的心智模式。如果人们长期在一种熟悉的环境下工作和生活，也许很难产生新的灵感，却很容易固化思维。人们需要有意识地创造条件，让自己有在各种环境下工作、生活或旅行的经历，体会各种自然和人文景观、文化、风土人情、生活方式，获得新的知识与体验。

（8）持续修炼。改善心智模式归根结底只能靠自我的持续修炼，他人无法替代，外界的条件也只是一些促进或激发因素。持续修炼是改善心智模式的不二法门。

在这八种方法中，前四种方法是让人们产生觉察，而觉察是改变的前提。其中前三种大致对应于孔子所说的“生而知之”“学而知之”“困而知之”。第五、六、七种方法是让人们通过新的视角去获得和解读新的资料，而新的资料是生成新的心智模式的必备原材料。当然，改善心智模式的各种方法从本质上讲都是自我持续修炼的过程，是一个学习过程，反之学习也贯穿于改善心智模式的全过程之中。

心智模式的话题看似微妙，但我们每个人都有心智模式，每时每刻都受心智模式的影响。如果不能驾驭心智模式，我们就会成为“心智的囚徒”；善于驾驭并改善心智模式，我们才能成就“全新的自我”。

【个人训练】

上述改善心智模式的流程和方法需要你反复地学、反复地练，才能真正做到知行合一。

1. 你每天看一遍“改善心智模式的流程和方法”，可通过画“正”字在此做个记录，看看当你看过30遍时会发生什么？

2. 你尝试每天用一个方法，可通过画“正”字在此做个记录，看看当你坚持30天时会发生什么？

单元2　基本理念

讲课视频　　PPT

“理念”是指看法、思想、思维活动的结果，是上升到理性高度的观念，它是心智模式的体现，也是行为模式的因缘。下面给出的12条理念，是笔者个人多年工作和生活实践中一直受益的金科玉律。它给笔者的启发是：在做任何事情、面对任何人时，若能坚持这些理念，都会有好的结果。

【预期成果】

如果你能认真学习并实践本单元的内容，你可以获得如下学习成果：

1. 掌握提升心智与行为模式的12条基本理念。

2. 对自己的内心保持觉察，对自己的言行进行反思。

3. 在做任何事、面对任何人时，若能坚持这些理念，都会有好的结果。

【理念解读】

理念1　方向和方法比努力更重要

努力非常重要，但还有比努力更重要的，那就是方向和方法。如果方向对了，也许走得慢一点，都不一定落在别人的后边。但如果方向错了，反而越努力越背道而驰，越南辕北辙！方向是效率的基础，当然方法是效率的根本。好的方法可以让人事半功倍，让人后来居上，让人捷足先登。

反思与觉察：我们有时会看到别人很轻松地获得成功，那并非都是偶然，其实走对的路、做对的事、用科学的方法去做事真的非常重要。你在做每件事的时候，是否都先去思考：我的方向对不对？我的方法好不好？

理念2　适应你不能改变的，改变你不能适应的

不要牢骚满腹、不要无端抱怨，这都是心智不成熟的表现。适应你不能改变的，改变你不能适应的；如果既适应不了，也改变不了，就选择离开；离开之前一定要想清楚你是否有能力遇到更好的。一个人很难改变另外一个人，一个人只能改变自己。所以，不要试图改变对方，而要从改变自己做起。了解了这一点，是否会坦然很多？

反思与觉察：夫妻之间甚至亲子之间最大的痛苦是什么？就是一方总想改变另一方，只要有这个想法，基本没有好的结果。我们是否总是喜欢要求别人以自己的想法对待自己，却很少要求自己以对方的想法对待他人。

理念3　情绪没有对错，首先要接纳

行为有对错，情绪没有对错，情绪是灵魂传递的语言，我们需要先接纳它。当我们压抑情绪时，灵魂会变得沙哑。不管是压抑情绪还是放大情绪，只要控制情绪都是以消耗意志力为代价的。“凡是你抗拒的，都会持续。”当你抗拒某件事情或是某种情绪的时候，你会聚焦在那种情绪或事件上，这样就赋予它更多的能量，它就会变得更强大了。相反，当你接纳自己或他人的情绪时，你就会更从容地面对。

反思与觉察：在日常的工作与生活中，我们是否无视、压抑、嫌弃、放任自己的情绪？我们是否漠视、排斥、对抗、厌恶他人的情绪？首先我们要做的是不加评判，只是“接纳”。面对一个暴跳如雷的顾客投诉，当你说出一句“我知道你现在很愤怒，你希望得到很好的服务对吧？”相信顾客一定会感受到被接纳。

理念4　不要和别人比，成为更好的自己

没有两个人的自然天性、成长背景和生活经验会完全一样，这也就导致了世界上任何两个人都会不同。别人都已经让别人做了，我们还是成为更好的自己吧。既然如此，我们在与人相处的过程中，就需要注意到他和你是不同的，不要理所当然地以为别人一定是可以理解你的。我们若能尊重别人的不同之处，别人也会尊重自己独特的地方。了解了这一点，是否就可以释怀对很多人、很多事的看法了呢？

反思与觉察：人不要与别人去比较。人生就像开车上路，可能这一段路两车并行，其实来的地方不同，去的地方也不同，各自都走着自己的路。有时候你憋着劲要去比快慢、前后，别人可能毫无意识，而下一个拐弯大家就各走各的了，这样比较有什么意义呢？更用心走自己的路，更豁达地对待身边的人，是否会有更淡定从容的一生？

理念5　你相信什么就会靠近什么

对于人生和世界，我们很难一下子穷其长远，尽其完整，但你关注什么，你未来的人生和世界就会靠近什么。我们所看到的人生和世界，只是我们选择看到的、自己相信的样子。没有绝对真实的世界，每个人运用自己的感官将所需的信息摄入，经由我们的大脑过滤而决定其意义。让我们相信、让我们选择人生和世界的美好吧，相信我们就会遇见更多的美好！

反思与觉察：信息时代，我们每天有机会接触海量的信息；自媒体时代，我们也有机会传递大量的信息。你喜欢接收、传递什么样的信息呢？可否将“是否真实、是否善意、是否有益”作为原则呢？

理念6　感恩地工作和生活是最高的情商

感恩不是为了取悦别人。如果你有过感恩经历，一定会知道感恩时的体验很美好、很愉悦、很幸福、很快乐。每个人都希望有一个幸福美满的人生。既然如此，如果我们能心怀感恩地去工作、去生活，还会有那么多的不满和抱怨吗？我们会不会很快乐、很幸福？当然如此！感恩地工作和生活，是最高的情商，它会让我们遇见更多值得感恩的事情。

反思与觉察：人们往往愿意因为受到额外的恩惠而心怀感恩，而对已经拥有的则理所当然。人生不如意十之八九，如果做点什么可以让自己幸福一点，你是否愿意挑战一下不适区：这个挑战是，你仍然可以抱怨，但是不要活在抱怨和指责里，我们可以练习“感恩”的能力。

理念7　感知和满足他人需要很重要

“人们为自己的理由做事，而非你的。”“当我想做的时候，我的表现会比我不得不做时更好。我想做是为了自己，我不得不做是为了你，更好的动力来自自我选择。”所以满足他人需要，是实现自己目标的最佳途径。这里所说的需要可以是有形的，也可是无形的；可以是物质的，可以是精神的。而每个人的需要又很不相同。

反思与觉察：你想把事做成，你想与人交好，最为关键的是感知和满足他人需要。这需要我们有开放接纳他人和世界的头脑，需要我们转换为别人的视角，需要走进他人的内心，与其共情。

理念8　有效果比有道理更重要

我们常会说这事应该这样、应该那样，我们思维的一个模式就是按照“应该”去做人、去做事。事实上，按照“应该”去做人，常常会弄丢了自己；按照“应该”去做事会不接纳别人的做法，自己也少有创新。“说道理”往往是把焦点放在过去的事情上，注重效果则是把注意力放在未来。光说做法有道理而不顾是否有效果，是在自欺欺人。了解了这一点，是否可以减少日常工作和生活中的无谓争执。

反思与觉察：管理学大师德鲁克的一句名言：“管理是一种实践，其本质不在于‘知’，而在于‘行’；其验证不在于‘逻辑’，而在于‘成果’；其唯一权威就是成就。”这句话对于我们工作和生活中的很多事是否都适用呢？

理念9　凡事必有至少三个解决方法

一个选择是没有选择，两个选择常常是左右为难，三个选择才是选择的开始。有更多的做法，就会有更多的选择，有选择就是有能力、有自由。我们要承认，世界上还有很多我们过去没有想过、没有用过、没有认识的方法。了解了这一点，是否让你看到更多的可能性。

反思与觉察：无论是工作还是生活，如果常常陷入“别无选择”的境地，想想是哪儿出了问题？原因可能很多，但最终都可归结于心智模式，说得再简单一点就是思维方式。

理念10　每个人都拥有成功的资源

每一个人都有过成功的经验，也就是说有使自己成功的能力。所有事情或经验里面，正面和负面的意义同时存在，把经历、经验转为绊脚石抑或垫脚石，由自己决定。情绪、压力、困扰都不是源自外界的人、事、物，而是由自己内心的想法产生出来的。每一个人都可以凭借改变思想去改变自己的情绪和行为，因而改变自己的人生。了解了这一点，是否可以帮助你突破人生三大限制性信念：没办法、没资格、我不够好。“我”才是一切的根源。

反思与觉察：我们无论对自己还是对他人，无论是对工作还是对生活，是否都有不少限制性的信念，这些信念不要说难以发挥自身和他人的潜能，连现实的、可以成功的能力和资源都没有去充分利用，因而也就难以摆脱生命的局限。

理念11　思维不能总是刚性，要灵活且有弹性

“灵活与弹性”意味着有能力应对各种挑战，意味着有方法适应各种环境。“灵活与弹性”还是一个人自信的表现。一个人越不自信，就越是固执己见，固执的背后是担心被改变。一个人怎么做到灵活呢？灵活来自于少用自己的道理去做事，而多凭观察和运用环境所提供的条件，做到效果优先。了解了这一点，是否让你豁然开朗。

反思与觉察：思维具有“弹性”是一个人心智成熟的标志之一。有弹性的人，性格柔韧，做事张弛有度、伸缩自如。善于妥协，也善于在妥协中巧妙地坚持。不固执己见，但自有一种主见。弹性的反面是僵硬或软弱。和僵硬的人相处，累；和软弱的人相处，也累。

理念12　没有挫败，只有收获和成长

所谓的“挫败”，其实是告诉我们过去的做法得不到期望的效果，提醒我们需要改变。只要在向着目标前进，就没有“败”字可言。所有的结局都是带着一个礼物和我们不期而遇。“从中学到了什么”，这是我们需要关注的。我们需要及时总结过去的经验，在学习的过程中修正调整行动。了解了这一点，是否让我们的成长性思维又进步了一点。

反思与觉察：“所有的结局都是带着一个礼物和我们不期而遇”，每一次的经历，我们都收获了什么？如果没有反思和觉察，“失败”不可能成为“成功”之母，而“成功”则有可能成为“失败”之母。

【个人练习】

找一件你很烦恼的事情，如果烦恼彻底消除后是10分，从0～10给自己现在的状态打个分。然后回到这个单元所学的12条理念的第一条，深入思考看看对你有什么帮助？这时的分数是多少？然后再往下一条一条地过一遍，看看每一条对你的烦恼有何帮助，直到问题解决、烦恼消除。如果还是解决不了，找两个人，其中一个人来引导，另一个人做观察者，再过一遍，相信一定会有不一样的结果。

讲课视频　　PPT　　拓展资源

单元3 AMBR焦点管理

讲课视频　　PPT

同学们，在这个单元中，我们将共同学习一个贯穿本课程始终的思维与行动工具，它的名字叫“AMBR焦点管理”，这是一个非常好用的工具。

【预期成果】

如果你能认真学习并实践本单元的内容，你可以获得如下学习成果：

1. 能够从不同视角去看待人、事、物，改变思维方式，提升心智模式。

2. 能够向前看，不纠缠于过去的问题；有效界定问题、找准焦点，清晰目标与成果。

3. 能够向内因转化，不纠缠于外因的制约；界定可控与不可控事项，凡是不可控的，选择不纠缠。

【工具解读】

查理·佩勒林的“AMBR焦点管理”如图2-1所示，这是一个自我赋能、团队赋能的工具，是一个自我修炼的工具，使用简单，却意义深远。

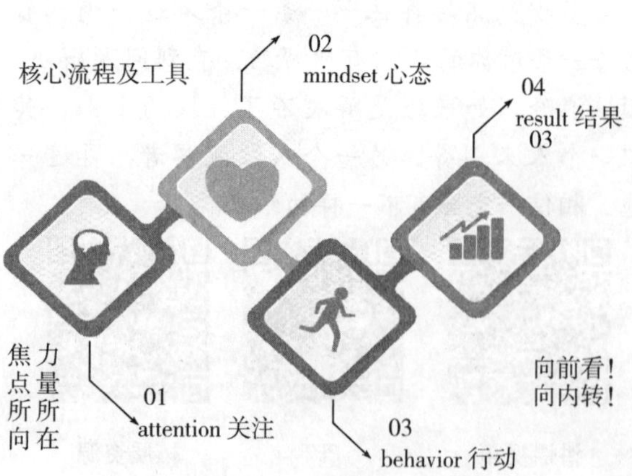

图2-1　AMBR焦点管理

A（attention）“关注”：人的注意力是有限的，只有被人关注到的内容/事务才会被纳入进一步的意识处理范围。

M（mindset）“心态”：因为关注的聚焦内容，大脑会展开与之相关的信息处理。在这个环节会产生更进一步的解读，可能产生的是想法、信念、情绪、态度等。

B（behavior）“行动”：基于想法、信念、情绪、态度等而产生的人与世界的互动。

R（result）“结果”：基于行为所得到的结果。

举个例子可能更容易理解：

A：妈妈注意到小朋友写作业的时候一直在喋喋不休地和她说话。

M：妈妈认为小朋友没有认真对待自己的学习任务，开始觉得生气。

B：妈妈因为生气，就开始训斥小朋友。

R：小朋友因此开始哭泣或生气，然后更加不能集中精力写作业，妈妈更加心烦意乱。

我们看看，是否可以将关注的起点调整一下：

A：妈妈注意到小朋友一直在表达自己的想法、情绪以及当天在学校的经历、发生的故事。

M：妈妈认为小朋友可能是因为一天没有看见自己了，很想和自己一起分享这一天发生的事情，但是这样的行为有可能会让小朋友做作业变慢或出错。

B：所以告诉孩子，妈妈对她说的很感兴趣，要不先抓紧时间写好作业，然后大家一起专心聊聊；或者先聊会儿天，再专心写作业。

R：孩子可能接受建议，然后写好作业，再愉快地和你分享自己的故事。

AMBR就是训练我们可以换个角度去看问题，去获得可能更好的行为结果的一种思维模式。在使用AMBR的过程中，我们应该明确自己想要的是更接近核心的一些目标，才有可能在面对不同的事件时，走向更好的方向。

比如，同样在观察到孩子没有好好写作业的事情时，如果我们设定的目标是，孩子需要遵守规则，那么不好好写作业会被界定为“不好的行为”，但如果我们追求的是让孩子可以获得更好的成长，那么我们就有可能把所观察到的现象界定为一个需要去分析的问题，并且启动思维分析不好好写作业的背后原因：

也许是小家伙很想和妈妈分享学校的事？

也许是小家伙没理解作业，不会做？

也许是小家伙对做作业的意义不认同？

也许是小家伙感到疲倦了，所以没有心思做作业？

也许是小家伙对于完成作业的专注力还没培养好？

……

不同的关注出发点，会让我们看见不一样的可能性。

放到每位学生的学习上，也是一样的：当有同学提出对自己观点或方案不同的意见时，如果我们的关注出发点在于“要证明自己是对的”，我们的思维模式就会马上启动思维防御，更深入地钻进自己的套路里去解释，并可能因此导致误解加深。但如果我们的关注出发点在于“希望方案能够更适应环境需要，更能达到预期效果”，我们可能会意识到这是我们发现其他观点的机会，听一下也许有新的信息，进而有机会使方案更趋完善。

所以设立自己关注的出发点很重要，而这个需要我们常常去反思：自己最看重的究竟是什么？真正去理解自己想要的本质。

【案例引导】

AMBR的应用范围很广，不只可用于上述所说的“事件”，还可以用于人生和时间的管理，用于与他人的相处，解决人际关系中的矛盾。

案例1

我的人生焦点

我绝不是一个智商很高、能力很强的人，而且还有不少短板。但走过半生，一直不忘初心，做一名教师一直是我人生的焦点。有了这个焦点，也就锚定了我的信念与心智，进而有了一生为之奋斗的行动，最终有了成为一名国家教学名师的结果。

我从小就渴望做一名教师，但我的职业生涯起点却是父母选定的。高中毕业考大学时我想报师范院校，父母对我说，我们给你选一个更有前途的职业吧。那一年我读了计算机专业。当我每天非常刻苦地学习这个专业时，开始困惑，难道今生就要如此面对着这冰冷的机器，编着没有生命的程序吗？我出色的语言表达能力如何施展？我渴望的“言为师表、行为师范”如何实现？……于是我决定对自己的职业人生重新规划。

因为心中有了目标，因为心中有对父母的感念，我的心态中没有抱怨，有的是更坚定的信念。首先我以超常的毅力和优秀的成绩获准选修了第二学位企业管理专业。大学毕业后，用了10年的时间积累了丰富的企业管理经验，又读完MBA，获得硕士学位，并评上高级经济师后，放弃了很多东西，毅然走上了高等职业技术学院教师的岗位。随后我用了5年的时间当选了学校首届教学名师，用了7年的时间当选广东省教学名师，用了15年的时间成为一名国家级的教学名师，并将以此为生，精于此道，余生将永做一名人民教师。

案例2

你到底想要什么？

对话音频

有个学生家境不好，其亲戚开公司，从其初中毕业开始，就接纳他去自己的企业兼职，并付较高的薪水，且从未拖欠过。该生进入大学前的暑假继续在此打工，但至开学时两个月的薪水都没拿到。原因是企业经营状况非常不好，亲戚恳请他能理解，一旦经营好转一定会尽快补发。学生认为拖欠工资不合法、不合理，想诉诸法律等途径来解决，又怕别人说他忘恩负义，很是纠结。于是找到老师谈心，以下是师生的对话。

老师：我很理解你此刻的心情，付出那么多的辛苦与努力，一定是想获得回报，而按劳取酬也是理所当然的事。

学生：是的，我也是这样想。

老师：你可否告诉我，对于这件事，你最关注的是什么？最想得到的是什么？

学生：老师，我最关注的、最想得到的就是我的报酬，但我又不想让别人认为我忘恩负义。

老师：嗯，这是一个最好的结局。如果两者不可兼得，你会放弃哪一个？

学生：我就是很纠结，不知道怎么办？

老师：对于这件事，你可控的是什么？对于我们不可控的事，我们需要先放下，可以吗？

学生：好的。这件事，我能做的要不就去告他，要不就先忍了。

老师：好。那我们先看看，如果去告他，诉诸法律，你会得到什么？失去什么？哪些是你想要的？哪些是你不想要的？

学生：也许能得到钱，但会失去道义或亲情。

老师：嗯，这个结果是你最终想要的吗？

学生：不是，我怕我会良心不安。

老师：为什么会良心不安呢？你拿回自己的钱不是合法合理的吗？

学生：我这样做不合“情”吧？

老师：好，现在静下心来想想，这个“情”是什么呢？这个“情”是怎样形成的？在你心中有多重呢？是难以忘掉的吗？你眼前会出现什么样的画面呢？……（给了学生足够的时间去想，让他有个画面感）……

学生：老师，我想到三年前，我刚初中毕业，年龄很小，进到亲戚的厂子很胆怯，什么也不太会干，亲戚给了我很多关照，我印象最深的是第一次拿到今生第一份工资的那一刻，我怎么都没想到有那么多。这三年亲戚给了我很多的照顾，我很感谢他。甚至这份情可以用“感恩”来表达。

老师：好，对于你和老师说的这件事，我们有几个视角。从你的视角看，都有不同的角度，有工资、有恩情、有法律等。我们学过焦点管理 AMBR，“焦点所向，力量所在”，你关注什么，能量就会流向什么，可否告诉老师，你现在的焦点放在哪里了？

学生：嗯，老师，我现在是“恩情”占了上风，我突然感觉有些释然了噢。

老师：是吗？怎么感觉释然了？

学生：我原来满脑子都是我的“工资”和“告他”，感觉这是天经地义，我都忘记了过去他对我的这份恩情。当我的脑子被这份恩情占据时，我觉得“工资”对我没有那么的重要，我可以再去其他企业兼职再挣回来，亲戚也说了，一旦经营好转一定会尽快补给我。

老师：那好！我们可否再换一个角度，如果你是那个亲戚，你现在的处境和感觉如何呢？

学生：他现在一定很难吧，会比我初三毕业时，我们家的状况要更难，听他说，他的企业现在运转非常艰难。

老师：他曾经在你非常需要帮助时，温暖过你是吧？你现在有什么可以帮到他的吗？

学生：是的，而且这三年一直都是这样。我还没有多大的能力帮他，但我可以不为这两个月的工钱给他添乱吧。

老师：还有吗？还可以为他做些什么呢？

学生：还可以经常发个微信或打个电话问候关心他一下吧。

老师：还有吗？

学生：也可以去关心一下他的小孩，估计他现在也顾不上自己的孩子了吧。

老师：你现在有什么觉察吗？你的心情如何呢？

学生：老师，我现在不但释然了，而且还感觉有点成就感。

老师：为什么呢？

学生：我突然感觉自己不再是一个受害者，感觉自己挺有价值的，能给别人带来安慰、支持和帮助，原来是件很开心、很有成就感的事。

老师：非常好！真为你高兴！

案例 3

你关注问题的哪一面？

对话音频

有个大三毕业班学生考上了专升本，犹豫要不要去读，埋怨家里人总是忽视自己和不支持自己，自己也觉得是个三本学校，学费比较贵，另外读出来也不知道就业前景如何，感到非常迷茫并陷入责备与抱怨的情绪中，总是想：为什么家里人不给我意见？为什么不支持我？为此找到老师，以下是他们的对话：

老师：你想和老师抱怨一下家里人不给意见是吗？抱怨完会缓解一下你的情绪吗？说出来感觉好些了吗？

学生：和老师说出来感觉好些了，但我也知道抱怨是不能解决问题的。

老师：你想从家人那里得到什么？是意见或支持吗？（关注的焦点）

学生：是的。

老师：你觉得家人为什么不给意见或支持呢？他们是不想给，还是给不了，还是相信你能做出决定呢？

学生：从小我父母都不太管我，都是我自己做主。我也知道他们给不了，给了我也未必采纳。

老师：那你再看看，你确定是想从家人那里得到的是意见或支持吗？

学生：嗯，也许我想得到的是家人的关心吧？特别是在人生大的问题选择上。自己很茫然时，真希望他们能多关心我一下。

老师：我很理解你的心情。

老师：现在老师和你一起来面对这个问题，好吗？

学生：好，谢谢老师！

老师：你们已经都过了 18 岁了，都经过了成人礼了是吧？我很想知道你是通过什么方式表达自己对家人的关心的？你会经常问候父母、向父母表达感谢吗？

学生：嗯，没有，但在心里有。

老师：那你觉得父母能感觉到吗？（换位思考）

学生：我不知道。

老师：那你觉得父母真的不关心你吗？

学生：我想他们心里也会关心我吧。

老师：为什么不把你的关心表达出来呢？你可否先主动去关心一下父母，并表达出来？你认为是自己辛苦、不容易还是父母更加辛苦、不容易呢？

学生：我家条件不好，从我很小时候，父母就不断在工地打工挣钱，我妈还要干挺重的体力活，很辛苦很不容易。

老师：你上了大学是否也会增加父母的经济负担呢？

学生：会的，但他们还是支持我上大学。

老师：嗯，我听到了你用了“支持”这个词。你有什么觉察呢？

学生：嗯，我父母一直在经济上支持我读书。

老师：还有呢？只是经济上吗？还有没有其他的是他们不擅长表达出来的？

学生：老师，我感觉父母给了我支持和关心，以前我没有用心感受。

老师：很好！父母年纪越来越大了，也需要你的关心，今晚可否与他们好好沟通一下，感谢父母这么多年来为你的付出。

学生：好的，老师，我会去做的。

老师：你是否要“专升本”这个问题，老师希望你通过自己的调查、了解、分析、比较后再做出决定，可以吗？

学生：老师为什么不能给我个答案呢？

老师：你希望自己的人生由别人来做主吗？即使这次你愿意我帮你做主，那你毕业了，以后人生还会有很多选择，都要别人帮你做主吗？

学生：嗯，老师说的有道理。

老师：人生每个节点的决策的确是件大的事情，也是比较难的事情，正因为这样，我们才需要培养自己选择和决策的能力。当你能力足够强时，内心也会随之强大起来。

学生：那我按老师的建议试着自己调查、了解、分析、比较。

老师：我相信，你一定会做出很好的选择。AMBR 你学过是吧？关注的焦点很重要，关注点不同，心态就会不同，行动也就会不同，最终的结果也就会不同。

学生：老师，是的，AMBR 是一个很有用的工具。

老师：那我们今天的谈话，你从 AMBR 这个工具的角度看看，会得到什么收获呢？

学生：嗯，我想我不能只是关注自己，也一定要关注、关心父母吧。

老师：还有呢？

学生：关注父母也要看关注他们哪一方面，我应该将焦点放在他们对我的支持，放在他们的辛苦、他们的不容易上，而不是总放在他们对我的选择不给建议上吧。

老师：还有呢？

学生：即使他们不给建议、不支持我，甚至不关心我，我也需要将焦点放在他们为什么会这样，而不是放在理所当然上吧。

老师：还有呢？

学生：以后人生中会有很多选择需要我做出决定，我不能总是把焦点放在寻求父母、老师或朋友给出答案，要提升自己分析和决策的能力。

老师：非常好！你看，当你关注的焦点变了，你现在有什么觉察？

学生：我感觉心里轻松了很多，没有了抱怨和委屈，好像也找到了方向。

老师：好！老师相信接下来你一定会有不一样的行动，也一定会有不一样的结果，祝福你！

案例 4

如何与不讲卫生的同学相处？

对话音频

学生：老师，我们宿舍有个同学很不讲卫生，也不按值日表搞卫生，影响环境还影响舍友的团结，和他讲了也没用，真不知怎么办？

教师：对于这个问题，你们最想要的是什么？

学生：希望这个同学能讲卫生、搞卫生，我们宿舍的环境能整洁干净，大家生活很开心啊。

教师：我感觉这是两个问题：一是希望这个同学能讲卫生、搞卫生，二是宿舍的环境能整洁干净，对吗？

学生：老师，这就是一个问题，我们宿舍其他人都很好，如果这个同学能讲卫生、搞卫生，宿舍环境整洁就能有保证。

教师：我们学过 AMBR 焦点管理，对于这个同学，你们可控吗？问题的关注点可否调整一下，进而心态和行动也会调整，结果就不一样呢。

学生：嗯，AMBR 焦点管理让我们眼睛向内，我们只能改变自己，很难改变别人，真能改变别人，也一定是改变了自己和他相处的方式。好，那我和宿舍同学商量一下，看有什么办法。

老师：等你的好消息！

……

学生：老师，我们决定他值日那天，是我们宿舍的集体大扫除日，大家一起动手搞卫生。

老师：你们认为他会参加吗？

学生：我们不知道，感觉也没关系。我们宿舍的一个同学和我们讲了他兼职时的一个事情：有个人工作时总是偷懒，能不做就不做，他的主管说，你不愿意做，没关系，接下来一个星期你什么都不要做。结果，一个星期后这个人主动说自己错了，他不干活比干活还难受。

老师：很好！如果能让这个同学也加入你们，是否宿舍会更融洽，大家更开心？

学生：老师，我们争取选择适当的时候，邀请他一起和我们参加大扫除。

老师：好的，一个人的习惯是多年养成的，大家对他要有些耐心，好吗？别指望一次就能解决问题，只要他能改善，就给予他鼓励，好吗？

学生：好的，老师，我会尽力去做的，我突然感觉能帮助别人是一件很开心的事。谢谢老师！

【不同视角】

AMBR 工具首先是让我们解决关注的焦点问题，而不同的视角常常会产生不同的心态、行动和结果。如果看问题的视角只有一种，即“从自己出发的视角”，我们看到的世界就会过于局限，要么是陷在情绪里，停留在当下的感受里难以自拔；要么是无法看清自己的真实渴望，永远被当下欲望所牵引。

在思考和看待问题的时候，愿意采用多元视角的人，往往比那些只从自己视角出发的人获得更多成功。因为，如能引入多元视角，就会看到完全不同的情境，产生截然不同的想法与感受。多元视角到底能给我们带来怎样的好处呢？第一，它能带来以前不曾意识到的新发现；第二，它能帮我们更快速、更清晰地解决问题。

下面，介绍三种不同的视角：

1. 换位视角

有时候我们太过任性，只考虑自己而忽视了别人的感受，生活中很多矛盾和隔阂的造成都是因为不懂得换位思考。其实我们都没错，只是我们仅限于自己的位置，只考虑自己的处境，如果站在对方的立场想一想，这些事情都是合情合理的，自己的小情绪真的太可笑了。

山不转水转，水不转人转，我们都不会在自己的位置上一成不变，不要等到我们真正转换位置的时候，才想起自己以前的幼稚可笑。社会是一个利益共同体，也许只是多考虑几秒，事情就没有我们认为的那么糟糕。转个角度换位思考一下，你会发现这个世界可以如此和谐美好，换位思考让你我更包容，让世界更宽容。

试着想象一件最近发生的事情，设身处地地站在对方的角度、其他利益相关者的角度以及第三方的角度，去重新看这件事情，你有什么觉察和发现？看看以下这些问题是否可以帮助你进一步思考。

（1）这件事情会对你的家人、朋友、同学和周围的人产生什么影响？

（2）如果你是对方，你怎么看待这个问题？你将如何处理这个问题？

（3）你很欣赏的人在遇到这种问题的时候，会怎么处理？

（4）如果你是这家公司的老板，你会如何看待这个问题？

（5）你是否真的知道他（她）曾经历过什么，你是否真的理解他（她）？或者说你是否真能换位进而感同身受？

当然换位思考不一定能够给我们带来准确的答案，只能启发我们跳出自己的思维，从更多的层面去看待一个问题。你会发现，这个问题和你最初想象的不一样。当你不再是从自己的角度出发去看待一件事情的时候，你会不断地有新的发现。

2. 上帝视角

“上帝视角”这个词相信大家并不陌生，小说的写法中有“上帝视角”，电影的拍摄中也会用到“上帝视角”。关于“上帝视角”，猎豹CEO傅盛曾分享过他的实践体验。他说：“有一段时间，每次有人离开公司，我都会受到很大的心理影响。后来，运用‘上帝视角’之后，我就将整个公司看作一个生命体。因此，人员的进出，不论对个体进化，还是组织进化，其实都是好事情。在理解到这一层后，我就开始大刀阔斧，拆分事业部，鼓励内部创业，出售部分业务等。由于这种竞争必然带来很多人的不适，也会造成人员的一些交替。其实在以前，我的内心特别接受不了，包括一起工作多年的人离开。但现在我会认为，那都是彼此进化的一部分。有的时候，环境变了，我们需要进化；进化不了，离开了，大家也只是在不同的轨道上。今天，我能更加理性地看待这一切。”

当傅盛用“从自己出发的视角”看公司里“人来人往”这个问题的时候，总会感觉伤感。但当他转换视角，跳脱出来，开始用“上帝视角”审视一切的时候，忽然发现自己的感受其实无足轻重，而公司也只不过是一个需要进化的生命体。“人进人出”只是生命体进化的必由之路，而这一切都是非常自然、合乎自然法则的。

为什么“上帝视角”能让傅盛在心理上产生如此巨大的转变呢？因为这个视角能让我们从“我”这个壳中抽离出来，成为自己生活与生命的一个旁观者或俯瞰者。作为旁观者或俯瞰者，看到的内容自然就与“我”所看到的内容大相径庭，产生的感受也因此而完全不同。所以，“我”感受到的伤感不过是自然进化历程中微不足道的一部分，我感受到的伤痛也不过是每个人在一生中都必然会经历的事情。

在我们身上所发生的每一件大事，爱恨别离也罢，生老病死也好，在旁观者看来都不过是十分正常的小事，它们的出现和消逝就像是飘过眼前的一片浮云或一丝青烟。因此，“上帝视角”能让我们用一种完全“无我”的姿态看众生，看世界，看一切。

所以，当启用“上帝视角”的时候，我们就会感受到更多的释然与超脱，它是一种会让我们变得越来越超脱的有效视角。

3. 时间线外视角

在“换位视角”和“上帝视角”之外，还有一种很特别的视角，叫作“时间线外视角”。什么是“时间线外视角”？它说的是让自己退后一步，离开正在进行的一切，站在时间线的后面，注视它、感受它。这时，你会感受到什么？眼前这根“时间线”代表的正是你的一生，它像是一条不断奔涌向前的河，不论你是否正在其中，还是已经退后一步，它的奔涌都从不止息。

例如，遇到一些难以接受的人或事，问问自己，在5年或10年后，回头再看这个人或这件事，你会对自己说些什么？

当你将眼前遇到的事和当下强烈的情绪放在这根“时间线”上的时候，就会发现它不过是你整个人生中很小的一段、一个点，甚至是比点还小的一抹轻微印记。然后，可以试着将目光投向这条“时间线”的前方，这时你会发现前面的路还很长，生命中很多美好的可能性还未展开，生命中很多很棒的未来还等着你去探索与创造。这时，眼前那些痛苦和焦灼的情绪开始逐渐变淡，变成人生长河中的一个小插曲、一段小过往、一个小小的点，或者只是一抹淡淡的印记。你的内心也开始走向平静和宁和。

这样一种视角的转换很像是从“微距拍摄”变成了“航拍”，随着拍摄角度的巨大改变，自己的想法和念头也都跟着转变了。

每当被眼前的情绪、困难所深深困扰的时候，我就会尝试着退后一步，看着眼前奔涌而去的“时间线”，看看它的过去，看看它的现在，再看看它的未来，然后就会平静下来，意识到人生还很长，不必急于一时；人生还有很多美好的可能性，眼前的痛苦只是生命中的一段经历。也许在未来某一天，想起这段经历的时候，不但不会痛苦，反倒觉得珍贵。

总结：《反本能》的作者卫蓝曾说过一个词，叫“路径依赖”，说的是当我们长期进行一种行为的时候，大脑会慢慢形成一个专门处理这个行为的“绿色通道”。所以当自己面临相似的场景时，大脑会对这种行为进行优先选择，并进一步形成自动化反应。

单一视角也是一种“路径依赖”，而当我们变换视角，就等于是脱离了早已习惯的“路径依赖”，于是就能发现以前未曾发现的重要事实，甚至是隐藏在冰山下的潜意识。

上述三种视角能帮助我们有效摆脱当下的情绪困扰、更加理解别人，同时也做出与真实自我更加贴近的选择。正如那句古话所说：“不识庐山真面目，只缘身在此山中。”

【个人练习】

拓展资源

1. 写出一个在学习或生活中令你或不快乐，或伤心，或烦恼，或愤恨的人，请用AMBR工具，看看如何通过调整视角、站位，甚或立场、格局来调整你的关注点，进而改变你的心智、你的行为，最终改变结果，改善你们之间的关系。

请先简要描述一下你和这个人的关系：

调整前的A：

调整前的M：

调整前的B：

调整前的 R：

调整后的 A：

调整后的 M：

调整后的 B：

调整后的 R：

2. 写出一件在学习或生活中令你或不快乐，或伤心，或烦恼，或愤恨的事，请用 AMBR 工具，看看如何通过调整视角、站位，甚或立场、格局来调整你的关注点，进而改变你的心智、你的行为，最终改变结果，让你从这件事中获得成长。

请先简要描述一下这件事：

调整前的 A：

调整前的 M：

调整前的 B：

调整前的 R：

调整后的 A：

调整后的 M：

调整后的 B：

调整后的 R：

【自我觉察】

通过上述学习和训练，你有什么觉察？会有什么反思？会得出什么结论？你是否同意老师的如下观点？

1. 焦点所向，力量所在。焦点放在哪里，能量就会流向哪里。

2. 向前看，不纠缠过去。界定问题，找准焦点，清晰目标与结果，想明白，你到底想要的是什么？

3. 向内因转，不纠缠外因。想清楚哪些是不可控的，凡是自己不可控的问题，选择不纠缠。

4. 适应你不能改变的，改变你不能适应的，如果既适应不了也改变不了，就选择离开，离开前想清楚自己是否有能力找到更好的。

拓展资源

第二部分

心智模式提升

心智模式隐而不见且根深蒂固。它与每个人的天性有关，但可通过后天改变。心智可简单地理解为“思想 + 情绪”，而思想往往通过语言来呈现，所以这部分内容安排了三个单元——“单元 4　探索天性”、“单元 5　管理语言”、“单元 6　管理情绪”。

单元 4　“探索天性”是通过 4D 天性测试工具，让同学们在认知自己的基础上，学会悦己修圆、学会识人合作、学会人岗匹配、学会谋事成事。

单元 5　“管理语言”是通过“语言负转正”这个工具，理解语言的能量，形成自己特有的语言模式，通过管理语言来管理思想，改善思维，成为一个自带正能量的人，赋能自己，赋能他人。

单元 6　“管理情绪”是教会同学们首先接纳自己的情绪；其次通过调整身体的状态来改善情绪；然后运用“情绪 ABC”管理工具，通过改变思维来改善情绪；最后通过采取行动来改善情绪。

单元 4 探索天性

讲课视频 PPT

“心智与行为模式”受后天环境、经历与个人修炼的影响非常大，但本身的天生个性也绝不能忽视。有这样一个小故事：一只蝎子要过河，但它不会游泳。正当它要放弃的时候，一只青蛙游过来。蝎子喊道：“青蛙先生，把我捎过河吧。”青蛙回答：“我才不呢。你要蜇我的话，我们两个都得淹死。”蝎子说：“我怎么会蜇你呢？我不会那么愚蠢的。”青蛙先生说：“那好吧，跳上来。”于是它们出发了。游到河中央，青蛙感到背上像被针刺了一样，它说：“天哪，你会把我们俩都害死的。你为什么要蜇我？”蝎子回答说：“因为蝎子就是蝎子。”这个小故事是否能帮助我们理解“天性常能战胜理性”以及“江山易改、本性难移”呢？

【预期成果】

如果你能认真学习并实践本单元的内容，你可以获得如下学习成果：

1. 学会悦己修圆：悦纳自己、悦纳他人、完善自我。

2. 学会识人合作：尊重不同、取长补短、互助共赢。

3. 学会人岗匹配：发挥天性、扬长避短、人尽其才。

4. 学会谋事成事：4D 沟通、相互理解、简单高效。

【学习工具】

查理 · 佩勒林用 4D（dimension）将人的天性分为四种，简单且易于测试和分析。如图 4－1 所示。

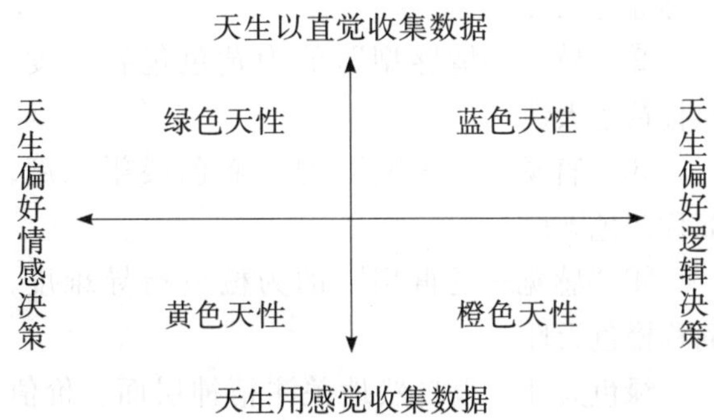

图 4－1 4D 天性分类图

下面对这个工具进行说明：

(1) 人们有两类经常性的大脑活动——做决策和收集信息，而做决策和收集信息方面的倾向是天生的。天性是与生俱来的，也就是说，我们每个人天生就会用情感或者逻辑做决策，用感觉或者直觉收集信息。另外，我们是在天性偏好的基础上慢慢形成了自己的性格。

(2) 我们用一对坐标反映不同的人做决策和收集信息时的不同偏好。通过“一对坐标”得到四个维度，即 4D。

(3) 横轴两个维度：它关注的是我们做决策的偏好。大约一半的人用情感做决定（例如是否感觉良好），而另一半的人则天生用逻辑做决定（例如规则、理性、客观事实等）。

①情感型的人：常从自我的价值观出发，变通地贯彻规章制度，比较关注决策可能给他人带来的情绪体验，人情味较浓。

②逻辑型的人：比较注重依据客观事实的分析，不太习惯根据人情因素变通，哪怕做出的决定并不令人舒服。

(4) 纵轴两个维度：它关注的是我们收集信息的偏好。

①感觉型的人：关注的是事实本身，注重细节，信赖五官听到、看到、闻到、感觉到、尝到的实实在在、有形有据的事实和信息。

②直觉型的人：注重的是基于事实的含义、关系和结论；注重“第六感觉”，注重“弦外之音”。直觉是我们的经验在无意识状态下快速整合的体现。

（5）四个维度的不同个性，为了便于识别和比较，我们用四种不同的颜色来简称。

①“直觉—情感型”的为绿色培养维度，简称绿色天性。

②“感觉—情感型”的为黄色包容维度，简称黄色天性。

③“直觉—逻辑型”的为蓝色展望维度，简称蓝色天性。

④“感觉—逻辑型”的为橙色指导维度，简称橙色天性。

绿色天性：很自然地关注精神层面、价值层面的东西；喜欢欣赏和感激他人，内心总是以人为本、以人为乐；乐于支持培养他人；让他人成功就是自己成功；感觉像大地一样滋润万物，用绿色代表他们！

黄色天性：对人际关系很敏感；内心总是向往合作、与人发生链接、包容他人，也更需要归属感；经常成为大家的“黏合剂”；大家成功才是真的成功；感觉像阳光一样温暖人心，用黄色代表他们！

蓝色天性：对创意有超敏感的嗅觉；创意比什么都重要；对创意比拼无比激动；感觉要想成功唯有创新；更愿意思考未来的可能性，喜欢展望未来，不喜欢纠缠过去；感觉像天空一样广袤深邃，用蓝色代表他们！

橙色天性：最关心事情的进展和结果；更愿意采取实际行动，即组织和指导别人；坚持完成任务比什么都重要；执行力强，做事严谨细致；擅长指导他人按流程、按要求完成目标，保证成功；感觉像太阳系一样有序运转，用橙色代表他们！

【天性测试】

如果你已经对决策与信息偏好有了大概的了解，你就可以用下面的小测试看看自己的天性，以此帮助你找到与生俱来的性格基础。

下面的14个问题，用以测评你的4D天生个性类型。每个问题请选择一个对自己而言真实的表述，而不是你想成为的，也不是你认为正确的，想象你在放松的没有压力的环境中，以最快速度凭第一反应做出选择。

目的：这个简单的工具，查理·佩勒林说其准确率高达90%，它帮助你开始探索那个天生的、永远不变的你到底是谁。这一信息有助于你：①认识自己，认识他人；②选择自己天生就非常擅长的工作；③建立优势互补的团队等。

步骤1：测量你的“决策方式”，表4－1有7组关于决策的不同描述，请快速勾选出对你来说更加真实的描述（在左侧或右侧的空格内打“√”），然后在最后一行计算出“综合”勾选最多的一侧，即是你的决策类型。

表4－1　决策方式

情感型决策者	打“√”		逻辑型决策者
和谐是根本上很重要的东西			和谐是达到目的一种的手段
喜欢根据“感觉好不好”做事			喜欢根据“感觉合理不合理”做事
以人为首要考虑因素			以工作任务为首要考虑因素
以保持和谐关系为重			以遵守正确路线为重
通过达成共识决策			根据自己的想法决策
首先相信我的感觉			首先相信我的理智
不能容忍冲突对立			能够容忍冲突对立
综合—情感型决策者			综合—逻辑型决策者

↖　圈选总得分较高的一边　↗

步骤2：测量你“获取信息”的方式，表4－2有7组关于获取信息方式不同的描述，请快速打“√”选出对你来说更加真实的描述（在左侧或右侧的空格内打“√”），然后在最后一行计算出“综合”勾选最多的一侧，即是你的获取信息的类型。

表4－2　获取信息方式

直觉获取信息	打"√"		感觉获取信息
依靠个人内在觉知			依靠个人观察
更多地考虑"可能会是什么"			更多地考虑"是什么"
偏好创造			偏好常识
依据灵光一现的洞察力做事			依据仔细分析做事
喜欢研究概念			喜欢研究事实和数据
注重全局考虑			注重细节
喜欢有价值的想法			喜欢既成现实
综合—直觉获取信息			综合—感觉获取信息

↖　圈选总得分较高的一边　↗

步骤3：根据你在表4－1、表4－2中圈选的结果，找到代表你天性的"颜色"。这是你的"基础"天性（见图4－2）。

步骤4：小组成员互相感知对方的天性。

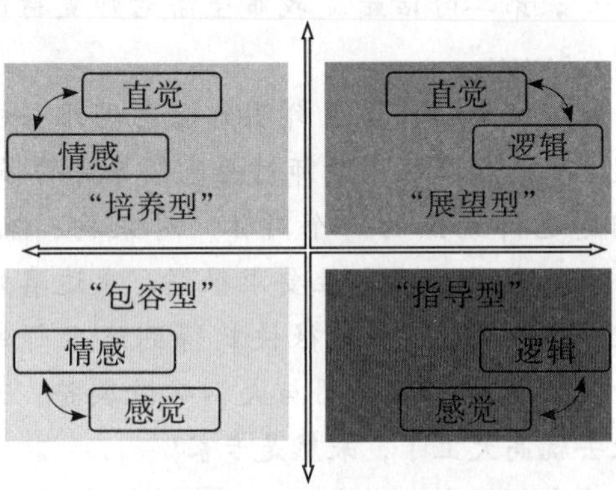

图4－2　4D天生个性类型

【结果分析】

每个人测出来的每个维度上的分数会各不相同，但总体分为绿色、黄色、蓝色和橙色四种天性。现对每种天性进行分析。

1. 绿色"直觉—情感型"

"我的天性是4D系统定义的绿色培养型，分享传播是我的激情，我情感丰富，越被夸越有劲儿，别用理智和逻辑跟我较真儿。"

绿色培养型是"以人为本者"。

● 行为特点：热情开朗、情感充沛、慈爱人性、有同理心、尊重价值、善于欣赏、率真坦诚、喜欢分享传播、擅长培养人。

● 需要注意：系统逻辑、感情用事、过度敏感、容易抱怨、容易受伤、放弃原则、浅尝辄止、表现张扬。

● 适合扮演的主要管理角色：鼓舞人心、激发热情、贡献快乐、培养人才、领导大型复杂团队，绿色培养型会带领团队取得没有伤害的成功。

● 互补的合作伙伴：橙色天性，他们的行为特点是严谨务实、有条不紊、理智逻辑、计划周密、遵守规则、善于组织、认真负责、注重细节、追求完美、关注结果、勤奋好学。

2. 黄色"感觉—情感型"

"我的天性是4D系统定义的黄色包容型，我是最忠诚持久的朋友，我在意的不是干什么，而是和谁在一起，我是慢热型，请不要期待我快速回应。"

黄色包容型是"团队凝聚者"。

● 行为特点：重视和谐、团结合作、忠诚奉献、深思熟虑、耐心细致、成熟稳重、友善包融、换位思考、责任心强、善于组织、值得信赖。

● 需要注意：过度包容、委曲求全、按部就班、拒绝创新、害怕冲突、迁就纵容、过度承担。

● 适合扮演的主要管理角色：凝聚团队、化解冲突、忠于使命、坚守文化、市场策略、领导大型复杂团队，黄色包容型会带领团队取得共同的成功。

● 互补的合作伙伴：蓝色天性，他们的行为特点是雄心抱负、善于定位、目的明确、喜欢冒险、乐于尝试、大局思维、开拓创新、果敢坚毅、内驱力强、勇于担当、追求卓越。

3. 蓝色"直觉—逻辑型"

"我的天性是4D系统定义的蓝色展望型，出点子、谈愿景、创新是我的激情，请直接告诉我结果可能怎样，别跟我啰唆细枝末节。"

蓝色展望型是"创意创造者"。

● 行为特点：雄心抱负、善于定位、目的明确、喜欢冒险、乐于尝试、大局思维、开拓创新、果敢坚毅、内驱力强、勇于担当、追求卓越。

● 需要注意：过于善变、盲目乐观、好大喜功、独断专行、自以为是、压抑情感、缺乏包容。

● 适合扮演的主要管理角色：战略规划、新品研发、管理创新、市场开拓，蓝色展望型会带领团队通过卓越创新取得成功。

● 互补的合作伙伴：黄色天性，他们的行为特点是重视和谐、团结合作、忠诚奉献、深思熟虑、耐心细致、成熟稳重、友善包容、换位思考、责任心强、善于组织、值得信赖。

4. 橙色“感觉—逻辑型”

“我的天性是4D系统定义的橙色指导型，我是最讲计划、落实，是最靠谱的工作狂，请用事实、用数字与我交流，不要来虚的，别期待我领会你的情绪。”

橙色指导型是“体系构建者”。

● 行为特点：严谨务实、有条不紊、理智逻辑、计划周密、遵守规则、善于组织、认真负责、注重细节、追求完美、关注结果、勤奋好学。

● 需要注意：待人冷漠、忽视情感、追求完美、指责评判、僵化固执、拒绝尝试、思想保守。

● 适合扮演的主要管理角色：制订计划、绩效考核、督导执行、遵章守纪，橙色指导型会带领团队取得高效、确定性的成功。

● 互补的合作伙伴：绿色天性，他们的行为特点是热情开朗、情感充沛、慈爱人性、有同理心、善于欣赏、尊重价值、率真坦诚、理想远大、喜欢分享传播、擅长培养人。

【温馨提示】

拓展资源

天性测试不是为了给人贴标签，而是为了认识自己和相互理解。天性没有好坏之分，不同的天性有着不同的特点，从天性的角度可以找到自己擅长从事的职业。需要说明的是，由于个体后天的发展和适应，现实中也有不少人从事着与自己天性不一样的工作而且也非常成功，他们在天性的基础上，运用了自己的优势并且在其他方面发展了多维的能力。

【案例启迪】

我和我家人的“颜色”

“博见微课堂”分享了如下“天性探索”案例。

1. 我是橙色

2014年，在给某企业中高层的领导力项目中导入4D工作坊期间，国内首批4D教练潘老师向我描述了4D系统的强大功能与未来价值。当聊到天性时，我很自然地对潘老师说：我测出自己是蓝色的。没想到，潘老师非常直接地指出：“李老师，你不是蓝色，你是典型的橙色。”“为什么？”我有点迷惑。潘老师说：“还记得我们之间的第一个电话吗？”“当然记得。”我想起两个月前我向潘老师电话求助时的最关键的两句话：第一句是“这份4D大纲不能打动我，我觉得也很难打动我的客户。理由是1，2，3……”；第二句话是“我希望潘老师支持的是1，2，3……”。

我恍然大悟，多么鲜明的橙色思维与橙色表达。我想起课程中老师对橙色领导者的描述：他们是逻辑最强的一个群体，对架构、流程、标准以及成功的确定性要求很高，表达喜欢用1，2，3……记得当时很快就得到潘老师的支持，他只是对课程说明与大纲略做调整，立即看上去就高大上了，果然是专家！

潘老师问我：“为什么不喜欢橙色？”我一脸嫌弃的表情让他看出了我的内心。当时，我对4D系统的理解很肤浅，喜欢4D系统对蓝色的描述，认为自己没有橙色的负能量，如指责抱怨、保守死板等。潘老师又说：“橙色领导者做事最靠谱，和修圆后的橙色领导者在一起工作是最容易成长的。”潘老师的这句话至今对我都是很大的激励。终于，我悦纳了我的橙色。

2. 家人的颜色

我的三口之家是清一色“橙”。按照潘老师的说法：“如果父母都是橙色的，孩子会很辛苦。”因为橙色领导者对人对己要求都很高。而事实上，我家女儿是在橙色妈妈的关爱与欣赏中快乐成长的，在橙色爸爸的呵护与引领中走对了求学路上的每一个关键环节。

橙色女儿从小就很乖，守秩序、懂道理、乐担当，从来都不会丢三落四。幼儿园时就可以轻松地心算百位以内的加减法，逻辑思维特别好。女儿工作后，入职不到一年就得到系统最高领导的表彰：在你以往的工作中，既有品质又有效率。而最令我欣慰的是：橙色女儿从小和橙色妈妈的互动就像朋友一样。

女婿是蓝色的，最明显的蓝色特质是高智商、多想法、有主见；最典型的蓝色行为：一是果敢放弃国内好大学，申请新加坡政府出资的新加坡理工大学；二是离开稳定的瑞士银行，跳到一家小小的创业公司。当时双方父母都坚决反对，因为接下来两个孩子要在两个城市工作，未来有太大风险。唯有女儿鼎力支持，他们的理由是：为了一个更大的目标。

我妈妈也是橙色。工作能力超强，为人低调内敛，生活情趣不多，对我和弟弟要求很严。记得我14岁时的一个周日，一清早我就在厨房闯了祸。随着热水瓶破碎的“砰”的一声巨响，屋里同时传来两个声音：“这么不小心!”“烫着没有?”显然，前者是来自天性在“关注事”维度的妈妈。我很委屈：“妈妈就知道心疼热水瓶，还是爸爸最关心我!”记忆中的妈妈在家里只要有一点点小失误，我们全家都会很开心：哈！妈妈也会犯错！因为家人已经习惯了妈妈的指责与批评。我传承了橙色妈妈的认真、严谨，但没有妈妈那么细心。

今年95岁高龄的爸爸天性黄色，是一位颇有影响力的离休干部。“文革”期间关在“牛棚”时，在棉袄里给我们塞纸条：“……相信共产党，相信毛主席!”爸爸有一个很器重的下属，在“文革”中多次写大字报诬告他，可爸爸恢复工作后照样重用他、欣赏他；而另一个在公开场合训斥他的人，爸爸帮助他调回北京。他当时的行为让我和妈妈、弟弟都无法理解。现在，我终于懂得了欣赏黄色爸爸的行为，也传承了他的包容与豁达，但还没有达到爸爸的境界。

【课后练习】

对于天性的认知可以帮助我们更好地了解自己，而且你可以使用这个工具给身边的团队伙伴乃至家人标“色”，这会帮助你更好地了解他人，理解他人，尊重人与人之间天性的差别，从而更好地和谐共处。

1. 彼得·德鲁克说“教是最好的学习方式”，给你的朋友或家人讲讲这部分内容，看看他们认为你的天性是什么，然后也让他们测试一下，看看他们的天生个性是什么。

2. 问一下自己：“如果钱不是问题，那我会做什么？”你的职业选择会给你一些洞见。

3. 对你来说最困难的事或最具挑战的事是什么？一般而言，这会帮助你诊断出你天性中不擅长的部分。如：

（1）事务性工作的挑战——绿色培养型。

（2）无法忍受矛盾冲突——黄色包容型。

（3）人际关系的挑战——蓝色展望型。

（4）缺乏以人为本——橙色指导型。

【人岗匹配】

人的天性应该与工作的内容以及工作的阶段相匹配。

技术团队成员往往属于逻辑决策者；从零开始的团队，往往会有很大一部分人与团队领导的性格类型相同，这样才能志同道合。反之我们往往喜欢和自己相像的领导共处，如果这位领导性格与工作任务相匹配，一般没有问题，可是一旦不匹配，就会有问题；而如果领导天性与工作任务呈对角线状态，那将会非常危险。

项目开始时，成员多为蓝色展望型，可以在早期突破固有的思维模式，在更大的范围内寻找可能性。到了项目的实施阶段，团队中的多数人必须转成橙色。而绿色和黄色成员对技术团队有什么贡献呢？他们的价值观和人际能力帮助大家一起工作，他们会提供非常重要的多样化想法。另外，有很多卓越的项目领导是绿色或黄色，原因在于，一个人在团队中职位越高，他的人际能力就越重要。你可以将你的橙色工作授权给下一级别。

无论你的天性是哪种，在工作中都需要将自己修炼成4D全能。

绿色更适合发挥优势的工作：人力资源，

大型复杂团队，教练，义工。

黄色更适合发挥优势的工作：团队建设者，注重和谐，市场营销，客服。

蓝色更适合发挥优势的工作：创新，研发，设计。

橙色更适合发挥优势的工作：系统的建设者，聚焦控制和流程；生产管理人员，流程管理人员，与成果挂钩需要有标准的工作，都非常适合。

【谋事成事】

查理·佩勒林博士给了我们一条通过4D沟通来谋事成事的公式：欣赏+包容+展望+要求。也就是：表达你的欣赏，表示你的理解，提出一个愿景，列出你的要求。这个公式就是发挥四种天性的主要优势，大多数问题就可迎刃而解。

4D沟通就是：用“绿色”先表达感谢欣赏；用“黄色”进行包容合作；用“蓝色”展望未来目标；基于共同目标，用“橙色”提出具体的操作要求。

通常我们可以通过简单的沟通来识别对方的天性色彩，然后选择同样颜色的沟通方式进行沟通，快速拉近彼此的距离，我们都需要在自己天性色彩的基础上不断完善提高其他色彩，并灵活运用。

下面通过三个小案例来体验。

案例1

一位妈妈指责7岁的小朋友不应该放学回家就看动画片影响视力，可是小朋友不开心，他们陷入冷战中。不如用查理·佩勒林博士给出的谋事成事的公式解决问题。

绿色：欣赏

我觉得你是一个很棒的小朋友，一直以来，你都特别懂事且讲道理。

黄色：包容

我也理解你对动画片世界的好奇心。同时我承认刚刚言语有些激烈。我也有做得不好的地方，比如我回家也一直玩手机。

蓝色：展望

不如这样，我们以后一起读书吧！读书的过程中也可以重现动画世界，我们还可以角色扮演哦，让读书更有趣！

橙色：要求

从现在开始，我们互相监督，如果谁一次做不到，就做20个俯卧撑，好吗？

你是否发现：当你启动4D沟通话术，你会发现一切的沟通交流变得越来越通畅和谐。对话不再是单一的指责，而是欣赏；不再是责怪缺点，而是包容；不再是毫无结果，而是建立目标；不再是只说不做，而是马上行动。

案例2

朋友的下属经常迟到，屡教不改，甚至触动朋友的底线，觉得这个人几乎无药可救了。我建议他不妨尝试一下万能的沟通方式。

绿色：欣赏

我其实很欣赏你的工作热情和创意想法，这也是我当初招聘你的原因，觉得你会为团队带来生机。

黄色：包容

我理解你住得确实比较远，交通又比较堵塞，让你对时间的管理有些偏差。

蓝色：展望

不如这样，你每天早30分钟出门，不仅可以保证不迟到，还可以提前处理邮件和计划当天工作。

橙色：要求

从现在开始，我们部门早会的组织者由你来担任，具体我会和你列明早会的提纲。

朋友听从我的建议尝试了这个方法，果然有效果。截至目前，该员工没有再迟到。

案例3

有一名员工被企业辞退后，声称要与企业打官司，人事主管通过微信、短信、电话等方式想与之沟通，他都不予理睬。企业处于上市的关键时期，不想将此事搞到打官司的地步。之后该公司人力资源总监亲自给这个员工发信息，用的就是4D沟通公式。

绿色：欣赏

我很欣赏你的勇气，为了自己的权益，愿意听从自己内心强有力的声音，与我们公司就你被辞退一事诉诸法律。

黄色：包容

我是公司的人力资源总监，你被辞退的事宜由我负责，我非常理解你的心情，愿意和你一起面对，妥善解决这个问题。

蓝色：展望

对于你被辞退之事，公司的底线是遵循《中华人民共和国劳动法》，在此基础上，尽可能维护你的权益。

橙色：要求

到目前为止，你认为我公司有违背《中华人民共和国劳动法》的地方吗？你有什么诉求愿意和我们面谈吗？

很快就得到了这名员工愿意面谈的回复。

【天性AMBR】

AMBR是我们这门课的一个基本学习工具。下边用这个工具，再加深一下对四种不同天性的认识与理解。

1．绿色培养型的AMBR

关注点（attention）：很自然地关注人们的需要以及共同的价值观。

心态（mindset）：服务他人、家庭、组织，自然而然地感激和欣赏他人。

行为（behavior）：通过分享和培养等支持他人获得快乐与成功。

成果（result）：在不损害他人的情况下取得成功。

他们的挑战：对角线橙色的程序性和组织性。绿色天性的人在技术团队中，只有发展“展望”或“指导”维度的技能，才能对团队有所贡献。

2．黄色包容型的AMBR

关注点（attention）：很自然地关注人际关系，与人建立联系。

心态（mindset）：我们在一起是为了归属感，为了相互合作。

行为（behavior）：促进团队运作与合作。

成果（result）：因和谐而成功。

他们的挑战：对角线蓝色展望型擅长做的事；对困难的人事问题采取有效行动，并忍受冲突对立。

3．蓝色展望型的AMBR

关注点（attention）：很自然地关注新想法、新创意或概念问题，而且要做就做到最好。

心态（mindset）：新颖的远大的构想是很重要的。

行为（behavior）：有洞见，不断创新，而且宣传自己的想法（很多时候，因为太快，过于超前，他人无法做出回应）。

成果（result）：因卓越和创新而成功。

他们的挑战：对角线黄色包容型擅长的事，喜欢独处甚或特立独行的个性如何融于团队之中。

4．橙色指导型的AMBR

关注点（attention）：很自然地关注任务、流程和确定性。

心态（mindset）：对工作要有计划并且按计划有效实施。

行为（behavior）：在工作中态度严谨，遵守纪律，执行力很强。

成果（result）：因有标准、流程和始终一致的坚持而成功。

他们的挑战：对角线绿色培养型擅长的事，以及对他人的情绪和个人合理需求的感知。

全面发展的4D：只有一个维度是不够的，需要4D均衡发展。每种颜色的天性如果缺少了其他三个维度中的任何一个，在能力方面就会有所不足，除非能有一个优势互补、取长补短的4D团队。

讲课视频　　PPT

【阅读材料】

关于人的天性、心理、行为测评的工具很多，4D相对更简单易行。还有两个外企比较常用的人员测评工具，一是MBTI，它更针对心理类型的区分；二是DISC，更关注行为风格的区分。心理类型更本源，它更关注个体最天性、最自然的偏好；行为风格更外在，有可能是在后天职业环境中的养成和修炼。

我们每个人终其一生都在对自己进行认知与探索，用哪一种理论框架并不重要，重要的是它的确可以帮助我们更好地认识自己的特点。性格无好坏，但在性格基础上表现出来的行为的确有适宜或不适宜的区分，认识自己是扬长避短的基础。当我们可以更客观地看待人和人之间性格和行为风格的差异，也就可以更好地理解我们在观念和方式上的冲突，进而更包容、平和地解决问题。

下面仅向大家介绍MBTI这个心理测评工具（资料来源于百度）。如果你有兴趣，自己可上网去学习其他有关天性、心理和行为的测评工具。

美国的凯恩琳·布里格斯和她的女儿伊莎贝尔·布里格斯·迈尔斯研制了迈尔斯－布里格斯类型指标（MBTI）。它也分为四个维度，每个维度又分为两种类型。

1. 类型指标介绍

MBTI类型指标如表4－3所示。

表4－3　MBTI类型指标

维度	类型	相对应类型英文缩写	类型	相对应类型英文缩写
①	外倾	E	内倾	I
②	感觉	S	直觉	N
③	思维	T	情感	F
④	判断	J	知觉	P

（1）外倾—内倾。

如果只能用一个维度将人群区分开来的话，那么，这个维度应该是内外倾向，它是区分个体的最基本的维度。我们以自身为界，可以将世界分为自身以外的世界和自我的世界两个部分，也可称为外部世界和内部世界。外倾的人倾向于将注意力和精力投注在外部世界、外在的人、外在的物、外在的环境等；而内倾的人则相反，较为关注自我的内部状况，如内心情感、思想。两种类型的个体在自己偏好的世界里会感觉自在、充满活力，而到相反的世界里则会不安、疲惫。因此，外倾与内倾的个体之间的区分是广泛而明显的，并不像我们平时讲的“外倾者健谈、内倾者害羞”那么简单，具体可以从表4－4所列几个方面进行分析。

表4－4　外倾型与内倾型的特征区别

外倾型（E）	内倾型（I）
与他人相处时精力充沛	独处时精力充沛
行动先于思考	思考先于行动
喜欢边想边说出声	在心中思考问题
易于“读”和了解，随意地分享个人情况	更封闭，更愿意在经挑选的小群体中分享个人的情况
说的多于听的	听的比说的多
高度热情地社交	不把兴奋说出来
反应快，喜欢快节奏	仔细考虑后，才有所反应
重于广度而不是深度（心理能量的获得途径和与外界相互作用的程度）	喜欢深度而不是广度（心理能量的获得途径和与外界相互作用的程度）

参照上述的“条条框框”，你能确定你内外倾向的偏好了吗？当然，不要期望每条标准都完全符合，大部分基本上符合就可以确定了；也不要求每时每刻都以同样类型的方式行事。人毕竟生活在社会中，有时会顺应外在环境的、工作的需要调整自己的行为，再外倾的人，在权威人士面前或者十分隆重、严肃的场合，也会是个好的倾听者；再内倾的人，走上领导岗位，该发表意见时还得发表，准备充分的话，也会滔滔不绝。关键在于，我们需扪心自问：到底以什么样的方式行事，才是自己感觉最好的、最习惯的。

（2）感觉—直觉。

我们每个人都在不断地接收信息，这是我们跟上外界节拍的必要前提。但不同类型的个体接收信息的方式不同，这便有了感觉型与直觉型之别。首先，面对同样的情景，两者的注意中心不同，依赖的信息通道也不同。感觉型的人关注的是事实本身，注重细节；而直觉型的人注重的是基于事实的含义、关系和结论。感觉型的人信赖五官听到、看到、闻到、感觉到、尝到的实实在在、有形有据的事实和信息，而直觉型的人注重“第六感觉”，注重“弦外之音”，直觉型的人的许多结论在感觉型的人眼里，也许是飘忽的、不实在的。注重细节的结果是感觉型的人擅长记忆大量事实与材料，他们有时候像本“词典”，能清晰地讲出大量的数据、人名、概念乃至定义，常使其他人感到吃惊。而直觉型的更擅长解释事实，捕捉零星的信息，分析事情的发展趋向。其次，感觉型的人对待任务，习惯于按照规则、手册办事，比如照着手册使用家电，比如看着地图辨认交通路线，而直觉型的人习惯尝试跟着感觉走，他不习惯仔细地看完一大本说明书再动手，结果呢？可能比感觉型的人更快地完成了任务，也可能因为失败而需重新开始。感觉型的人习惯于固守现实、享受现实，使用已有的技能；直觉型的人更习惯变化、突破现实。简言之，感觉型注意“是什么”，实际而仔细；直觉型则更关心“可能是什么”。具体区别如表 4 – 5 所示。

表 4 – 5　感觉型与直觉型的特征区别

感觉型（S）	直觉型（N）
相信确定和有形的东西	相信灵感或推理
对概念和理论兴趣不大，除非它们有着实际的效用	对概念和理论感兴趣
重视现实性和常情	重视可能性和独创性
喜欢使用和琢磨已知的技能	喜欢学习新技能，但掌握之后很容易就厌倦了
留意具体的、特定的事物，进行细节描述	留意事物的整体概况、普遍规律及象征含义，用概括、隐喻等方式进行表述
循序渐进地讲述有关情况	跳跃性地展现事实
着眼于现实	着眼于未来，留意事物的变化趋势，惯于从长远角度看待事物
喜欢深度而不是广度（接受信息上）	重于广度而不是深度（接受信息上）

在我们的周围，两种类型的人都会存在，当然极端典型的比较少，大多数人兼有两种特质，但其中一种会更突出一些，成为本人的特色，也由此可以确定本人的类型。使用哪种方式接收信息都有利有弊。作为个体，往往只擅长一种，了解到这一点，直觉型的人就不必在百科全书式的人物面前自叹弗如，感觉型的人也无须在灵动、敏感的直觉者面前不好意思了。当然，我们在享受自我性格类型所带来的优势的同时，也不妨逐渐有意识地弥补下自己的弱点。比如说，直觉型的人可多关注一些细节，而感觉型的人可多留神蕴含的潜在信息。国外的研究表明，25 岁以后，伴随着对于人生的反思，个体完善自我性格的倾向会更明确。确定一下你的类型，看看这种类型的优势所在。

（3）思维—情感。

这是从做决策的方式来看。仅看这个维度的名称，也许你会觉得，思维型的人是理性的，而情感型的人是非理性的，事实上并非如此。两类人都有理性思考的成分，但做决定或下结论的主要依据不一样。情感型的人常从自我的价值观念出发，变通地贯彻规章制度，做出一些自己认定是对的决策，比较关注决策可能给他人带来的情绪体验，人情味较浓。思维型的人则比较注重依据客观事实的分析，一以贯之、一视同仁地贯彻规章制度，不太习惯根据人情因素变通，哪怕做出的决定并不令人舒服。具体区别如表 4 – 6 所示。

表 4 – 6　思维型与情感型的特征区别

思维型（T）	情感型（F）
退后一步思考，对问题进行客观的、非个人立场的分析	超前思考，考虑行为对他人的影响
重视符合逻辑、公正、公平的价值；一视同仁	重视同情与和睦；重视准则的例外性
被认为冷酷、麻木、漠不关心	被认为感情过多，缺少逻辑性，软弱
认为坦率比圆通更重要	认为圆通比坦率更重要
只有当情感符合逻辑时，才认为它可取	无论是否有意义，认为任何感情都可取
被“获取成就”所激励	被“获得欣赏”所激励
很自然地看到缺点，倾向于批评	惯于迎合他人，着重维护人脉资源

不同性别的个体在这个维度上的偏好有所差异，据研究，大约 2/3 的女性偏好情感型，2/3的男性偏好思维型，是什么原因造成的？也许社会本身对不同性别的人就给予了不同的期待，期待女性的同情心，期待男性的冷静、客观。其实，这两种类型无所谓好或坏，重要的是理解和自己不同类型的人的做法，并且尽量避免走入极端。极端的思维倾向可能会给人“冷酷”的感觉，而极端的情感倾向则给人“无原则”的感觉。看看你的性格在这个维度上会有什么样的偏好？

（4）判断—知觉。

这是从喜好的生活方式来看。如果我们看看人们的办公桌上、背包内或柜子里摆放的物品，可以发现，有些人经常是井然有序，而有些人就不那么习惯于保持整齐，前者是判断型具有的特征，后者是知觉型的人经常有的状态。不仅如此，在处事方式上，判断型的人目的性较强，一板一眼，他们喜欢有计划、有条理的世界，更愿意以比较有序的方式生活。知觉型的人好奇心、适宜性强，他们会不断关注新的信息，喜欢变化，也会考虑许多可能的变化因素，更愿意以比较灵活、随意、开放的方式生活。在做决策时，判断型的人较为果断，而知觉型的人总希望获得更多信息后再决断。逛了两天商场，还决定不了买什么的人，多半是知觉型的。两者的具体区别如表 4 – 7 所示。

表 4 – 7　判断型与知觉型的特征区别

判断型（J）	知觉型（P）
做了决定后最为高兴	当各种选择都存在时，感到高兴
有“工作原则”：工作第一，玩乐其次（如果有时间的话）	有“玩的原则”：现在享受，然后再完成工作（如果有时间的话）
建立目标，准时地完成	随着新信息的获取，不断改变目标
愿意知道它们将面对的情况	喜欢适应新情况
着重结果（重点在于完成任务）	着重过程（重点在于如何完成工作）
满足感来源于完成计划	满足感来源于计划的开始
把时间看作有限的资源，认真地对待最后期限	认为时间是可更新的资源，而且最后期限也是有收缩的

大多数人兼具两种倾向，只是更偏向某一端。我们在日常生活、工作中，也会受其他因素影响，改变一贯的方式，如面临紧急的或期限明确的任务，知觉型的人也会果断起来。兴之所至，也会把物品收拾得整整齐齐，但这些并不是他们常有的行为方式，也不是他们内心感到真正自然、舒服的方式。作为个体，一方面根据内心的感受识别自我的偏好，发挥优势；另一方面，则要约束一下性格的弱点。如完全的判断型比较容易走入刻板、教条的境地，完全的知觉型则容易使事情的进行没有限制。看看最后一个维度上，你的偏好是什么？

2. 个人所属类型

你的类型是什么？通过对照四个维度的描述，你或许已经识别出自己在每个维度上的偏好，取每个维度上偏好类型的代表字母，即可以由四个字母构成你的性格类型，如 ISFJ，即内倾感觉情感判断型；ENFP，即外倾直觉情感知觉型。四个维度、八个端点可组合成如表 4 – 8 所示的 16 种性格类型，你必然属于其中的一种。

表 4 – 8　16 种性格类型表

类型名称	相对应英文字母简称	类型名称	相对应英文字母简称
内倾感觉思维判断	（ISTJ）	内倾感觉情感判断	（ISFJ）
内倾直觉情感判断	（INFJ）	内倾直觉思维判断	（INTJ）
内倾感觉思维知觉	（ISTP）	内倾感觉情感知觉	（ISFP）
内倾直觉情感知觉	（INFP）	内倾直觉思维知觉	（INTP）
外倾感觉思维判断	（ESTJ）	外倾感觉情感判断	（ESFJ）
外倾直觉情感判断	（ENFJ）	外倾直觉思维判断	（ENTJ）
外倾感觉思维知觉	（ESTP）	外倾感觉情感知觉	（ESFP）
外倾直觉情感知觉	（ENFP）	外倾直觉思维知觉	（ENTP）

3. MBTI 各种性格类型的主要特征

内倾型（I）的 8 种：

（1）ISTJ：安静、严肃，通过全面性和可靠性获得成功。实际、有责任感。决定有逻辑性，并一步步地朝着目标前进，不易分心。喜欢将工作、家庭和生活都安排得井井有条。重视传统和忠诚。

（2）ISFJ：安静、友好，有责任感和良知。坚定地致力于完成他们的义务。全面、勤勉、精确、忠诚、体贴，留心和记得他们重视的人的小细节，关心他人的感受。努力把工作和家庭环境营造得有序而温馨。

（3）INFJ：寻求思想、关系、物质等之间的意义和联系。希望了解什么能够激励人，对人有很强的洞察力。有责任心，坚持自己的价值观。对于怎样更好地服务大众有清晰的愿景。在对于目标的实现过程中有计划而且果断坚定。

（4）INTJ：在实现自己的想法和达成自己的目标时有创新的想法和非凡的动力。能很快洞察到外界事物间的规律并形成长期的远景计划。一旦决定做一件事就会开始规划直到完成为止。多疑、独立，对于自己和他人能力和表现的要求都非常高。

（5）ISTP：灵活、忍耐力强，是个安静的观察者，直到有问题发生，就会马上行动，找到实用的解决方法。分析事物运作的原理，能从大量的信息中很快地找到关键的症结所在。对于原因和结果感兴趣，用逻辑的方式处理问题，重视效率。

（6）ISFP：安静、友好、敏感、和善。享受当前。喜欢有自己的空间，喜欢能按照自己的时间表工作。对于自己的价值观和自己觉得重要的人非常忠诚，有责任心。不喜欢争论和冲突。不会将自己的观念和价值观强加到别人身上。

（7）INFP：理想主义，对于自己的价值观和自己觉得重要的人非常忠诚。希望外部的生活和自己内心的价值观是统一的。好奇心重，很快能看到事情的可能性，能成为实现想法的催化剂。寻求理解别人和帮助他们实现潜能。适应力强、灵活，善于接受，除非是有悖于自己的价值观的。

（8）INTP：对于自己感兴趣的任何事物都寻求找到合理的解释。喜欢理论性和抽象的事物，热衷于思考而非社交活动。安静、内向、灵活、适应力强。对于自己感兴趣的领域有超凡的集中精力深度解决问题的能力。多疑，有时会有点挑剔，喜欢分析。

外倾型（E）的8种：

（1）ESTP：灵活、忍耐力强、实际、注重结果。觉得理论和抽象的解释非常无趣。喜欢积极地采取行动解决问题。注重当前，自然不做作，享受和他人在一起的时刻。喜欢物质享受和时尚。学习新事物最有效的方式是通过亲身感受和练习。

（2）ESFP：外向、友好、接受力强。热爱生活、人类和物质上的享受。喜欢和别人一起将事情做成功。在工作中讲究常识和实用性，并使工作显得有趣。灵活、自然不做作，对于新的任何事物都能很快地适应。学习新事物最有效的方式是和他人一起尝试。

（3）ENFP：热情洋溢、富有想象力。认为人生有很多的可能性。能很快地将事情和信息联系起来，然后很自信地根据自己的判断解决问题。总是需要得到别人的认可，也总是准备着给予他人赏识和帮助。灵活、自然不做作，有很强的即兴发挥的能力，言语流畅。

（4）ENTP：反应快、睿智，有激励别人的能力，警觉性强、直言不讳。在解决新的、具有挑战性的问题时机智而有策略。善于找出理论上的可能性，然后再用战略的眼光去分析。善于理解别人。不喜欢例行公事，很少会用相同的方法做相同的事情，倾向于一个接一个地发展新的爱好。

（5）ESTJ：实际、现实主义。果断，一旦下决心就会马上行动。善于将项目和人组织起来将事情完成，并尽可能用最有效率的方法得到结果。注重日常的细节。有一套非常清晰的逻辑标准，并有系统性地遵循，并希望他人也同样遵循。在实施计划时强而有力。

（6）ESFJ：热心肠、有责任心、合作。希望周边的环境温馨而和谐，并为此果断地执行。喜欢和他人一起精确并及时地完成任务。事无巨细都会保持忠诚。能体察到他人在日常生活中的所需并竭尽全力帮助。希望自己和自己的所为能受到他人的认可和赏识。

（7）ENFJ：热情、为他人着想、易感应、有责任心。非常注重他人的感情、需求和动机。善于发现他人的潜能，并希望能帮助他们实现。能成为个人或群体成长和进步的催化剂。忠诚，对于赞扬和批评都会积极地回应。友善、好社交。在团体中能很好地帮助他人，并有鼓舞他人的领导能力。

（8）ENTJ：坦诚、果断，有天生的领导能力。能很快看到公司、组织程序和政策中的不合理性和低效能性，发展并实施有效和全面的系统来解决问题。善于做长期的计划和目标的设定。通常见多识广，博览群书，喜欢拓宽自己的知识面并将此分享给他人。在陈述自己的想法时非常强而有力。

单元5 管理语言

讲课视频 PPT

语言是心智的表征，是思维的具象。它很有能量，可以传播信息，更能传播思想。每个人的语言模式不一样，你对自己的语言模式是否有全然的觉察？你的每一句话带着怎样的能量？是带给自己，或他人愉悦、激励、行动力，还是烦恼、打击、无力感？是有助于成长、成功，还是不利？这个单元，我们将学习管理语言。

【预期成果】

如果你能认真学习并实践本单元的内容，你可以获得如下学习成果：

1. 理解语言的能量，愿意成为一个自带正能量的人。

2. 共同学习、完成和分享 100 个以上的“语言负转正”的案例。

3. 逐步形成自己特有的语言模式，赋能自己，赋能他人。

【学习工具】

本单元的一个重要工具叫“语言负转正”。语言本身带有能量，不同的语言具有不同的能量，进而会作用于我们的行动。我们将语言大体分为两种：一种叫“正向语言”，一种叫“负向语言”。

正向语言往往具有以下特征：

- 正向语言可以带来正能量，赋能自己，赋能他人。
- 正向语言模式的形成与其生长、教育、工作的环境密切相关。
- 正向语言有利于成长、成功、发展、快乐、和谐、幸福等。
- 通过对正向语言的反复觉察、修炼，形成积极健康的心智模式。

负向语言往往具有以下特征：

- 不用任何努力，“负向”想法会自动闯入你的脑海里。
- 人们很容易相信“负向”想法，并表达出来使之成为红色负向语言。
- 负向语言不利于成长、成功、发展、快乐、和谐、幸福等。
- 负向语言往往是不真实的，但你又很难阻止它。

“语言负转正”：就是通过转换视角、心态、思维，将负向的语言有意识地转向正向的语言，让正向语言更多地赋能我们的学习、工作和生活。

【案例学习】

以下选取来自企业、社会的案例，目的是让同学们更多地了解校园外的世界，为走入企业、走向社会提前做好准备。待进入同学自我练习的环节时，再结合大家的学习与生活实际，有针对性地进行“负转正”练习。

案例 1：团队中有人要离职，而且经挽留不成功。

负向语言：我们团队怎么了，这样太不好了，本来人手就不够，这下要更忙了。

正向语言：也许是个机会重新审视团队架构，给有潜力和有意愿的下属更多的机会和挑战，从而提升团队士气和整体战斗力。

案例 2：领导又改变了原定的工作计划。

负向语言：领导怎么又调整计划了，这样工作好难开展啊。

正向语言：计划调整一定是因为情况发生了变化，调整计划可以降低风险，达到更好的成效。

案例3：因为堵车，没赶上高铁。

负向语言：完了，所有节奏打乱；疯了，抓狂。

正向语言：今天又有了一次新体验，让我明白以后凡事一定要预留足够时间，以应对突发事件，这样就不怕有意外了。

案例4：上班累了一天，晚上回到家里，发现老婆忘记烧饭了。

负向语言：你怎么回事呀，到现在还没有烧饭。

正向语言：晚上忘记烧饭正好，我们今天晚上不烧饭了，到外面饭店吃点还更省事，也放松一下。

案例5：我上次给某一个门店布置了任务，让其在我下次去检查前，完成门店的形象整改。但我去了，门店还没有完成整改。

负向语言：你们怎么回事，一点执行力都没有，我说得清清楚楚让你们在我来之前完成，为何到现在还没有完成。

正向语言：既然前面没有完成，就不说了，现在补还来得及，正好趁我今天来的机会，把上次的任务重新再过一遍，明确一下，三天内必须完成，下不为例，好吧。

案例6：上海生活成本太高，年轻人工资低买不起房。

负向语言：我们年轻人无论如何努力，都买不起房。

正向语言：定下目标，大城市遍地黄金，年轻人能买房的也有不少，只要努力工作，总会有机会；或试着转变观念，租房也不错。

案例7：妈妈退休后很失落、很絮叨，常沉浸在过去的辉煌中，情绪反复，翻来覆去说的都是那些事情。

负向语言：妈妈怎么这样啊，说多了，家里人都嫌她烦，嫌她啰唆。

正向语言：家里不是说道理、摆谱的地方，能多听父母的唠叨也是福气啊！

案例8：某培训公司的一个新客户是"90后"的HR（人力资源）。

负向语言：这个"90后"的HR太奇葩了，要求我们公司连换三次培训时间，竟然没有一点歉意！

正向语言：她需要成长，我可以更包容。

案例9：一位同事连续加了一个星期的班，非常辛苦。

负向语言：每天加班很辛苦，吃饭也不规律。

正向语言：我一个单身汉，也没有女朋友，每天回去一个人多孤单，在公司还有同事陪着，还能学点东西。

案例10：今天又是杭州拍牌的日子，经历了多次失败，不由得抱怨。

负向语言：这什么破政策？太坑人了。

正向语言：其实每月锻炼一次心理素质和抢拍技术也是挺刺激的。还给我省钱了。还能等到更多好的新车出来再买。暂时不给城市道路添堵了。

案例11：细分市场萎缩，产品竞争力低下，销售目标难以完成。

负向语言：该死的车型，指标无法完成。

正向语言：这是一个机会。细分市场萎缩，对手销量都在快速下滑，只要努力一把，市场份额仍将大幅提升。

案例12：培训完，老师让在群里分享，到现在还没人分享怎么办？

负向语言：这帮人，太懒了。

正向语言：大家都在忙吧，可能忘了，我再提醒一下，相信大家晚上会补上的。

案例13：近期经常加班，导致预约上门安装热水器的师傅抱怨连连。好不容易约定了一次，结果我又因为临时的工作晚回了半个小时，虽然提前电话沟通了，但师傅仍面露愠色。

负向语言：你们是服务人员，就不能耐心点吗？我也天天上班，又不是故意放你鸽子。

正向语言：师傅，真是不好意思，耽误了您下班的时间，抱歉啊。不过今年天气离奇的热，中午出门太晒了吧，有时候晚点干活还凉快点呢，您说是不是？您先坐会，我去给您拿瓶饮料消消暑。

案例14：货源紧张，无法正常到货，天天退单……

负向语言：烦死了，早知道，少接点订单好了。

正向语言：一切都是最好的安排！幸亏产

单元5

管理语言

能不够，单台毛利可以得到有效保障。借机提升下团队能力，为后期持续盈利打好基础。

案例15：今天做活动，但这雨下得哗哗的……

负向语言：哎，今天的活动怕是要泡汤，几天的辛苦又要白费了。

正向语言：水为财。感谢老天，今天这么大的雨还来了不少客户，这些客户的意向度得到了提高，今天的成交率有保障了，哈哈。

案例16：工作这么忙，事情那么多，下周还有那么多会议。

负向语言：哎，下周有那么多会议，还有那么多的问题要解决，烦死了。

正向语言：下周有那么多会议，挺好的。开会可以让大家一起了解问题，一起讨论，一起解决。首先，我要对问题的重要度做出排列，按照先后顺序，在规定的会议时间里讨论出有效的解决方案，然后按照方案进行跟踪执行。

案例17：一家培训公司项目很多，主讲教师的时间又难约。

负向语言：最近启动、结案的项目太多了，老师时间又难约，烦死了。

正向语言：公司项目越来越多，小伙伴们的协调力、应变力、管控力、师资开发力都得到了锻炼。

案例18：公司来了很多新人，但工作状况都不尽如人意。

负向语言：新人缺少训练，见客户的基本规范都不懂。

正向语言：公司的新人培养规范需要完善，可以列入综合部下个月的计划中。

案例19：女儿读博压力非常大，每天总是要和妈妈吐半天苦水。妈妈说……

负向语言：我就是女儿的垃圾桶啊。

正向语言：我是女儿的加油站、避风港。

案例20：市场推广活动。地点：展厅。活动时间：19：00。前期各项活动准备近10天，各项细节都有专人跟进。当晚客户邀约近400人，所有设备已提前调试好，可在18：30大部分客户已到店时，主变压器烧掉，全部设备无法使用。突然想到让经销商提前采购的，本来准备给第二天老客户联谊用的500支荧光棒已到货。赶紧组织所有人员分发给客户，并联系第二天的烧烤活动商家到现场，同时把所有准备的冷餐移至户外。经过半小时准备，终于为在场客户提供了一次户外荧光烧烤party。同时联系隔壁店家，用电缆接电。1个小时的户外烧烤减少了客户抱怨，也为抢接电缆赢得了时间。活动终于在19：40顺利开始，经历了一次真正意义的危机事件。

负向语言：当时想死的心都有，心中真有无数懊恼在翻腾。

正向语言：经过这次危机事件，对我本人及团队都是一次锻炼，在以后的大型活动执行中，备选预案、临场危机、团队协调等会更完善。所有人都在学习进步。

【负转正方法】

学习了上述20个案例，透过现象会发现什么本质？能找到语言“负转正”的一些规律性的方法吗？我想可概括为以下几种。

（1）运用单元2学过的“AMBR焦点管理”，调整一下关注问题的视角，就会有不同的觉察与发现，也就会有不同的心态，进而会产生不同的语言。只要自己想“负转正”，一定会带给你正能量。

（2）无论你遇到的人、经历的事以及自己的状况有多么不堪，它背后都会有个礼物等着你，因为每一次的经历都是历练你的宝贵机会。只要你能这样想，负面的语言都可以得到反转。

（3）语言“负转正”要保证是“心里正”，而不是“表面正”，最好不玩文字游戏，要走心，才能达到目的。如果你能坚持30天的语言“负转正”打卡，相信会慢慢形成你正能量的语言模式。

（4）如果你现阶段还是感觉要从玩“文字游戏”开始，那么下面介绍一种方法，看看可否给你一些启发。

听一位企业家说起自己的一项有趣观察：一个人的沟通能力、协作能力，甚至朋友的数量，都和他说“但是”的频率成反比。你越爱说“但是”，别人越不喜欢与你沟通，越不喜欢和你合作，也就越不喜欢和你深交。

例如：你对经理说“我加班到了半夜，但还是做不完啊”，然后经理对老板说“我已经催了他好几次了，但是他做不完啊……”

又如你妈妈对你说“你很聪明，但是太懒了”。

主管对你说“你做得不错，但是还有些地方要改进”。

闺蜜对你说“你穿衣服越来越好看了，但是，如果再瘦一点就更好了”……

总而言之，“但是”句型最大的特点，就是前面说的基本都是废话，“但是”之后的才让人感觉是真话，只是因为那些真话多半让人不受用。

如何摆脱“但是”带来的负面影响？

一是将后面“真话”的出场顺序前置。因为“但是”句型之所以刺耳，在于往往把丑话说在“后头”，一席话的结尾会决定别人对你这番言论的整体印象。

你评价某人“工作效率高，但是个性随便”，给人感觉更像是批评；而改为“个性随便，但是工作效率高”，则像是一种赏识。

同理，前文的例子中，“加班到半夜，但还是做不完啊”改为“还没做完，但是我昨晚已经连夜加班了”；“你做得不错，但是还有些地方要改进”改为“还有些地方要改进，但你已经做得不错了”，是不是就有了“负转正”的效果？

二是成功学大师卡内基的建议用“而且”取代“但是”。例如把“你穿衣服越来越好看了，但是，如果再瘦一点就好了”改成“你穿衣服越来越好看了！而且只要再瘦一点，简直就完美了”。

“但是”是转折，“而且”是递进，一词之差，就让你的语气从尖酸变得热情。

【负转正练习】

练习1

《重塑心灵》里有一个典型的负向语言的例子：“因为上级挑剔，所以我工作不开心。”

转“正”方式为：首先把句中的结果（工作不开心）改为它的反义词，再把句首的“因为”两字放到最后，成为“上级挑剔，所以我工作积极，因为……”然后反复地思考，如何从不同的视角，能把句子补充完整，且实现“负转正”的能量转换：“上级挑剔，所以我工作更积极，因为……”以此完成15次的不同转换。

（1）________________________________

____

（2）________________________________

____

（3）________________________________

____

（4）________________________________

____

（5）________________________________

____

（6）________________________________

____

（7）________________________________

____

（8）________________________________

____

（9）________________________________

____

（10）________________________________

____

（11）________________________________

____

（12）________________________________

____

（13）________________________________

____

（14）________________________________

____

（15）________________________________

____

练习 2

请对以下 24 个句子进行“负转正”。

（1）负：这是个看脸的颜值时代，而我长得却上不了台面。

正：

（2）负：我笑起来不好看，所以不愿意笑。

正：

（3）负：我十分努力，就是没法获得成功。

正：

（4）负：我不想去上课，但又害怕老师点名。

正：

（5）负：做什么事情都不顺利，我太难了。

正：

（6）负：那个人太难相处了，和他共事简直就是受罪。

正：

（7）负：室友不愿意跟我一起玩。

正：

（8）负：为什么没人理解我的观点。

正：

（9）负：我不喜欢与人交流沟通，感觉很困难。

正：

（10）负：我爱的人不爱我，爱我的人我不爱。

正：

（11）负：社团太无聊了，我还是做我自己的事情吧。

正：

（12）负：排队那么多人，好烦啊。

正：

（13）负：原以为大学很美好，现在却觉得读大学一点都不轻松。

正：

（14）负：上课的路程太远了。

正：

（15）负：下雨天什么事都做不了，真烦心。

正：

（16）负：老师对我们太严厉了，好痛苦。

正：

（17）负：为什么我总是这样，干啥都干不好。

正：

（18）负：现在的东西太贵了，我的工资又那么低。

正：

（19）负：今年我们业绩达标，明年公司肯定又加码，没人能体谅。

正：

（20）负：我工作再努力，也赶不上房价的增长速度。

正：

(21) 负：这时代没钱是万万不能的，真羡慕那些富二代。

正：________________________________

____

(22) 负：我有拖延症，但改不了。

正：________________________________

____

(23) 负：我父母不公平，对我的弟妹很偏心，而忽略我的感受。

正：________________________________

____

(24) 负：我妈很疼我，就是太爱唠叨，很烦。

正：________________________________

____

练习 3

结合你的学习、工作与生活，以及前期对语言"负转正"的学习，自己给出10个日常"负转正"案例，并在小组中进行分享，在小组之间进行PK。

(1) 负向语言：

正向语言：________________________________

____

(2) 负向语言：

正向语言：________________________________

____

(3) 负向语言：

正向语言：________________________________

____

(4) 负向语言：

正向语言：________________________________

____

(5) 负向语言：

正向语言：________________________________

____

(6) 负向语言：

正向语言：________________________________

____

(7) 负向语言：

正向语言：________________________________

____

(8) 负向语言：

正向语言：________________________________

____

(9) 负向语言：

正向语言：________________________________

____

(10) 负向语言：

正向语言：________________________________

____

【阅读材料】

吸引力法则：你的人生由你的语言和思想决定

语言是有能量的！"好的""一定会有办法的""没问题"，每天都能说出这种积极话语的人，他们的每一天都过得非常顺利，即使遇到了困难，他们也能够渡过难关。

相反，每天都嚷着"太糟了""太让人气愤了""没办法了"的人，遇到的挫折也特别多，运气也显得特别糟糕。

如果你看不清自己，那么，就试着看一下周边的人与事，你一定会发现人们都过着他们嘴上所说的人生。

注意：特别是跟钱有关的事情，这一点会很明显。每天叫着"没钱"的人，真的都是跟金钱无缘的人。这里最关键的信息不是"因为穷而没钱"，而是"天天说着没钱，所以穷"。

你必须要意识到，每天从自己嘴巴里说出的话拥有很大的威力，所以我们需要去改变自己的话语。

每天你所说的话，都给你的每一天指明了方向。这就是宇宙法则。

积极的语言才能把你带向美好的人生。

语言就如同把飞机带到目的地的自动引擎，

只要按下按钮，它就一定能把我们带到目的地。包括你自己的身体，你总是说自己不舒服你就会真的不舒服，不管得了什么病，在积极的药物治疗和营养修复过程中，必须保持积极的语言。

你嘴上说的自己，就是你自己。

看好的，听好的，说好的，做好的，就能得好的。无论你关注什么，都将会创造出你所关注的一切。

快乐成功的人每时每刻都会觉察自己在看什么、听什么、说什么、做什么。

你每个当下都在创造你的未来，你是这部电影的主演，这是你的人生，你自己说了算。

所以从此时此刻开始，让我们只看、只听、只说、只做美好的事物。每天对自己说、对他人说：我多么幸运！我多么美丽！我多么智慧！我多么健康！我多么富有！我多么善良！世界多么美好！……

面对工作和问题，永远只说："好的!""没有问题!""一定会有办法的!"

不要怀疑，简单相信，不要动心机，只管这样去做。

下面的语言会指引你的生命：

1. 你生命中所发生的一切，都是你吸引来的。

2. 我想什么，我就能得到什么。

3. 宇宙中最强有力的法则就是吸引力法则。

4. 同类相吸。

5. 思想会变成现实。

6. 改变了思想，就改变了命运。

7. 所有美好的思想都是强有力的，所有负面的思想都是脆弱无力的。

8. 主宰心灵的方法：静心！静心的力量极为强大。

9. 我是自己思想的主人。我能完全立刻控制我的思想。

10. 用持续的思想召唤。事情的起因永远都是思想。

11. 感觉要好。增加对事物的渴望和感觉。

12. 你拥有改变一切的力量。

13. 思想与爱的融合，形成了吸引力法则不可抗拒的力量。

14. 爱是宇宙中最伟大的力量，爱的感觉是最高的频率，如果能爱所有的事物和人，你的生命必将转变。

15. 充满爱的思想——天下无敌。

16. 生命中所发生的一切，都与你的目标相关联。

17. 一旦你真正主宰你的思想和感觉，你就是你自己现实的创造者。

18. 这个精彩非凡的宇宙能带给我们所有美好的事物，并暗中协助我们成就每一件事。

19. 宇宙的声音："你的愿望，就是我的指令。"

20. 你相信什么，就会看到什么。

21. 你心里有什么，你才会看到什么。

22. 心存美好是件非常重要的事。

23. 宇宙喜欢快速行动，不要拖延，不要猜测，立即行动。

24. 心想事成，有求必应。

25. 强效的方法：感恩！感恩能转变你的能量，改变你的想法。

26. 感恩的力量胜过其他一切。

27. 为你已经拥有和想要拥有的事物感恩。

28. 感恩什么就会得到更多什么，感恩越多，得到越多。

29. 感恩的工作是最高的情商。

30. 我说不出这股力量是什么，我知道它存在。

31. 想象力就是一切，它是生命将发生之事的预览。

32. 成功来自于内在，而非外在。

33. 我是吸引人的磁铁，我爱他人，他人也爱我，我每天都在爱与被爱。

34. "给予"是把更多金钱带进你生命最强效的方法。

35. 用爱和尊重对待自己和别人，才能赢得别人的爱和尊重。

36. 赢得人际关系：欣赏别人。不要抱怨。

37. 焦点集中在爱上，就会有更多爱和喜悦回到你身上。

38. 所有的压力都是由一个负面的思想开始的。

39. 爱和感恩可以解除所有的负面性，并消除任何疾病。

40. 笑，是最佳的良药！笑的时候可以释放所有的消极和疾病。

41. 每种不愉快的思想，都是放进身体里的坏东西。

42. 任何事物，专注它，就是在创造它。

43. 富足的方法：想着富足，看着富足，感觉富足，相信富足。

44. 没有什么不可能，不可能只存在你的心中。

45. 宇宙中的一切都有能量。思想也是能量。

46. 情绪是有能量的，可以为自己赋能，也可以为他人赋能。

拓展资源

47. 内在喜悦是成功的燃料。

48. 越去使用你内在的力量，你就会引出更多的力量。

49. 你的生命完全由你自己来掌控。

50. 积极的语言才能把你带向美好的人生。

总结：

小心你的语言，因为它会变成你的思想；

小心你的思想，因为它会变成你的行动；

小心你的行动，因为它会变成你的习惯；

小心你的习惯，因为它会变成你的性格；

小心你的性格，因为它会变成你的命运。

语言、思想、行动、习惯、性格最后决定命运。

拓展资源

单元6 管理情绪

讲课视频　PPT

我们在每天的学习、工作和生活当中，会遇到不同的人和事，所以人的情绪也会随着这些动态变化而变化。有变化是正常的，但太大或太过执着的变化则会对身心造成伤害，也会对外界带来不利影响，甚至会对自己的一生产生巨大影响。情绪管理是提升心智模式的重要内容，而情商高低是心智模式的重要体现。很多道理人人都懂，但做起来其实很难。尽管不容易，我们还是应该努力去调整自己。这个单元会教给大家一些管理情绪的工具和方法，相信会对大家有所帮助。

【预期成果】

如果你能认真学习并实践本单元的内容，你可以获得如下学习成果：

1. 能够首先接纳自己的情绪。
2. 能够通过调整身体来改善情绪。
3. 能够通过改变思维来改善情绪。
4. 能够通过采取行动来改善情绪。

【关于情绪】

下面，让我们通过《传习录》中王阳明关于情绪的洞见，来认识和接纳情绪吧！

在《传习录》中，有人问："良知就像太阳，私欲就像浮云，浮云可以遮蔽太阳，然而也是属于自然的气象本身自有的现象，这是不是说，私欲也是人心本来的一部分？"

王阳明说："喜、怒、哀、惧、爱、恶、欲，这是所谓的七情，七情都是人心本自具有的，只是需要认得良知。比如阳光，它是普照大地的，没有固定的方向，即使只透出一线光明，也都是阳光所在处。虽然云雾弥漫，只要空中还能分辨物品的形状和色彩，就说明太阳是没有泯灭的。不能因为浮云把太阳遮蔽了，就让老天不要创造浮云。七情顺其自然地发生，都是良知在起作用，没有所谓的善恶之分，只是不能过分执着。一旦七情有所执着，就变成了私欲，成为良知的遮蔽。不过，稍有情执，良知也会发觉，一发觉，遮蔽就去除了，良知的本体就恢复了。在这一点上如果能够看得破，致良知的功夫就简易透彻了。"

有些对自己要求比较高的人，通常把情绪当作敌人，一旦有了情绪，就如临大敌，不是尽力去压制，就是故意去忽视。我们看到很多影视作品里都有这样的刻画：主人公显然很生气了，却强压怒火，手拍胸前，强令自己"不能生气，不能生气"。这种做法，很受人们的推崇，认为是自律的体现。

然而，王阳明却说，这是错的。《礼记》讲得很明白，所谓人情，喜、怒、哀、惧、爱、恶、欲，七者弗学而能。换句话说，情绪是天生的，不是后天学的，就像刚出生的婴儿，不用教就自然会哭，如果不会哭还麻烦了。

既然情绪本来就是我们生命中自带的，也是不可或缺的组成，哪能不允许它出来活动呢？再说了，人又不是机器，哪能一贯理性？就算是机器，也有绷不住要罢工的时候，也需要加润滑油，做保养，何况人呢？

有一些人平时是非常自律的，似乎不动声色、不带情绪，可一旦触碰到他们的痛处，他们就会歇斯底里，甚至自我毁灭或残害无辜。这是为什么？就是因为平时不尊天道，压制自己的情绪，这才遭到天道的惩罚。

良知就像太阳，而情绪就像是太阳作用下形成的云。太阳和云都是自然的现象，浮云飘来飘去，甚至变成乌云遮天蔽日，这都是自然现象，不能说是私欲。什么时候浮云会成为私欲呢？好比一块乌云起来了，执拗地定在一个地方，怎么也赶不走一样。

我们知道，自然界是不会存在这种情况的。任何的云，都是自然地来，也是自然地走，不会有任何的执着。但是人的情绪就不同了，很多情况下，一种情绪产生后会死死地把人抓住，不会轻易离开，让人痛苦不堪。这个时候，原本属于良知的情绪就成了私欲。

王阳明曾说过，在大多数情况下，人们的情绪只会过多不会过少。从这个角度来说，人的一生确实是与情绪战斗的一生。只是我们的敌人不是情绪本身，而是过分、过度、超出自然、演化成私欲的情绪。

认识情绪，目的是消除情绪。为此，王阳明开了一个简单的药方，这就是一个“觉”字。只要一觉，情绪自然会溜掉，良知也就恢复了。

那么，什么是“觉”呢？觉就是觉察、觉知。一个处在情绪中的人，只要能清醒地觉知到自己正在发脾气，自然也就很容易从情绪中走出来。这是因为能意识和感知的是良知，只要良知出来了，私欲也就随之退去，整个人也就恢复平静的本色了。

现实中是否有效呢？很多人想必都有类似的经验：正在生着气，突然好像意识跑到半空中，俯视着底下正在生气的自己，看着看着就会笑起来，觉得自己真傻，像一只气急败坏的公鸡，这一笑，情绪也就跑掉了。可见，这个方法确实有效。

怎样才能保持清醒的觉知力呢？王阳明说过一句“废话”，那就是“立志真切”。意思是，只要有强烈的决心，就能保持无时无刻的觉知。这个答案未免让人感到沮丧，但客观地说，确实是真理。这是因为每个人的情况都不一样。

有些人私欲天生就少一点，觉知力本来就强一点。对他们来讲，情绪一出，自能觉知；有些人私欲多一点，觉知力就会比较弱，很难跳出情绪去客观地看自己，对他们来讲，就要去想各种对自己有用的办法来提醒自己。

即使是处在后一种情况的人，也不用妄自菲薄，照样有很多工具可以使用。比如说，我们或许在情绪萌发的时候没办法觉知。但在情绪过后，内心恢复平静了，任何人就能觉知过去的情绪，如果真切想改，可以深刻反省，把情绪的根源找出来，用良知去照射它，下次再出现类似情况时就能避免过分的情绪了。

总之一句话，对于立志真切的人来讲，一切都有办法，而对于立志不真切的人来讲，一切都有困难。情绪没有好坏，但不可执着。伤心了、难过了，就要哭出来，这没什么不好的；相反，不哭才违反天道。只是要记得，哭完拉倒，千万别执着。这就是物来则应，过去不留。至于怎样才能训练这个能力，我们会在后文中和大家一起学习。

【个人练习】

1. 请回忆你上一次出现负面情绪是什么时候？这种情绪是如何产生的？你当时的表现是什么样？现在再看当时的自己，你会有什么觉察？

2. 下次再出现这样的负面情绪时，你可否对它耐心一些，叫出它的名字，让自己保持觉知，如：“你正在发怒呢，你很生气是吧？”“没事的，你一定会好起来的。”

3. 想想下次再遇到同样的问题或事情时，你能否更理性地面对它。

【关于情商】

什么是情商？情商（EQ）全称是情绪智力，是多年来心理学家们提出的与智商相对应的概念。它主要是指人在情绪、意志、耐受挫折等方面的能力。萨洛维及其合作伙伴约翰·梅耶在《情商：为什么情商比智商更重要》中对情商给出了详细的定义，将其扩展为 5 个主要领域：了解自身情绪、管理情绪、自我激励、识别他人情绪、处理人际关系。最新的研究显示，一个人的成功只有 20% 归功于智商，80% 则取决于情商。美国哈佛大学的丹尼尔·戈尔曼教授表示：“情商是决定人生成功与否的关键。”

请回想一下，你长这么大，你喜欢和谁在一起，也许是祖父母、父母、很好的朋友、老师或者你的榜样……当你和这些人在一起时：

（1）他们做了什么、说了什么，让你如此喜欢？

（2）你的感受是什么？

有学者对上述问题在全球范围内进行调查，发现世界各地的人都有大致相同的反应。无论国家或文化有多大差异，人们回忆的特征和品质都具备很强的共性。你能在这个清单中找到符合你的或相似的答案吗？

这个人……

- 倾听我
- 相信我
- 激励我
- 信任且尊重我
- 平等对待我
- 花时间和我相处，全身心关注我

我感受到……

- 很特别
- 自己有价值
- 充满信心
- 安全被呵护
- 被支持
- 开心，充满热情

当然也有其他回应，但以上这些是最常见的。情商是一种与人连接的能力，它基于人与人之间的相互信任。情商是可以通过全面系统的培养和训练得以全面地提高和改变的。

【情绪与身体】

你是否有这样的体验，当情绪不佳、消极的想法或者画面在头脑中出现时，身体的某个部分会出现收缩、紧绷或者僵硬的情况。它们可能会表现为皱眉、胃疼、面色苍白、心跳加速、背部肌肉紧张等。

研究表明不只是情绪会影响身体状态，身体的状态也能够在无意识的情况下影响精神的状态。心理学有这样一个试验：让人们看一部卡通片，并评价影片是否有趣。其中一半的被试者在观看影片时需要用牙齿衔住一根铅笔，因此他们会不自觉地拉动微笑时所使用的肌肉群。另一半被试者则被要求用嘴唇含住铅笔，这样他们就无法做出微笑的表情。结果表明那些看片时使用微笑肌肉群的被试者，认为影片更加有趣。另外一个研究是让被试者在看卡通片时使用皱眉的肌肉群。这些不自觉做出皱眉动作的被试者对影片的评价也变得更加无趣。

这样的实验会给你什么启发呢？如果我们想改善情绪是否可从身体入手呢？

情绪是与身体感官互动的反应。身体五官和心灵会带给我们视觉、味觉、嗅觉、听觉、触觉、感觉，所以微笑、美景、美食、香薰、音乐、运动和拥抱等，是否都可带来愉悦的心情呢？

下面为你提供改善情绪的身体疗法，看看哪些适合你？

1. 深呼吸。
2. 冥想。
3. 安静独处，感受美好的事物。
4. 看好笑的漫画、电视、电影。
5. 微笑，让微笑的感觉发自你的内心，流遍全身，并散发到你的周围。
6. 听表现积极情绪、动听美妙的音乐，避免表现负面情绪的音乐。
7. 运动可以让血流通畅，使身体拥有健康活力。
8. 跳舞，放松自己。
9. 唱歌，抒发美好感受。
10. 阅读内容积极、有激励作用的书籍。
11. 洗比较久的热水澡，或者做蒸汽浴。
12. 看日出，或者看日落。
13. 睡觉，让自己充分休息。
14. 与大自然亲密接触。
15. 吃点美味的食物，喝点可口的饮料。
16. 整理居室、办公室，搞清洁卫生。
17. 到商场购物。
18. 跟积极乐观向上的人在一起。
19. 种花、浇花。
20. 小心选择你所接触的信息，多看好的消息，尽量避免坏的消息。

【练习与分享】

拓展资源

当你情绪低落时或焦虑时或抑郁时，有什么办法可以缓解或疗愈？你写完后与同学分享。

1. ________________

2. ______________________________

____

3. ______________________________

____

4. ______________________________

____

5. ______________________________

____

6. ______________________________

____

7. ______________________________

____

8. ______________________________

____

9. ______________________________

____

10. ______________________________

____

【情绪与思维】

情绪与身体感官会发生互动反应，同样，情绪与思维也会发生互动反应。下面我们主要看看思维是如何影响人们的情绪的。这里有个很有用的理论叫“情绪 ABC 理论”。

ABC 理论中：A（activating event）表示诱发性事件或情境的事实本身；B（belief）表示个体针对此诱发性事件产生的一些信念，即对这件事的一些看法、解释；C（consequence）表示自己的反应，即产生的情绪和行为的结果。通常我们可以看到事件 A 和反应 C，但是却觉察不到潜在的信念或解释（B）。我们会认为是情境本身引起了情绪反应，但事实上是我们对情境的信念以及解释才是真正诱发情绪的原因。

A.事件 ⟶ B.信念 ⟶ C.反应

例如：两个人一起在街上闲逛，迎面碰到他们的领导，但对方并没有与他们打招呼，径直走过去了。一个人想：“他可能正在想别的事情，没有注意到我们。即使是看到我们而没理睬，也可能有什么特殊的原因。”而另一个人想：“是不是上次顶撞了他一句，他就故意不理我了，下一步可能就要故意找我的岔子了。”于是，第二个人情绪就会很不好。

在很多情况下，我们很难影响 A，但在大多数情况下，我们是可以通过思维改变 B 的，而 B 能够直接影响到 C。通过改变 B，我们就能改善情绪，从而收获更多的快乐和幸福。

再如：有一位海外留学生，当她给班上的同学分享了自己的实践经历与成果之后，老师淡淡地说：“大家给她轮流反馈吧。”

于是大家纷纷向她投来了赞许的目光，称赞的言语络绎不绝。作为一个亚洲人在国外留学，语言不通，能够在这么短时间里做出这样的成果，确实相当不错。

当大家讲完之后，老师环视了一下大家说：“她是我优秀的学生之一，大家一直在表扬她，是不是认为她的水平就只能到这里呢？”

瞬间，大家陷入了安静之中，于是纷纷给她提了很多的建议和意见。

老师说，我们来这里学习不是为了听表扬的。如果我只是表扬你们，那我其实也是在说：“你们只是到了这个程度了。我不停地批评你们，挑战你们，是相信你们完全可以做得更好。”

在那一刻，有个学生似乎顿悟了，曾经老师经常批评他，给他“难堪”，他甚至怀疑自己是不是不适合学这个专业，他痛恨老师这么冷酷无情。但这一刻，他明白了老师的良苦用心。

批评你，挑战你，是因为我完全相信你可以做得更好。

面对一样的批评，当我们理解了背后的用意，我们的情绪会完全不一样。

“你批评我，就是在否定我，在质疑我！”

“你批评我，是完全相信我可以做得更好。”

面对一样的批评，却可以有完全不同的解读。

我们常常受困的不是事情本身，而是看待事情的视角和心态。

【教师辅导】

案例 1

是老师和学生干部看不起我们吗？

对话音频

老师：阿杰，你是班长，老师很愿意和你一起把我们班的班风建设好。

学生：老师，您是不是感觉我们班的班风不好。我们班不是一开始就班风不好，主要是老师和学生干部都看不起我们学徒制班，所以很多学生就自暴自弃。

老师：发生了什么？为什么会有这样的感觉？

学生：学校迎新晚会，我们班第一个集合好，却让我们班最后一个进场，为什么我们是最后一个，如果老师认为我们班重要，会排在最后一个吗？

老师：我很理解你们的心情。如果你是学生会干部，你会把哪个班排在最后呢？

学生：噢，的确总有最后，那为什么一定是我们？

老师：将你们班排在最后，你感觉是老师和学生干部看不起你们，这是事实还是你们的自我感觉？

学生：我们感觉是这样的。

老师：如果把非学徒制班排最后，也是因为看不起他们吗？

学生：那应该不会。

老师：你们的烦恼和郁闷是来自于事实本身还是来自于自己的想象呢？如果来自于自己的想象，为什么让不是事实的事情困扰我们呢？

学生：老师，那万一是事实呢？

老师：如何证实它是事实呢？

学生：找一个信任的老师或学生干部去了解一下，入场是怎样排序的？

老师：非常好！了解好后，告诉我好吗？

……

学生：老师，入场顺序是按学校的班级顺序进行的，是我们想多了。

老师：那你们的情绪是否好些了？

学生：如果让我们先进场，我们的情绪会更好，大家会更自信。

老师：那试着去和老师沟通一下，也许下一次会有这个可能呢？

学生：好的，谢谢老师！

案例 2

是这个世界太黑暗了吗？

对话音频

学生：我 5 月份完成学徒制面试后就去打工，结果干了两个月，老板欠薪，现在还没拿到工资，难怪我妈非得让我上大学，这个世界太黑暗了，水太深、坑太多。

老师：我很理解你的心情。我经历过了几个单位，没有一个欠薪，我感觉这个世界太光明、太美好了，你同意我的观点吗？

学生：不同意，那只是你的感觉。

老师：是的，我个人的感觉并不代表这个世界的原貌，你现在有什么觉察吗？

学生：嗯，我经历的也不是这个世界的全部。

老师：你觉得这个世界是欠薪的多，还是按时付薪的多呢？要不要我上课时问一下全班同学？

学生：那好吧。

老师：同学，想请问大家一个问题，你们父母所在的企业有多少是曾经对员工欠薪的？请举一下手好吗？（80 多个学生的课堂，只有 2 个学生举手）那你们同学兼职有多少人是被欠薪的？（有 1 个学生举手）

学生：噢，那欠薪的情况还是少的吧。

老师：那你感觉这个世界是什么样的呢？你觉得“世界太黑暗了”，这样的结论客观吗？

学生：嗯，不全面、不客观。

老师：那下一次怎样才能让自己不被欠薪呢？

学生：去正规企业、大企业兼职。

老师：经历过这次欠薪事件，你获得了什么呢？

学生：交了学费，有了经验和思考。

老师：还有吗？我们怎样做才能减少社会上的企业欠薪，才能不让更多的人受骗呢？

学生：提升辨别能力、提升自己的专业能力，不给这些企业机会。

老师：那个时候，这个世界会否变得更光明、更美好呢？

学生：会的。

老师：是的，若想让这个世界美好，我们一起先让自己美好起来，好吗？

学生：好的，谢谢老师！

【自我觉察】

人既可以是理性的，也可以是不理性的。当人们按照理性去思维、去行动时，他们就会很愉快、很有成效。情绪是伴随人们的思维而产生的，情绪上或心理上的困扰是由于不合理、不合乎逻辑思维所造成的。

符合逻辑的思维往往产生合理的信念，会引起人们对事物适当、适度的情绪和行为反应；而不合理的信念则相反，往往会导致不适当的情绪和行为反应。当人们坚持某些不合理的信念，长期处于不良的情绪状态之中时，最终将导致情绪障碍的产生。不合理信念有以下特征，对照于此，自我反思，看看有何觉察？

人的不合理信念常常具有以下三个特征。

一是绝对化要求。是指人们常常以自己的意愿为出发点，认为某事物必定发生或不发生的想法。它常常表现为将“希望”“想要”等绝对化为“必须”“应该”“一定要”等。例如，“我必须成功”“别人必须对我好”等。这种绝对化的要求之所以不合理，是因为每一客观事物都有其自身的发展规律，不可能以个人的意志为转移。对于某个人来说，他不可能在每一件事上都获得成功，他周围的人或事物的表现及发展也不会以他的意愿来改变。因此，当某些事物的发展与其对事物的绝对化要求相悖时，他就会感到难以接受和适应，从而极易陷入情绪困扰之中。

二是过分概括化。这是一种以偏概全的不合理的思维方式的表现，它常常把“有时”“某些”过分概括化为“总是”“所有”等。用艾利斯的话来说，这就好像凭一本书的封面来判定它的好坏一样。它具体体现在人们对自己或他人的不合理评价上，典型特征是以某一件或某几件事来评价自身或他人的整体价值。例如，有些人遭受一些失败后，就会认为自己“一无是处、毫无价值”，这种片面的自我否定往往导致自卑自弃、自罪自责等不良情绪。而这种评价一旦指向他人，就会一味地指责别人，产生怨愤、敌意等消极情绪。我们应该认识到，“金无足赤，人无完人”，每个人都有犯错误的可能性。

三是糟糕至极。这种信念认为如果一件不好的事情发生，那将是非常可怕和糟糕。例如，“我没考上大学，一切都完了”“我没竞争上班长，大家都不认可我”等这种想法是非理性的、片面的。因为对任何一件事情来说，都会有比之更坏的情况发生，所以没有一件事情可被定义为糟糕至极，也远没有想象的那么糟糕。但如果一个人坚持这种“糟糕”观点时，他就会陷入不良的情绪体验之中而一蹶不振。

因此，在日常生活和工作中，当遭遇各种失败和挫折，要想避免情绪失调，就应多检查一下自己的大脑，看是否存在一些“绝对化要求”“过分概括化”“糟糕至极”等不合理的想法，如有，就要有意识地用合理观念取而代之。

【练习与分享】

反思你最近一次不好的情绪经历，A、B、C分别是什么？能否重新审视B，来改善你的情绪C。完成后与同学分享。

A ____________________________________

____

____

____

B ____________________________________

____

____

____

C ____________________________________

____

____

____

重新审视B，看可否改善你的情绪C。

B ________________

____

____

____

C ________________

____

____

____

【情绪与行动】

如王阳明所说：对于立志真切的人来讲，一切都有办法；而对于立志不真切的人来讲，一切都有困难。想要控制、调整、改善情绪，除了将身体调整到舒适的状态，将思维训练成理性的状态，还有一个很重要的方法，就是要行动，这个行动是有助于“身体、思维、情绪”协同向好的行动。以下是哈佛大学给出的提高情商的10个关键行动，让我们一起行动起来吧！

1. 不抱怨，不指责

高情商的人不指责别人，不抱怨别人。其实，抱怨和指责都是不良情绪，它们会传染。高情商的人只做有意义的事情，不做没意义的事情。

2. 充满热情和激情

高情商的人对生活、工作和感情保持热情和激情。调动自己的积极情绪，让好的情绪伴随每天，不让不良情绪影响生活和工作。

3. 包容和宽容

高情商的人宽容，心胸宽广，心有多大，眼界有多大，你的舞台就有多大。高情商的人不斤斤计较，有一颗包容和宽容的心。

4. 沟通与交流

高情商的人善于沟通，善于交流，且坦诚对待，真诚有礼貌。沟通与交流是一种技巧，需要学习，在实践中不断地总结摸索。

5. 多赞美别人

高情商的人善于赞美别人，这种赞美是发自内心的真诚的。看到别人优点的人，才会进步得更快，总是挑拣别人缺点的人会故步自封，反而退步。

6. 保持好心情

高情商的人每天保持好的心情，每天早上起来，送给自己一个微笑，并且鼓励自己，告诉自己是最棒的。

7. 养成聆听的好习惯

高情商的人善于聆听，聆听别人的说话，仔细听别人说什么，多听多看，而不是自己滔滔不绝。聆听是尊重他人的表现，聆听是更好沟通的前提，聆听是人与人之间最好的一种沟通。

8. 勇于负责

高情商的人敢做敢当，不推卸责任，遇到问题，分析问题，解决问题。正视自己的优点或不足，是敢于担当的人。

9. 每天进步一点点

高情商的人每天进步一点点，说到做到，从现在起开始行动。不是光说不做，行动力是成功的保证。

10. 用心对待他人

高情商的人善于记住别人的名字，用心去做，就能记住。记住了别人的名字，别人也会更加愿意亲近你，和你做朋友，你会有越来越多的朋友。

有些事情看起来很复杂，想起来就很头大，但当你真正去做的时候，就会发现并没有那么糟，而且最后往往都是能做好的。

【个人练习】

1. 以上10个行动，你最想先开始的是哪一个？

____

____

2. 这个行动为什么对你很重要？

____

____

3. 对于这个行动，如果让你给自己目前的状态打分，1～10分，你会打几分？通过你的刻意练习，你希望达到多少分？

____

____

4. 这个行动经过反复训练，如果真的让你养成了习惯，那时你会变成一个怎样的人？

____

____

5. 接下来，你的行动计划是什么？

____

____

____

____

____

____

____

____

6. 请你给自己实施行动计划的承诺度打分，1～10分，你会打几分？

____

____

加油！说到做到，祝你成功！

【阅读材料】

美国著名心理学家 David R. Hawkins 花了30多年时间研究，发现存在于人类身上的各种不同的情绪，都有其相对应的能量等级。而这种能量等级，决定着人们生命的品质。David R. Hawkins 把各类情绪、情感的能量等级，从最负面、最具破坏性的情感，到最正面、最滋润生命的情感，按从高到低（0～1 000分）的次序逐一加以说明（如表6－1、表6－2、表6－3所示）。

1. 灰色人生

表6－1　200分以下能量级说明

情绪	能量级/分	说　明
shame 羞愧	20	羞愧的能量级几近死亡，它犹如有意识的自杀行为。在羞愧的状况下，我们恨不得找个地缝钻进去，或者是希望自己能够隐身
guilt 内疚	30	内疚感以多种方式呈现，比如懊悔、自责等，以及所有的受害情结都是。无意识的内疚感会导致身心的疾病，以及带来意外事故的自杀行为。它也经常表现为频繁的愤怒和疲乏
apathy 冷漠	50	这个能量级表现为贫穷、失望和无助感。世界与未来都看起来没有希望。冷漠意味着无助，让人成为生活中各方面的受害者，他们所缺乏的不只是资源，他们还缺乏勇气。除非有外在的帮护者提携，否则很可能会潦倒致死
grief 悲伤	75	这是悲伤、失落和依赖性的能量级。在这个能量级的人，过的是八辈子都懊丧和消沉的生活。这种生活充满了对过去的懊悔、自责和悲恸。在悲伤中的人，看到这个世界都是灰黑色的
fear 恐惧	100	从这个能量级来看世界，到处充满了危险、陷害和威胁。一旦人们开始关注恐惧，就真的会有数不尽的让人不安的事来临。之后会形成强迫性的恐惧，这会妨害个性的成长，最后导致压抑。因为它是让能量流向恐惧，这种压抑性的行为不能将能量提升到更高的层次
desire 欲望	125	欲望让我们耗费大量的努力去达成我们的目标，去取得我们的回报。这也是一个易上瘾的能量级，不知道什么时候，一个欲望会强大到比生命本身还重要。欲望意味着累积和贪婪。欲望可能帮助我们走上有成就的道路，但却不会因此产生真正的幸福和快乐
anger 愤怒	150	如果有人能跳出冷漠和内疚的怪圈，并摆脱悲伤和恐惧的控制，他就开始有欲望了，而欲望则带来挫折感，接着引发愤怒。愤怒常常表现为怨恨和复仇心理，它是易变且危险的。愤怒来自未能满足的欲望，来自比之更低的能量级。挫败感来自于放大了欲望的重要性。愤怒很容易就导致憎恨，这会逐渐侵蚀一个人的心灵

续上表

情绪	能量级/分	说　明
pride 骄傲	175	比起其他的较低能量级，人们会觉得这个能量级是积极的。而事实上，骄傲只是相比其他更低的能量级让人感觉稍好一些而已。骄傲是具有防御性和易受攻击性的，因为它是建立在外界条件下的感受。一旦条件不具备，就很容易跌入更低的能量级。自我膨胀是骄傲自大的助推剂，而自我常常是易受攻击的。因此骄傲的演化趋势是傲慢和否认。而这些都是抵制成长的

200分以下的能量级，依次上升。如果一个人的主要情绪能量长期停留在低于200分的水平，他的心灵是封闭的、人生是灰色的、世界是无助的。

2. 彩色人生

表6-2　200~400分能量级说明

情绪	能量级/分	说　明
courage 勇气	200	勇气是积极人生与消极人生的分界点。来到这个能量级，动力才显端倪。勇气是拓展自我、获得成就、坚忍不拔和果断决策的根基。在比之更低的能量级，世界看起来是无助的、失望的、挫折的、恐怖的。但是来到勇气的能量级，生活看起来就是激动人心的、充满挑战的、新鲜有趣的。在这个能动性的能量级，人们有能力去把握生活中的机会
neutrality 淡定	250	到达这个能量级的能量都变得很活跃了。低于250分的能量级，意识是趋向于分裂和刚硬性的。淡定的能量级则是灵活和无分别性地看待现实中的问题。到这个能量级，意味着对结果的超然，一个人不会再经历挫败和恐惧。这是一个有安全感的能量级。来到这个能量级的人们，都是很容易与之相处的，而且让人感到温馨可靠。因为他们无意于争端、竞争和犯罪。这样的人总是镇定从容。他们不会去强迫别人做什么
willingness 主动	310	这个意识层次可以看作是进入更高层次的一道门。在淡定层次的人，会如实地完成工作任务。但是在主动层次的人，通常会出色地完成任务，并极力获得成功。这个能量级的人的成长是迅速的，他们是为人类进步而预备的人选。低于200分能量级的人，他们的思想是封闭的，但是能量级为310分的人们则是全然敞开的。这个能量级的人，通常是真诚而友善的，也易于取得社交和经济上的成功。他们总能有助于人，并且能对社会的进步做出贡献。他们也乐意面对内在的状况，也不存在较大的学习障碍。鉴于他们具有从逆境中崛起并学到经验的能力，他们都能够自我调整。由于已经释放了骄傲，他们能够看到自己的不足，并学习别人的优点
acceptance 宽容	350	在这个能级，一个巨大的转变会发生，那就是了解到自己才是自己命运的主宰，自己才是自己生活的创造者。有接纳才会有宽容，低于200分能量级的人通常视自己为受害者，完全受生活所左右。产生这个看法的根源是，认为一个人的幸福和苦难来自于某个“外在”的东西。在宽容的能量级，没有什么“外在”能让一个人快乐或悲伤，爱也不是谁能给予或夺走的，这些都来自于内在。宽容意味着让生活如它本来的样子，并不刻意去塑造成一个特定的模式。在这个能量级的人不会对判断对错感兴趣，相反地，他们更乐于参与如何解决困难，他们更在意长期目标，良好的自律和自控是他们的显著特点

续上表

情绪	能量级/分	说　明
reason 明智	400	超越情绪、情感化的较低能量级，就进入具有理性智慧的阶段。这是科学、医学以及概念化和理解能力形成的能量级。知识和教育在这里成为资历。这是诺贝尔奖获得者、大政治家和高级法庭审判长的能量级。爱因斯坦、弗洛伊德，以及很多其他历史上的思想家都是这个能量级。这个能量级的人的缺点是，过于关注对符号和符号所代表的意义的区分。明智并不能让人走向真理，它只是能制造出大量的信息和文档，但是缺乏解决数据和结果差异性的能力。明智本身是通往更高能量级的一个最大障碍。在我们的社会中能超越这个能量级的人凤毛麟角

200～400分的能量级，依次上升。如果一个人的主要情绪能量超越了200分的水平，他的心灵是开放的、人生是多姿多彩的、世界是新鲜有趣的。200分是消极人生与积极人生的分水岭。250分是刚硬和柔和的分水岭。350分意味着全然地接纳，从此告别了不开心。

3. 幸福人生

表6－3　500～1 000分能量级说明

情绪	能量级/分	说　明
love 爱	500	这里的爱并非通常意义上的爱。通常意义上的爱，很容易戴上愤怒和依赖的面具，这种爱一旦受到挫折，立马就能转变成愤恨。引发愤恨的爱是来源于骄傲而不是真正的爱。这个500分能量级的爱是无条件的爱，是不变更的爱，是永久性的爱。这种爱不会动摇，它不是来自于外界因素，甚至它不是知性的爱，不是来自头脑的爱，它是发自心灵的爱。爱总是聚焦在生活美好的那一面上，并且增大积极的经验。这是一个真正幸福的能量级。世界上只有0.4%的人曾经达到这个意识进化的层次
joy 喜悦	540	当爱变得越来越无限的时候，它开始发展成为内在的喜悦。这是在每一个当下，从内在而非外在升起的喜悦。540分能量级也是拥有治疗和精神独立的能量级。由此往上，就是很多圣人和高级修行者以及治疗师的能量级。这个能量级的人的特点是，他们具有巨大的耐性，对一再显现的困境具有持久的乐观态度，以及慈悲。到达这个能量级的人对其他人有显著的影响。他们持久性的关注，会带来爱和平静。在能量级超过500分的人看来，这个世界充满了闪亮的美丽和完美的创造。一切都毫不费力地同时发生着。在他们看来是稀松平常的行为，却会被平常人当成是奇迹来看待
peace 平和	600	这是历经沧海又返璞归真之后的宁静，这个能量层级和所谓的卓越、自我实现有关。它非常稀有，1 000万人当中才有一个人能够达到。而一旦达到这个能量级，内与外的区分就消失了。能量级在600分及其以上的人的感知如同慢镜头一样，时空悬停了——没有什么是固定的了，所有的一切都生机勃勃并光芒四射。这是一种非同寻常、无法言语的现象，能量级为600～700分之间的艺术作品、音乐和建筑能临时性地把我们带到永恒的状态中
enlight- enment 开悟	700～1 000	这是历史上所有创立了精神典范，让无数人历代跟随的伟人的能量级。这是强大灵感的能量级，这些人的诞生，形成影响全人类的引力场。这是人类意识进化的顶峰

达到500分的仁爱、和蔼和尊敬能量级的人已经很少的了。在540分喜悦的人以及600分平和的人就更少了。最后开悟的人是在700～1 000分。

第三部分

行为模式提升

行为模式是人们有动机、有目标、有特点的日常有规律的行为方式，表现为人们的行动特点、行为习惯和行为逻辑。行为模式受心智模式影响最大，常常是心智模式的外在表现。学完心智模式后，可能有同学会说“道理我都懂，但依然过不好这一生”。究其原因是“知道做不到，等于不知道”。在知道的基础上，需要不断地去付诸行动的检验，不断地觉察学习直到获得真知，那时自然会达到知行合一的状态。

从单元 7 到单元 14，我们安排了 8 个单元，也就是 8 种行为模式进行训练，如下图所示。这 8 种行为是基于我们在第三单元中学过的天生个性，选取绿色、蓝色、黄色和橙色 4 种天性中各自表现相对优秀的 2 个特质来进行构建，旨在通过行动，持续修圆，进而兼具 4 种不同天性的优势，努力做到 4D 全能。希望通过这 8 个单元的学习，让同学们逐步形成良好的行为模式，助力大家的成长与发展。

1.表达 感激欣赏	2.关注 共同利益	3.坚持 要事第一	4.100% 全力以赴
5.适度 包容他人	6.信守 所有协议	7.学会 解决问题	8.坚持 细节制胜

单元7 表达感激、欣赏

讲课视频　PPT

在日常学习、工作和生活中，你最想得到的是什么呢？你最能给予别人的又是什么呢？很多人认为人们最想要的是“金钱”。事实证明这夸大了金钱对人们幸福的影响。特别是在人与人之间的相处、交往中，金钱绝不是最为重要的。试想：你的父母、朋友、老师、领导、同学、同事等，最想从你那里得到的是什么呢？你又能给予他们什么，会让他们最开心、最快乐呢？没错，是感激与欣赏！你可知道习惯性感激有益身体健康吗？加州大学医学院 Dean Omish 博士的研究结果是：“我从未发现任何其他因素如饮食、锻炼、遗传、药物、手术……能比得上感激对生命质量、疾病发生率、健康和防止早逝所产生的积极影响。”这个单元，我们要学习的是第一个行为模式——表达感激、欣赏。

【预期成果】

如果你能认真学习并实践本单元的内容，你可以获得如下学习成果：

1. 懂得没有一种给予是理所当然的。
2. 学会用“HAPPS”工具感激他人。
3. 逐步培养感恩的心态。
4. 学会欣赏自己、欣赏他人。

喜欢你的人给了你温暖和勇气，你喜欢的人让你学会了爱和自信，你不喜欢的人教会你宽容与尊重，不喜欢你的人让你自省与成长。没有人会无缘无故地出现在你的生命里，每一个人的出现都是有原因的，都是上天送给你的一份礼物，都值得感激。

没有一种给予是理所当然的，即使是父母的给予也不是。他们愿意给予你生命、给予你好的生活环境、给予你幸福的生活，这些只是他们愿意而不是必须，没有什么是必须和应该的。所以，没有一种接受是可以无动于衷、心安理得，我们都应心存感激。感激父母给予我们生命，感激老师给予我们知识，感激好友给予我们的帮助……

不必因为身处困境或遭遇不公，就觉得没有什么值得感激。每一次挫折、每一次磨炼都是难得的生命体验。感激欺骗你的人，因为他让你增长了经验；感激遗弃你的人，因为他教会了你自立；感激绊倒你的人，因为他让你学会爬起；感激斥责你的人，因为他修炼了你的心智；感激藐视你的人，因为他唤醒了你的自尊……感谢生活所给予你的一切，虽然并不全是美满和幸福。

【反思讨论】

1. 不习惯感激的原因或障碍有哪些？
2. 如果你曾经不习惯感激，是否想改变并跨越障碍？
3. 如果能改变，你会成为一个什么样的人？

【案例启迪】

案例 1

甲不喜欢吃鸡蛋，每次发了鸡蛋都给乙吃，刚开始乙很感谢，久而久之便习惯了。习惯了，便理所当然了。于是，直到有一天，甲将鸡蛋给了丙，乙就不爽了，她忘记了这个鸡蛋本来就是甲的，甲想给谁都可以，为此，她们大吵一架，从此绝交。

案例 2

有一年，很热的夏天，一队人出去漂流。

女孩在玩水的时候，拖鞋掉进水中，还沉底了。到岸边的时候，全是晒得很烫的鹅卵石，他们要走很长的一段路。于是，女孩儿就向别人寻求帮助。可是没有人帮助她。她忽然觉得这些人都不好，都见死不救。后来，有一个男孩将自己的拖鞋给了她，并告诉女孩，没有谁是应该帮你的。很多时候，习惯了别人对你的好，便认为是理所应当的，有一天不对你好了，你便觉得郁闷甚至怨愤。其实，不是别人不好了，而是我们的要求变多了，习惯了得到，便忘记了感恩。

我们很容易在日常生活中把别人对自己的好当成是理所当然，慢慢地忘记了别人的初衷，忘记了别人这样做只是出于情和爱，而非一定要这样做，同时还在接受的过程中忘记了感谢，忘记了感恩。

【案例讨论】

读过一篇文章《没有一种给予是理所当然的》。文章让我懂得了这个世界上没有一种给予是必须的，别人给予了我们，我们应该懂得回报和感谢。

文章记叙了一位菲律宾老人在海外奋斗了半生，几经浮沉后衣锦还乡的他萌生了济世助人、造福梓里的念头，决定资助家乡一些穷困的孩子，老人分别给家乡几所学校的校长写了信，希望每个校长能提供十几个学生的名单，以便他从中确定人选，作为资助的对象。

老人让家人买来许多书，在书的第一页上写有老人的亲笔赠言：赠给品学兼优的学生×××。落款处是老人的住址、姓名、电话和电子邮箱，然后寄了出去。

光阴荏苒，老人时常对着电话发呆，莫名其妙地唉声叹气。终于在新年前收到了一张很普通的贺卡，上面写着：感谢您给我寄来的书，虽然我不认识您。祝您新年快乐！老人看到后竟然兴奋得大呼小叫："有回音了，有回音了，终于找到了一个可资助的孩子。"他寄出的书原来是块"试金石"，只有心存感激的人才有资格得到他的资助。就这样，那个学生得到了老人的资助。

小组讨论：

1. 你如何看待这位老人要求受他资助的学生要懂得感激？

2. 感激之心是否都应该用语言、文字表达出来？放在自己心中是否可以？

【感激工具】

本单元要学习的一个重要工具叫"HAPPS"，我们需要以感恩的心态利用"HAPPS"技巧表达对他人，也包括对自己的感激。

H——形成习惯（habitually）：养成感激的习惯。习惯是我们的个人风格。一旦真诚感激成为习惯，你就不会觉得感激是在浪费时间和精力。

A——表达真诚（authentically）：生活在感恩的世界里，可以让你发自内心地感激他人。这是真诚感激的关键所在。

P——表达及时（promptly）：在行为发生时表达感激，越早越好。

P——表达适度（proportionally）：使感激的表达与行为相称。

S——表达具体（specifically）：你表达感激的方式越具体，效果越好，避免重复使用"干得好"这类的语言，就好像例行公事一样。

当深度践行"感激"行为模式时，我们会越来越能感受到：每当表达感激时，不仅能带给别人好心情，自己的内心也是很喜悦、很滋养，并充满幸福感的；同时我们也一定会发现，我们的内心越来越柔软，越来越容易被感动，也越来越能感受到世界的美好，而我们的生命品质，就是这样一点一点地被改变、被升华。

拓展资源

【个人练习】

1. 你最想感激的人是谁？用HAPPS工具表达出来。

____

____

2. 你最忽略的但应该感激的人是谁？用HAPPS工具表达出来。

____

____

3. 你对想修复关系的那个人做出什么感激的行动？用 HAPPS 工具表达出来。

____

____

练习到这里，也许你觉得对那些伤害过你的人，无论如何也不可能感激，看看下面这个故事，会带给你什么启迪？

【案例启迪】

宽恕是一种选择：曼德拉和狱警的故事

说起曼德拉，我们对这个伟人都不陌生。这个人凭借自己的一己之力让南非废除了种族歧视，实现了种族平等。曼德拉也因此获得了巨大的荣誉，黄家驹的《光辉岁月》歌唱的就是曼德拉。而且曼德拉也因此获得了诺贝尔和平奖。不过曼德拉争取种族平等的道路并不是一帆风顺的。他在争取平等的过程中多次入狱。最长的一次入狱了 27 年，从 1963 年入狱一直到 1990 年才出狱。不过他出狱后就赢得了人民的尊重，并在 1994 年担任了南非的总统。在就任总统的典礼上，他发表了让全世界都震惊的致辞。

就职仪式上，年迈的曼德拉起身致辞："能够接待这么多尊贵的客人，我深感荣幸。可更让我高兴的是，当年陪伴我在罗本岛度过艰难岁月的三位狱警也来到了现场。"随即，他把格里高等三人介绍给大家，并逐一与他们拥抱。"我年轻时性子急、脾气暴，在狱中，正是在他们三位的帮助下，我才学会了控制情绪……"曼德拉这一番出人意料的话，让虐待了他 27 年的三人无地自容，更让所有在场的人肃然起敬。人群中爆发出经久不息的掌声。

这三位狱警在关押曼德拉期间对曼德拉并不好，甚至经常虐待曼德拉，动不动就用铁锹痛殴曼德拉，甚至故意往饭里泼泔水，强迫他吃下。曼德拉当选总统后，三个人整天生活在不安中。可当就职仪式结束后，曼德拉再次走到三位狱警的身边，平静地说："在走出囚室，经过通往自由的监狱大门那一刻，我已经清楚，如果自己不能把悲伤和怨恨留在身后，那么我其实仍在狱中。"三位狱警禁不住泪流满面，那一刻终于明白，告别仇恨的最佳方式是宽恕。

【感恩心态】

有人说：感恩是最高的情商，感恩是思想的最高形式，感恩让你快乐，感恩能带来更多值得感恩的事情。感恩不是一两次感激的行为，感恩应该是一种持久的心态。修炼感恩心态一般有以下三个阶段。

1. 初级阶段：自我觉察

心态：跨越"理所当然"，记住别人的"好"，关注自己的"收获"。

行为：对周边值得感恩的人和事敏感了，有越来越多的感激行为。

2. 中级阶段：意识发展

心态：心中放下"理所当然"，发现更多的"美好"与"收获"，开始拥有感恩之心。

行为：随时发现周边的美好，在困境中也能表达感激。

3. 高级阶段：自然流露

心态：真正拥有感恩心态，内心平和而喜乐。

行为：无意识地感恩，并带动周围场域向上，感染他人、激发他人。

【感恩练习】

练习 1

再次写下你最想感恩、感激的 20 个人，并写出理由。念念不忘，必有回响。看看你有什么觉察？

序号	要感恩、感激的人	感恩与感激的理由
1		
2		
3		
4		
5		
6		
7		

续上表

序号	要感恩、感激的人	感恩与感激的理由
8		
9		
10		
11		
12		
13		
14		
15		
16		
17		
18		
19		
20		

练习2

作为职业院校的学生，有很多机会去企业实习和锻炼。特别是对于现代学徒制的学生，是以在岗为本位的学习。但有些学生下到企业后，会很不适应。你准备好了吗？

有人说："最高的情商，就是满怀感恩地去工作。"如果有了这份感恩之心，不适应的情况就会少之又少。

请思考：

1. 你对企业有感恩之情吗？若有，会是哪些？

____

____

2. 心怀感恩之情，你能面对走入企业后可能遇到的哪些不如意？

（1）________________

____

（2）________________

____

（3）________________

____

（4）________________

____

（5）________________

____

如果你对于上面的练习感觉有所困难，看看下面这个毕业生在顶岗实习期间与老师的分享，是否能给你一些启发。

老师问李勇，对顶岗实习的企业、工作和环境等感觉如何，是否适应。他说：或许每一份工作都无法尽善尽美，但还是要感谢工作环境，感谢老板，感谢每一次获得工作和学习的机会，满怀感恩之心去工作。即使起初位居他人之下，我也不要去计较，要积极地将每一次工作视为一个新的开始、一段新的体验、一扇通往成功的机会之门。

因为每一份工作都有宝贵的经验和资源，如失败的沮丧、成功的喜悦、老板的严苛、同事间的竞争等，这些都是任何一个工作者走向成功必须体验的感受和必须经历的锻造。

李勇说：目前一些处在实习期的大学毕业生，还没干活就先和老板谈条件，或者在新岗位上刚取得一点小成绩，就和部门主管讨价还价，这是不合时宜的。这时，他们应该懂得感谢企业的培养，而不是计较是否应多拿几百元钱，应该在自己有业绩的时候，再向企业提出合理的加薪要求，这样在企业里才能有更大的发展。

李勇说，他曾读过一篇文章，给了他很大的启发，也想分享给师弟师妹们。它说的是程序员史蒂文斯在一家软件公司干了8年，正当他干得得心应手时，公司倒闭了。这时，又恰逢他的第三个儿子刚刚降生，他必须马上找到新工作。

有一家软件公司招聘程序员，待遇很不错，史蒂文斯信心十足地去应聘了。凭着过硬的专业知识，他轻松地过了笔试关。两天后就要参加面试了，他对此充满了信心。

可是面试时，考官提的问题是关于软件未来发展方向的，他从来没考虑过这方面的问题，他被淘汰了。

不过这家公司对软件产业的理解让他耳目一

新。他给公司写了一封感谢信："贵公司花费人力物力，为我提供笔试、面试的机会，我虽然落败了，但长了很多见识。感谢你们的劳动，谢谢!"这封信经过层层传阅，后来被送到总裁手中。

3 个月后，史蒂文斯却意外地收到了该公司的录用通知书。原来，这家公司看到了他知道感恩的品德，在有职位空缺的时候自然就想到了他。这家公司就是美国微软公司。十几年后，史蒂文斯凭着出色的业绩成了微软的副总裁。

练习 3

小组讨论——你对我们生于斯、长于斯的祖国，有感恩之情吗？如果有，会体现在哪些方面？理由是什么？

小组讨论后，全班共同分享，在下面的表格中记下 20 个最让你感恩的方面和理由。

序号	感恩祖国的方面（或人员）	感恩与感激的理由
1		
2		
3		
4		
5		
6		
7		
8		
9		
10		
11		
12		
13		
14		

续上表

序号	感恩祖国的方面（或人员）	感恩与感激的理由
15		
16		
17		
18		
19		
20		

【学会欣赏】

除了让感恩和感激成为一种行为模式，欣赏也是我们每个人工作和生活的必需品。欣赏，是一种品质；欣赏，是一种能力；欣赏，也是一种享受。学会欣赏别人，你就不简单；善于欣赏别人，你会更优秀。学会容纳别人的缺点，是一种包容；学会欣赏别人的优点，是一种提升。一个人心里有什么，眼里就有什么。心里有阳光，眼里就是晴天；心里有美景，眼里就不会是泥潭。欣赏别人，就是要将别人的长处慢慢地转化为自己的优点。孔子说："三人行，必有我师焉。"所以我们应该"择其善而行之"，学会博采众长，善于发现别人的闪光点，学会借别人的光，照亮自己的路。

北宋大文学家苏轼与佛印禅师一起打坐。苏轼开玩笑说："我打坐时用我的天眼看到大师是一团牛粪。"佛印大师说："我打坐时用我的法眼看到你是如来本体。"苏轼回家后得意扬扬地把这事告诉了妹妹。

苏小妹说："哥哥你输得真是太惨了！你难道不知道修行的一切外在事务都是内心的投射吗？你内心是一团牛粪，所以看到的别人就是一团牛粪；人家内心是如来，所以看到的你也是如来。"

可见，你喜欢别人，别人才会喜欢你；你厌恶别人，别人也会讨厌你。你欣赏别人，别人才会欣赏你；你蔑视别人，别人也会鄙视你。一个人与人为善，就是善待自己。

如何才能真正地欣赏别人呢？

1. 认识自己

想要学会欣赏他人，就必须先学会认识和接纳自己，要看到自己的不足，看看自己还需加强哪些方面的学习，不至于在与别人交往的时候，盲目自大、目中无人。发现自己的不足绝不是妄自菲薄，而是能够接纳自己，相信可以成为更好的自己。

2. 了解他人

只有真正了解一个人，我们才能慢慢知道关于此人的一切。才能知道对方强于我们的地方是与生俱来，还是后天培养的，看看对方的哪些优点值得学习，哪些能够学到。要做到一不吝啬自己的欣赏，二不盲目取长补短，也许扬长避短就好。

3. 容人之心

没有一个人是完美的，谁都有自己的缺点，包括我们自己。有人习惯欣赏自己，挑剔别人；也有人习惯欣赏别人，挑剔自己。无论于人于己，都要有一颗容人之心，接纳自己、接纳他人，欣赏自己、欣赏他人。

4. 不吝啬你的赞美

人都是需要肯定的，人与人之间的情感，常常通过欣赏与赞美而出现。对于别人的成绩，少些嫉妒，多些掌声，多些真诚的祝福。如此，你才能学会真正地欣赏别人，同样你也就成了别人欣赏的对象。学会欣赏别人，由衷地赞美别人，悦人又悦己。祝愿你在欣赏中不断成长，做一个更加优秀的自己。

【欣赏练习】

彼此相互欣赏的两个人，一定是都在汲取对方的优点，从而双方都越来越优秀。真正能够欣赏别人的优点，绝不是言不由衷，更不是逢场作戏地假意赞美，而是发自内心，表里如一地由衷喜欢或敬佩。

我们可以在课堂上进行如下练习：

第一步	找8～10位伙伴，让对方给你3个可以描述你品质的正向的词，记录下来，总共收集24～30个词。 ____________________ ____________________ ____________________ ____________________ ____________________
第二步	从得到的词中，找出你最喜欢的3个词，填在下面的空格里，并大声地朗读出来。读这句话的时候，倾听和感受你自己。 我×××是一个（　　）、（　　）、（　　）的人。 注：用你的姓名替换上面的×××。
第三步	分享一下现在你的感受、感觉。
第四步	请写下： 1. 带着这份感受，你想为你自己做些什么？ 2. 你想为你的家人做些什么？ 3. 你想为你的团队或者班级做些什么？

单元8　关注共同利益

讲课视频　　PPT

“人们为自己的理由做事，而非你的。”“当我想做的时候，我的表现会比我不得不做时更好。我想做是为了自己，我不得不做是为了你，更好的动力来自自我选择。”所以满足他人利益，是实现自己目标的最佳途径。这里所说的利益可以是有形的，也可是无形的；可以是物质的，也可以是精神的，如金钱、名誉、情感、成就等。“关注共同利益”就是要理清什么是对方想要的，同时又是我愿意支持并能够给予的。这个单元，我们要学习的是第二个行为模式——关注共同利益。

【预期成果】

如果你能认真学习并实践本单元的内容，你可以获得如下学习成果：

1. 逐步养成关注共同利益的思维习惯。
2. 学会了解和把握他人的利益需求。
3. 能关注短期利益也能关注长期利益。

【利益与需要】

我们这个单元说到的利益，大家就可理解为“需要”。美国心理学家马斯洛认为，人类的需要可分为五类：生理的需要、安全的需要、社交的需要、尊重的需要、自我实现的需要。如图 8－1 所示人类的五种需要。

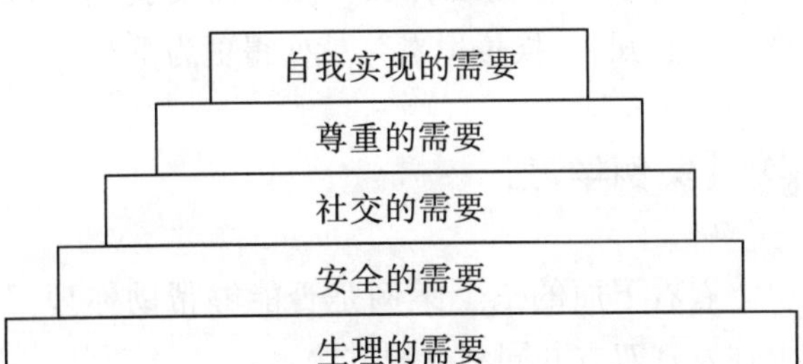

图 8－1　马斯洛关于人类的五种需要

1. 生理的需要

生理的需要包括衣、食、住、行、性等以及其他方面的需要，这是人类最基本的需要，也是最原始的需要。马斯洛认为人类的生理需要如果不能够得到满足，就谈不上其他需要，在经济不发达的社会，必须首先满足这方面的需要。

2. 安全的需要

安全的需要是人们保护自己免受身体和情感伤害的需要，又可以分为现在的安全需要和对未来的安全需要两种。对现在的安全需要就是要求自己现在生活的各方面均能有所保证，如就业安全、劳动安全、人身安全等；对未来的安全需要是期望未来的生活有所保障，如工作保障、养老保险、医疗保险等。

3. 社交的需要

社交的需要是人在友谊、爱情、归属、接纳等方面的需要。人们希望受到别人的注意、关心、友爱、同情等，希望在情感上有归属，归属于某一群体或某一组织，不希望成为离群的孤雁。社交需要比生理需要和安全需要来得细致，需要的程度也因每个人的性格、经历、受教育程度不同而异。

4. 尊重的需要

尊重的需要包括自尊和别人的尊重，成就得到承认，以及对个人荣誉、地位的需要等。自尊和受人尊重两者是联系在一起的。要得到别人的尊重，首先自己要有被别人尊重的条件，自己要先有自尊心，自尊心是驱使人们奋发向上的动力。受别人尊重不同于让别人服从，是因为自己的能力、知识、行为等得到承认或认可。

5. 自我实现的需要

自我实现的需要是人在自我成长与发展、发挥自身潜能，取得成就和实现理想抱负方面的需要，也就是事业心和成就欲。在工作上表现为：人不愿意在被动或受控的情况下工作；人有独立、主动的愿望，有意愿去研究、分析、改进和完善工作；并且愿意挑战一定的难度。工作的乐趣在于成功，成功的喜悦是无与伦比的。

马斯洛把生理需要和安全需要称为低层次需要，而把社交需要、尊重需要以及自我实现需要称为较高级需要。马斯洛认为：只有低层次需要得到满足后，才有高层次的需要。人的行为受到人的需要的影响和驱动，但对于具体的人来说，并不是任何条件下都同时具有这五种需要，对人的行为方向起决定作用的是这个人在这一时期的主导需要。

【反思与练习】

对于大多数人而言，以上五种需要的重要性排序你认为是怎么样的？会与马斯洛的观点一致吗？按重要性的程度由低到高以序号1~5来表示，将其重要性序号填入各种需求前的括号中。

（　　）生理的需要

（　　）安全的需要

（　　）社交的需要

（　　）尊重的需要

（　　）自我实现的需要

【案例启迪】

总经理为清洁工开party

李强是广州一家大酒店的总经理，他在管理中推行“以人为本”，尊重每一个员工。一年下来，酒店取得了非常好的业绩。李强认为许多人功不可没，他连清洁工们也没有忘记。他决定为清洁工们开一个party，让他们也享受一下酒店的精美自助餐和豪华卡拉OK厅。那天当晚会结束时，他走在这些清洁工们的后面，无意中听到了这些清洁工们的一些对话。“……今天晚上我们是挺享受的，可这要花多少钱呢？”“是啊！真浪费！花这么多钱不如把它发给我们呢，没准够我们每个人半个月的菜钱……”李强听了这些对话，感到心里不是滋味，为什么花了钱并没有收到应有的效果呢？你认为问题出在哪里呢？

【学习工具】

关注共同利益实际上就是要实现“共赢”，如何才能实现共赢呢？请用图8-2四维思考法，找到双方共赢的利益点。

1. 利他不利己：对方想要，我方不想要。
2. 利他又利己：对方想要，我方也想要。
3. 利己不利他：对方不想要，我方想要。
4. 损人不利己：对方不想要，我方也不想要。

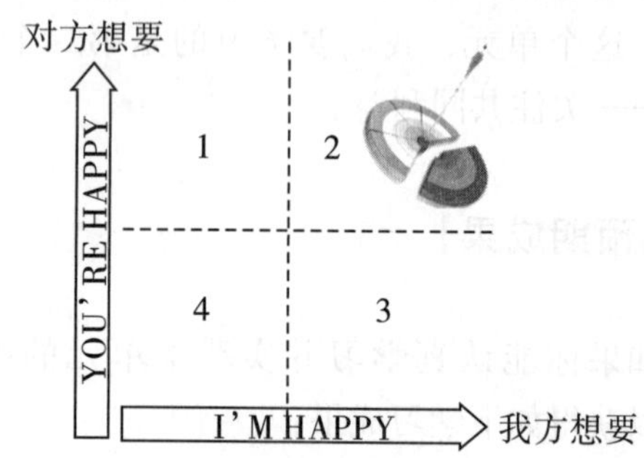

图8-2　四维思考法

结合“四维思考法”这个工具，再看看上边“总经理为清洁工开party”这个案例，是否你会有新的认识，如果你是李强，下一次你决定怎么做会更好？

下面我们探讨：如何才能找到“对方想要，我方也想要”的双赢利益与需要呢？

发现双方共同利益有两个主要的办法：一是通过询问来发现。这是一个魅力无穷的问话：你想要什么？你需要什么？二是需要我们去观察、去感知，“换位思考”就变得更为重要。

【案例学习】

看看下面的三个案例是否能够帮助你理解上述发现双方共同利益的方法。

案例 1

谁来做市场？谁来承担市场费用？

一个企业的两个团队为了一个行动方案而争论得面红耳赤。总公司的市场部门和分销商的市场部门在争论，应该谁来做市场？由谁来承担市场的费用？两方都不愿意出钱。

这时候如果能够做到“关注共同利益”，分销商就可以去思考：“对方想要的什么，也是我愿意他有的？”分销商就可以理解，总公司市场部想要的是品牌扩张，想要通过分销商卖更多的东西，这是想让他们通过市场的行为达成目标。总公司市场部可思考同样的问题：“对方想要的什么，也是我愿意他有的？”分销商应该希望通过市场渠道的扩大，消费者的认可度增加，销售越来越好，分销商有更多的利润回流。

显然他们的目的是相同的，唯一的分歧就是，谁更多地去做市场。最后两方就可以发现，原来的问题已经不重要了，因为有些市场的运作由总公司来做，对于目标的实现会更好，有些市场工作由分销商来做会更好更方便，于是这样就可以制订行动计划，周密分工与安排，而不是停留在之前的谁来做、谁花钱的争执上了。

案例 2

孩子是否要出国读书？

姚女士因为担心女儿而不打算让孩子出国。她说：“我女儿今年上高一，我不建议在高中阶段就让孩子出国读书。一是觉得孩子比较小，在身边可以好好进行言传身教；二是国内的教育相对来说，在高中阶段是苦一些，但学到的知识更扎实。等女儿上大学了，看将来选择的专业，根据她的意愿再决定是否出国留学，到那个时候在英语和生活等方面，我觉得孩子都能够更从容一点。”

丈夫陈先生却一直主张女儿出国留学，他说：“有的孩子适合应试教育，有的就不适合死读书。女儿对物理、化学等学科不感兴趣，学校的教育方式我也不太认同，让她快乐学习、全面发展才是最关键的。所以有送她出国读书的打算。”

夫妻二人经常为此吵架，各说各的理由。看似是家长的意见，但这种不良的情绪也影响到了孩子的正常生活和学习。

如何解决这个问题呢？如果丈夫可以自问一句：“我夫人想要的是什么，也是我可以有的？”妻子也可以问一句：“丈夫想要的是什么，也是我可以有的？”是不是就可以把目标聚焦在孩子身上。原来丈夫的目的是希望孩子未来能够独立自主、健康全面地发展……妻子也是同样的目的。

这个时候当问题能够聚焦在事情的目的上，也就是聚焦在孩子的健康发展上，而不是聚焦在是否出国这个点上，是否问题就好解决得多了？如果选择出国，那么就要进行一段时间的独立生活训练；如果选择在国内，就要少溺爱，多参与家庭生活，并且多教孩子学习方法，少给成绩的压力……这些都有助于很好地解决问题。

案例 3

门铃的故事

某企业的生产制造总监王总是大家公认的管理高手，没有他解决不了的问题。一天他与 8 个直接下属坐在一起，就近期工作中存在的问题进行研讨。

王总说：“最近关于门铃的事，一直听到你们的反映，何经理和刘经理，你们先说说门铃的事吧。”何经理与刘经理，一男一女，分别是一个主管 100 多人的大车间经理和一个工程部的经理。

何经理先发言：“是啊，我要给车间每个大门安一个门铃，可是一个多月了，就这点事情，到现在还没安装上。”说完看了刘经理一眼，很不高兴的样子。刘经理说：“安多少个门铃都行，但是咱们有流程，我们手头一堆事情，你们部门也要按照流程走啊！”

这时王总说：“我大概听明白了。想问问大家：我们各部门之间的合作是否需要关注共同利益、共同的需求呢？合作中的双方是否真的知道对方想要什么，是否真的知道对方的感受是怎样的，是否真的能深层聆听，换位思考，然后去问自己：对方想要的，是不是我能够并且也愿意给予的呢？只有双方的答案都是肯定的，合作才可以很好地开展啊。”

接着王总转向何经理说：“关于安装门铃，你真正想到的是什么？”“我想要一个门铃，”何经理不假思索地说，然后一片寂静，他似乎想起了什么，补充道，“我想马上尽快把这个门铃安上，这对我们的生产工作很重要。”

王总又转向刘经理，看着她，还没等提问，刘经理就说：“我知道他要装门铃，也催了我们好几次，但是要有流程，而且能不能客气点？”

王总问何经理：“你听到了什么？你觉得刘经理想要什么呢？”何经理愣在那里半天没有出声音，似乎没有反应过来，于是王总又鼓励刘经理多说两句。刘经理这时鼓足勇气说：“我知道你要装门铃，可是能不能尊重一下流程和我们的同事？”

这时，何经理像是听明白了，回应说：“一开始我们也挺尊重的啊，可是你们速度太慢了。”王总又问刘经理：“请你说说，何经理他们想要什么？”刘经理眨眨眼睛：“他想要用最快的速度把门铃安上。”

是啊，这样的对话，每天都在无数组织中上演，每个人都在说自己想说的、自己想要的，每个人都仅仅听到自己想听的部分，谁有真正能感受到对方的感受，听到真实的声音，并且去思考彼此的共同利益呢？

于是，王总问刘经理：“何经理想要的最快的速度，可以有吗？”又问何经理：“刘经理想要的尊重感，可以有吗？”王总最后说道：“双方可以在尊重流程和彼此感受的前提下，共创一个更好的解决方案吗？”

最终的结果是皆大欢喜。

【小组分享】

1. 请思考：你从这三个案例中学到了什么？对你日常的学习、工作和生活中遇到的问题有什么帮助？

2. 选取一个你平时在学习、工作和生活中遇到的问题，和小组同学分享，大家一起出出主意，看看如何通过“关注共同利益”来有效解决？

再次提示：多思考什么是对方想要，同时我们有能力让对方拥有的？千万不要自己觉得想要的、关心的，就是对方想要的和关心的。

【课堂练习】

练习 1

学生与老师的共同利益

随着信息时代的到来与互联网的迅猛发展，面对学生，教师的压力和挑战会越来越大。师生是学习的共同体，如能找到共同的利益，并相互有能力让对方拥有，那每堂课都将会是一次很好的体验和经历，彼此均有收获且开心快乐。虽然这不容易，但我们师生需要为此付出努力。

下面我们就通过“关注共同利益”，看看可否提升课堂的学习体验与学习效率。

第一步	我在课堂学习中最想得到的是什么？ 1. 2. 3. 4.
第二步	老师在课堂中最希望我们做到的是什么？ 1. 2. 3. 4.

续上表

第三步	我们之间的共同目标是什么？我愿意又能够支持的是什么？
第四步	如果老师的教学内容、教学方法一时不能满足我的利益与需要，我该怎么办，才最有利于共同利益？

练习 2

支持我们班的共同利益

有学生干部反映：现在做学生干部很难，一方面学校和教师的要求很多、很高；另一方面同学们都很有个性，常常得不到支持和配合，不知该如何解决这个问题，才能让自己的班成为优秀班集体，让同学们毕业多年后，仍为曾经在一起上大学的这个班级感到骄傲和自豪。下面我们就通过“关注共同利益”，看看可否找到解决问题的路径和方法。

1. 全班按学生干部和非学生干部分成 A、B 两个小组，如果班级人数多，可分成若干 A、B 小组进行讨论。

2. 用头脑风暴法给出对方最想要的是什么？(确定最主要的 5 条，写在大白纸上)

3. A、B 小组在全班分享、相互确认，是否真的是对方想要的？如果不是，请发问：你们想要的到底是什么？

4. 我们能支持对方拥有的是什么？请在大白纸上圈出。

5. 双方形成有力的共同利益的表达，在全班进行分享。

6. 两个小组的人写下共同誓言：

（1）我们的共同目标是：________________

____

____

____

____

____

（2）我们可以全力支持的是：____________

____

____

____

____

____

练习 3

我和企业的共同利益

这门课很重要的目的之一，是让同学们通过心智与行为模式的训练，为走向企业、走向社会做好充分的准备，缩短适应期，尽快融入工作团队中，为企业、为社会创造自己的价值。

下面，我们就通过“关注共同利益”，来思考如何应对未来工作中带给我们的挑战，先做好心智上的准备。请用心完成下面所列内容，并进行团队分享，找到更好的答案。

第一步	我们未来就职的企业最想要的是什么？ 1. 2. 3. 4.

续上表

第二步	我能为企业做些什么，同时也符合我个人的利益。 1. 2. 3. 4.
第三步	对于不符合我个人利益的企业要求，我应如何面对？有无更好的方式？ 1. 2. 3.
第四步	万事同理，与你的领导、师傅、顾客、同事、朋友相处都是同样道理。总结一下，你准备如何去面对彼此的共同利益。 1. 2. 3.

【阅读材料】

利益共同体与事业共同体

员工和企业是雇佣关系，但雇佣关系的本质，是某种形式的合伙关系，是种共同体。这种合伙关系有两种基本的形态：利益共同体、事业共同体。

什么是利益共同体？我是来赚钱的。我通过帮公司赚钱，来获得我应得的部分。公司赚到钱，分配机制又合理，则皆大欢喜。但是如果我努力了公司也不赚钱，那说明我们不是最合适的利益共同体，你另请能帮你赚钱的高明，我也去我的价值能真正带来利益的地方，这叫利益共同体。利益共同体是一切合伙的基础。

但是，优秀员工通常并不甘于此。他们明白，短期利益和长期利益之间必须有一个取舍；风险大小和收益多少之间必须有一个平衡。我不能永远劳动一天，就赚一天钱，我要选一个领域，甚至一家公司深扎下去，牺牲掉本来应得的、几乎无风险的短期收益，获取可能有风险的、长期的，但是更大的回报。这项投资，就叫作“事业”。这种合伙关系，就叫事业共同体。这个可能的长期收益，也许不只是金钱，还包括名誉、人脉和持续收益以及持续劳动的兑现。

那么，如果你是老板，你希望你的企业是一个利益共同体，还是一个事业共同体？如果你是员工呢？你是期待在一个利益共同体里工作，还是在一个事业共同体里工作？

也许很多企业家会立刻回答：我的企业是“事业共同体”。

利益共同体和事业共同体最大的差别，是“愿望、风险、利益”这三者之间的排序。如果一个员工发自内心向往你所描绘的愿景，并且由衷坚信只要你们一起努力，就可以让这个愿景实现，最终也可以因为这个愿景的实现，自己获得巨大的利益（金钱、名誉等）的时候，他将可能拥有巨大的“愿望”，成为“风险”偏好者，牺牲自己的短期“利益”，和你形成“事业共同体”，以求获得“事业”成功（长远但更大的利益）。但是如果他不相信，他就会在行为上优先选择短期“利益”，规避中长期的个人“风险”。

利益共同体和事业共同体，是短期与长期、风险与收益之间的一个选择。这个选择，是基于对公司未来，以及公司未来与自己收益之间的关系的信仰。今天我们看到的跳槽、淘汰、忠诚度等问题，几乎无不出自于此，出自员工和企业对利益共同体和事业共同体之间的认知分歧，出自一种“错配”。

单元9　坚持要事第一

讲课视频　　PPT

人终其一生，有很多的事情要做，常常忙到感觉时间都不够用，然后求助于时间管理。殊不知时间管理，管的并不是时间，而是人生中最重要的人和事。管理大师德鲁克认为卓有成效的管理者应做到“要事优先”，柯维《高效能的七个习惯》中的第三个习惯就是“要事第一”。这个单元，我们要学习的是第三个行为模式——坚持要事第一。

【预期成果】

如果你能认真学习并实践本单元的内容，你可以获得如下学习成果：

1. 能够理解“坚持要事第一”的重要性。
2. 能够理清自己现阶段的“要事”是什么。
3. 逐渐清晰自己人生的“要事”是什么。
4. 掌握“坚持要事第一”的方法。

【故事启迪】

鹅卵石与人生

在一次时间管理的课上，教授首先在桌子上放了一个装水的罐子。然后又从桌子底下拿出一些正好可以从罐口放进罐子里的鹅卵石。当教授把这些石块放完后问他的学生道：“你们说这个罐子是不是满的？”

“是。”所有的学生异口同声地回答说。“真的吗？”教授笑着问。然后再从桌子底下拿出一袋碎石子，把碎石子从罐口倒下去，摇一摇，再问学生：“你们说，这个罐子现在是不是满的？”这回他的学生不敢回答得太快。最后班上有位学生怯生生地细声回答道：“也许没满。”

“很好！”教授说完后，又从桌子底下拿出一袋沙子，慢慢地倒进罐子里。倒完后，又再问班上的学生：“现在你们再告诉我，这个罐子是满的呢？还是没满？”

“没有满。”全班同学这下学乖了，大家很有信心地回答说。“好极了！”教授再一次称赞这些“孺子可教”的学生们。称赞完了后，教授从桌子底下拿出了一大瓶水，把水倒入看起来已经被鹅卵石、小碎石、沙子填满了的罐子。当这些事都做完之后，教授正色地问班上的同学：“我们从上面这些事情得到什么重要的信息？”

班上一阵沉默，然后一位学生回答说：“无论我们的工作多忙，行程排得多满，如果要挤一下的话，还是可以多做些事的。”这位学生回答后心中很得意地想：这门课讲的是时间管理啊。

教授听到这样的回答后，点了点头，微笑道：“答案不错，但并不是我要告诉你们的重要信息。”说到这里，这位教授故意顿住，用眼睛向全班同学扫了一遍说：“我想告诉各位最重要的信息是，如果你不先将大的鹅卵石放进罐子里去，你也许以后永远没有机会把其他的再放进去了。”

这个小故事会给你什么启发呢？你是否决定要先将对于人生、对于你个人发展的重要事情先做呢？这时你会有什么困难和阻碍吗？会否感觉要做的事很多、时间却很有限？现在为你提供一个工具——时间管理矩阵图，你试一试，看是否会有所帮助。

【时间管理工具】

时间管理矩阵图（time management matrix）是将不同的事情按“紧急、不紧急、重要、不重要”分为四个象限，如图9-1所示。

	紧急	不紧急
重要	Ⅰ 1. 危机 2. 需马上解决的问题 3. 有限期的任务、工作等 4. 准备事项等	Ⅱ 1. 准备事项 2. 预防工作 3. 价值观的澄清 4. 计划 5. 关系的建立 6. 真正的休闲充电 7. 自主管理
不重要	Ⅲ 1. 外界干扰 2. 一些无关紧要的活动 3. 许多突发的事件 4. 许多凑热闹的事情	Ⅳ 1. 细琐、忙碌的事情 2. 一些不重要的电话 3. 浪费时间的事 4. 无关紧要的信息 5. 看太多的手机等

图9-1　时间管理矩阵图

1. 工具解读与思考

紧急任务：如果不能按期完成，它会使你或别人的价值减少甚至消失。

重要任务：如果成功地完成，你或别人将取得很大的收益。带来的收益越高，这项任务的重要程度越高。

我们每天所做的事情，可以分类归入四个象限。

（1）紧急并且重要的任务：这些任务应具有最高的优先级，应该从现在就开始做。

（2）紧急但不重要的任务：这些任务现在需要时间，但优先级比紧急且重要的任务都要低。

（3）不紧急但重要的任务：它们的优先级不是最高的，但应该在你的时间表中占重要位置。

（4）既不紧急又不重要的任务：你真的需要做这些事情吗？

请思考：你每天花在第几象限的时间最多？你认为成功人士会在哪一象限花费时间更多呢？

第一种情况：如果你偏重于第一象限，可能会出现以下结果。

（1）压力。

（2）筋疲力尽。

（3）危机处理。

（4）忙于收拾残局。

第二种情况：如果你偏重于第三象限，可能会出现以下结果。

（1）短视近利。

（2）危机处理。

（3）轻视目标与计划。

（4）缺乏自制力，怪罪他人。

（5）人际关系紧张，甚至破裂。

第三种情况：如果你偏重于第四象限，可能会出现以下结果。

（1）完全无责任感。

（2）浑浑噩噩，工作难保。

（3）依赖他人为生。

第四种情况：如果你偏重于第二象限，恭喜你，你的总体情况是偏好的。

（1）有远见，有理想。

（2）工作生活平衡。

（3）自制纪律。

（4）人际关系良好。

（5）少有危机。

2. 四个象限的4D原则

面对不同象限的事情，我们应该如何去做呢？请参考如图9-2所示。

	紧急	不紧急
重要	Ⅰ 立即做	Ⅱ 稍后做
不重要	Ⅲ 少做	Ⅳ 不做

图9-2　四个象限的4D原则

3. 普通人的时间安排

普通人的时间安排如图9-3所示。

	紧急	不紧急
重要	Ⅰ 25% ~30%	Ⅱ 15%
不重要	Ⅲ 50% ~60%	Ⅳ 2% ~3%

图9-3　普通人的时间安排

4．成功人士的时间安排

成功人士的时间安排如图 9－4 所示。

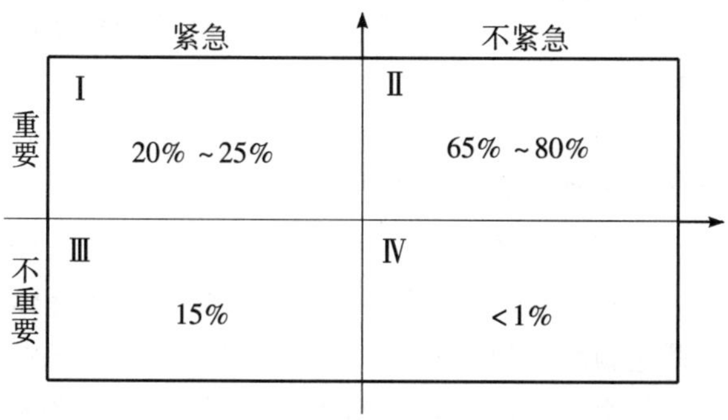

图 9－4　成功人士的时间安排

【自我练习】

1．请回顾昨天你做过的所有事情，并按Ⅰ、Ⅱ、Ⅲ、Ⅳ以及发生的时间段在表 9－1 中分类列出。例如：昨天清晨 6：30—7：30 读英语。每天必要的、正常的事情，如睡眠、三餐、洗漱等可以不写。

表 9－1　一天的事务分类表

时间	Ⅰ	Ⅱ	Ⅲ	Ⅳ

2．第四象限的事情可否不做？可以减少哪些？或减少时间的投入？

（1）以后可以不做或减少时间去做的是：

____

____

（2）算算这样每天可以节省多少时间？

____

____

3．第三象限的事情有哪些可以减少？或减少时间的投入？

____

____

4．减少第四、第三象限的事情，会节省多少时间呢？节省下来的时间用在第二象限上，可以增加的事情会有哪些？

____

____

____

____

____

5．第一象限的事情经常会很多吗？有哪些是因为第二象限上的事情拖着不做，或没有足够的时间去做，就会因为自己的原因转成第一象限的事情？

____

____

____

现在把第四象限的事情不做或减少，节省下来的时间用于第二象限后，会否减少你第一象限的任务，让你的学习和生活变得更从容有序。

6．试想一下：你若能坚持上边的行动，三年后你会是一个什么样的人呢？会否与现在的你有很大的不同？你愿意成为那样的人吗？若愿意现在就开始行动好吗？

7．你愿意采取的第一步行动会是什么呢？你愿意每天坚持下去吗？

____

____

8．你行动的承诺度有多高？如果按 1 ~ 10 计分，你会给自己的承诺打多少分呢？

____

____

好！没有人可以改变你，能改变我们的只有自己。加油，相信你在不久的将来，一定会遇见一个更好的自己。

【教师辅导】

如何大胆说“不”

对话音频

在生活中总是会遇到一些人很想请你做一些事情，但你又不太想去做。但又总觉得自己没有勇气和别人说“不”，这样常打乱你的日常计划和时间安排，甚至你自己重要的事情也会受到影响。到底要怎样开口拒绝别人，大胆说“不”呢？下面是教师和学生的对话，希望对你有所帮助。

学生：老师，怎样才能大胆地和别人说“不”呢？

老师：确实，能够和别人大胆说“不”，这是一个很重要的能力。我想要请你举一个具体例子，最近什么样的状况下，你需要和别人说“不”，但是你没有做到。

学生：我们宿舍的同学常叫我和她们一起去逛街，还有一个同学想请我去帮忙她们社团的工作，可是那个时候我自己确实也很忙，但我没有办法开口拒绝，我怕影响朋友之间的友谊。

老师：你刚才说的怕影响朋友之间的友谊，这是你想说“不”的时候的想法吗？

学生：是的，我有这样的担心。

老师：是不是这种想法在干扰你没有办法去说“不”，是吗？

学生：好像是的。

老师：那你认为说“不”，一定会影响你和你朋友之间的友谊吗？

学生：那老师的意思是不一定会这样是吗？

老师：我是不知道的。但是关键是在那一刻你的想法。因为你是想要和别人说“不”的。那如果你选择和别人说“不”的话，相应地，也要去承担、去面对它的结果，对吧？如果你选择说“不”，那么，接下去发生的事情我可以面对。

学生：嗯，有时候事情也真的不是我想的这样，我只是会担心而已。

老师：如果你现在去找到一个办法，让你能够既对朋友说“不”，又能够让你朋友觉得你不是想损坏你们的关系，那个办法会是什么呢？

学生：我是不是应该积极地去沟通，比如和同学说：“对不起，我现在确实有点事不能去，但是我其实很想跟你们在一起的，要不，我下次约你们好吧？”

老师：这可能是一种策略吧，听上去你现在已经大胆很多了。问题的关键是你的内在，不跟她们一起出去玩是不是就代表跟她们的友谊不好？

学生：哦对，我是把这两件事情画上等号了，可以分开的，对吗？

老师：有时可以分开，有时可能分不开，相信你能判断，你也能承担。那别人有没有对你说过“不”啊？当别人对你说“不”的时候，你会觉得和你的友谊就走到尽头了呢。

学生：这个倒没有，但就是觉得心里拔凉拔凉的。

老师：我想多问一句，你是不是很在乎跟别人的关系？你是不是很渴望别人能够认可你？

学生：是的。

老师：所以可能核心是在这里。你很害怕失去这种关系，失去和朋友的连接对吗？

学生：会，这确实会。

老师：老师的建议是：有些事情你能做的、愿意帮忙的，尽你所能去做。有些事情你确实不能做的，或有些个人状况不能答应的，要勇敢地和对方说“不”，这不会损害你们的关系，即使损坏了，也许是因为这个关系并不牢靠，这份感情并不值得强留。倒是你真的答应下来了，但是又做不到，或做不好，误了别人的事，反而会影响你们的关系。

学生：老师，谢谢您！我知道以后该怎么做啦！

上述这个教师辅导的案例可否帮助你摆脱

外界不必要的打扰，在一定程度上减少紧急不重要和不紧急不重要的时间消耗呢？

学习到这里，可能有同学会说：其实我的主要问题是不知道自己的“要事”是什么？以及对自己一生有重要影响的“要事”是什么？特别是面对“两难”的选择时，会更觉得茫然。下面介绍“逻辑层次理论”，它是一个思考问题的工具，看看可否帮助你思考，找到你的“要事”，进而让你坚持“要事第一”。

【逻辑层次理论】

逻辑层次理论如图 9－5 所示，它包括六个层次：

1. 愿景：你人生的意义是什么？

2. 身份：你想要成为什么样的人，你需要成为什么样的人才能实现你的人生意义？

3. 价值观：为什么这对你这么重要，为什么成为那样的人那么重要？这对你有什么价值？

4. 能力：你如何达成？你有哪些能力可以成为你期待的人？

5. 行为：采取哪些行动是最重要的？需要哪些行动？最终采取什么行动？

6. 环境：你何时开始行动？你会在哪里行动？

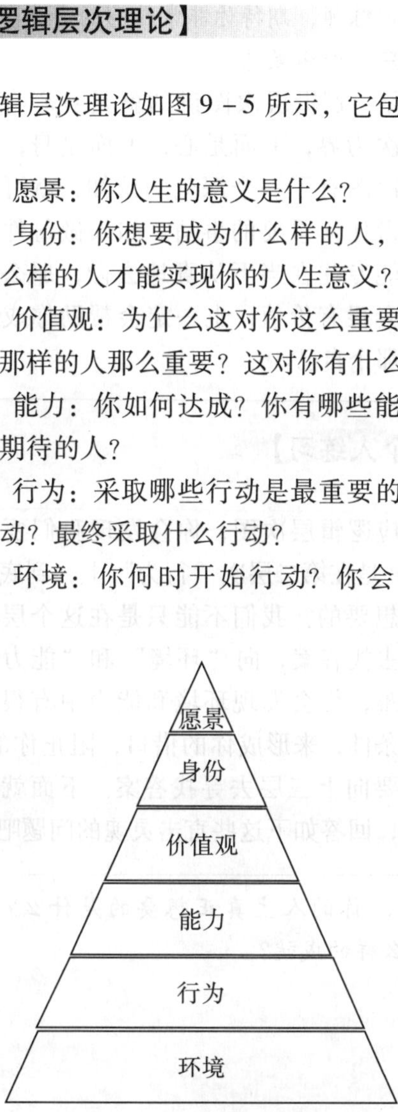

图 9－5 逻辑层次理论图

在这个逻辑层次图中，“环境、行为、能力”，我们称之为“下三层”，也就是实务层，它强调在什么样的环境下开始行动，采取哪些行动，具备什么能力才能够完成行动。

“价值观、身份、愿景”，我们称之为“上三层”。它们的作用是激发内在动力，通常会关注这件事为什么对你这么重要、做这件事的人为什么是你而不是别人，你想要的未来愿景是什么样的。所以，只有把“上三层”走好，才能真正在“下三层”有作为，并且真正产生持续不断的行动和改变。

【案例启迪】

逻辑层次图是练习过程中一个非常重要的工具。下面是一个名叫陈哲的教练分享他在工作中运用逻辑层次图的一个案例，相信会帮助我们理解并能有效运用这个工具。

教练：请说一件你经常做的、印象深刻的事情，我们来看看如何运用逻辑层次图。

客户：我想成为一名训练师。

教练：这是你经常做的事情吗？想成为一名训练师，这是一个想法，不是一件具体的事情。请具体说一件事情。

客户：我最近围绕训练师，每天早晨给自己设置 59 分钟的学习，3 个 3 分钟，3 个 5 分钟，5 个 7 分钟，知识掌握与技能掌握，我会早晚各打坐 20 分钟。

教练：你每天早晨用 59 分钟学习，早晚打坐，这在哪些点上可以帮助你成为训练师？

客户：知识的学习；每天写感恩日记、反省日记，向内看；把一天的开支记账，学会理财；5 分钟和 7 分钟的计划，让我体会到，当愿意做一件事的时候，我的内心会很安定。

教练：你做这些事情，抽离开来看，训练师需要具备什么样的能力？

客户：第一是对系统知识与理念的了解，能正确地传递给学员；第二是拥有自我观察、自我了解的能力，才能更好地了解他人；第三是关于自己的能量转化；第四是不紧张，落落大方。

教练：你要成为怎样的训练师？

客户：内在知识全面、渊博，同时外表给人的印象是非常有气质、有亲和力、有爱心，与人交流是用心的，用心地把能量传递给学员。

教练：成为训练师，在你的观念和想法里面什么是最重要的？

客户： 用心与慈悲。

教练： 刚才回答了这些问题后，你有什么发现呢？

客户： 我觉得我处在非常美好的状态，讲到这里非常有力量，心里暖暖的。

教练： 你回答了上面三层的问题，我现在复述一遍给你听好吗？内在知识渊博，外表有亲和力，有气质，用心与慈悲，有正确传递知识的能力，有自我观察与修正能力，引领学员的能力，能关注到全局，轻松自在等能力，你看这就是上面三层的东西。

教练： 如果将上面三层的东西往下落实，我就会问，假如你现在已经是训练师了，什么时候什么样一个特定的动作，或者说有什么样的画面出来了，你就完全活出了慈悲，完全活出了内心的能量，你非常地有亲和力，外表非常有气质。

客户： 我看到了一个画面。我在台上讲课，几十个人在听。我在讲教练体系，我把焦点与注意力放在了每个人身上，大家都听得津津有味。学员需要对话的时候，我都欣然接受，我的内心清澈如水、明亮如水。

教练： 带着所有感受，我们重新回来看看每天设置的内容。这些训练的内容，是如何支撑你成为那样的训练师的？

客户： 我觉得有两点，学习用微信、沙龙等形式去分享。

教练： 不仅有 59 分钟的学习、早晚打坐，现在就开始讲课，可以给自己讲，也可以给伙伴们讲。自己给自己讲，两三天做一次，一周给伙伴们做一次。

教练： 我刚刚带你走逻辑层次图的这个过程时，你有何感受？

客户： 非常好，很深的探究。

教练： 逻辑层次的各个方面都要涉及。

客户： 我的感受是，直接带入一个高点：要成为一个什么样的人。在我未来的愿景层面往下走，要做些什么，我要加强的是什么，我是什么人？

教练： 对啊，我让你从上面开始。但如果在行为层面时，可以从行为往上走，再从上往下走，时间够的话，可以走几个来回，今天对你就是从上往下走的……

教练： 你总结一下对你有帮助的是什么？

客户： 运用逻辑层次图这个工具的时候，客户如果总是停留在“想”的层面，就要从上往下带；如果只停留在“做”的层面，就要往上走。这样我们做的每一件事才会有意义，从身心都感觉到有价值。

教练： 真是太棒了，与你在一起的感觉很棒！你内心的善良与淳朴非常能打动人，你已经活出了你的用心与慈悲，你一定会成为一个很棒的训练师，期待你非常精彩的分享。

客户： 谢谢教练。

总结：逻辑层次图讲的就是身心合一，以能力层次为界，上面是心，下面是身，如果对逻辑层次图有了一个深刻的认知，就可以身心合一地做任何重要的事情。如果做每件重要的事情都能专注在当下认真地去做，那么每一件事情都会很有价值，也一定会帮助你成就你想成为的那个自己。

【个人练习】

对应逻辑层次图，你会发现我们要寻找的“要事”是在第二层次“行为”上，到底什么才是我们想要的？我们不能只是在这个层次去想问题、去找答案，向“环境”和“能力”去找答案更难，你会发现环境和能力中有很多你不具备的条件，来形成你的借口，阻止你的行为，我们需要向上三层去寻找答案。下面就开始静下心来，回答如下这些直击灵魂的问题吧！

1. 你的人生真正想要的是什么？你想要什么样的成就？

2. 你想要成为一个什么样的人？你希望别人怎样评价你？

3. 你为自己确定了什么目标？这个目标足够明确吗？你将用什么标准来衡量你的目标？

4. 你只是想要，还是一定要实现这个目标？

5. 你这么做是为了谁或是为了什么？

6. 一定要实现这个目标的话，你为此想做的一件“要事”是什么？它对你的目标有什么帮助？

7. 你会遇到什么困难，你准备如何克服？

8. 你第一步行动要做的是什么？你会坚持下去吗？

9. 如果不坚持下去，你付出的代价将是什么？三年后你会成为一个什么样的人？

10. 如果坚持下去，三年后你会成为一个什么样的人？那时的你会带给父母或亲朋好友什么样的感受？

拓展资源

单元10　100%全力以赴

讲课视频　　PPT

卡内基曾说过："有两种人绝不会成大器，一种是非别人要他做，否则绝不主动做事的人；另一种人则是即使别人要他做，也做不好事情的人。"只有那些不需要别人催促，就会行动起来，而且100%全力以赴，且不会半途而废的人才能成功，这一类人懂得要求自己多付出，而且做得比别人预期的更多。进取心的外在表现很多，最为关键的就是"100%全力以赴"。这个单元，我们要学习的第四个行为模式就是——100%全力以赴。

【预期成果】

如果你能认真学习并实践本单元的内容，你可以获得如下学习成果：

1. 对自己进取心的现状有清醒的觉察。
2. 增强"100%全力以赴"的动力。
3. 掌握"100%全力以赴"的方法。

【共同分享】

1. 为什么有的学生学习成绩很好，有的学生则很差呢？

2. 为什么有人工作业绩突出，有人则碌碌无为呢？

3. 为什么有人很成功，有人则很失败呢？

也许原因很多，请找出最主要、最普遍、最有规律性的原因，先不要找小概率、个别的、次要的原因。

____

____

____

____

____

【职场链接】

进取心对我们每一个员工来说，尤为重要。企业当中的员工不管有多少，都可以根据做事方式简单分成以下四种。

第一种人，能够做到积极进取、自我实现，无论做什么事都积极主动、全力以赴，不需要别人催促，更不需要别人的监督就能把事情做到最好。

第二种人，做事方式仅次于第一种人，他们也能够做到有事不推诿，一旦有人告诉他该做什么事时，他们也能全力以赴地去做，但他们只做他人吩咐的事。

第三种人，比起第一种、第二种人就被动得多了。这一类人做任何事都要别人的督促，一旦没有人监督，他们就懈怠了。这一类型的人做事犹如挤牙膏，别人挤一下他才动一下。

第四种人，已经谈不上做事方式了。因为这一类人根本不愿意去做他们本应该做的事。这一类人成天无所事事、浑浑噩噩。如果他们不能及时改变，其结局只能是一事无成。

以上这四种人，哪一种最有可能得到企业的赏识和重用？哪一种人最有可能获得不凡的成就？毋庸置疑，一定是第一种人。因为在第一种人的身上有一种精神叫作进取。第二种人也能把工作做好，但由于缺乏更强的进取精神，他们很难在工作上有更大的突破和成就。第三种人做事被动，进取精神匮乏，这种行为模式使他们很难把工作做好，更不用说取得不凡成就了。第四种人游手好闲，不务正业，不会有哪个用人单位愿意用这样的人，这种人如果不能反省改过，一辈子一点出息都不会有。

【自我反思】

从你目前情况看，你是这四种人中的哪一种呢？你将来工作后希望自己成为哪一种人呢？你认为哪一种人更容易成功？哪一种人更容易幸福呢？

【故事启迪】

100%的努力是基础

有一个人为了解决饮水问题，打算挖一口井，他先在一个地点挖了半天，没有挖出水来，于是就换一个地方挖，一连换了好多个地方（如图10－1所示），最后由于都没有挖到地下水位线以下，所以全没有成功。

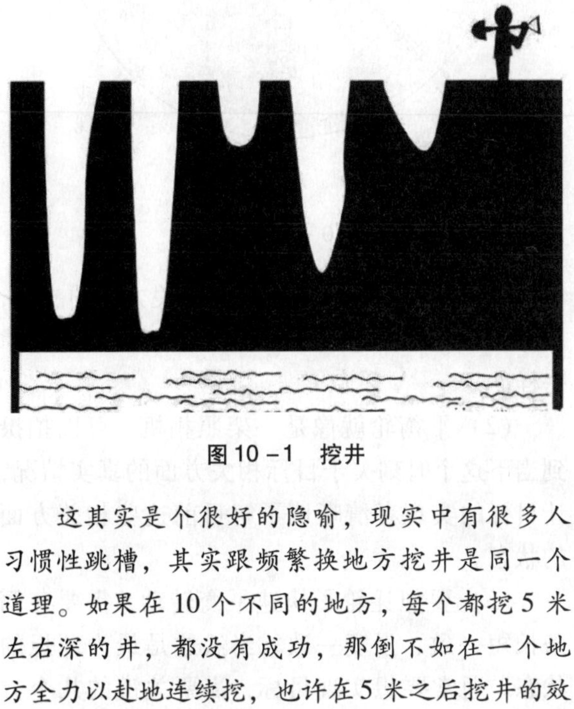

图10－1 挖井

这其实是个很好的隐喻，现实中有很多人习惯性跳槽，其实跟频繁换地方挖井是同一个道理。如果在10个不同的地方，每个都挖5米左右深的井，都没有成功，那倒不如在一个地方全力以赴地连续挖，也许在5米之后挖井的效率会下降，但相对于挖10口井的工作量，大概率是会挖到水源的。

除了在同一行业的不同公司跳槽外，很多人在职业生涯遇到瓶颈的时候，会很容易倾向于转行。其实大部分人的原因，不是因为新的行业前景比现在的好，而是对新行业不胜了解之下感觉的一种朦胧美，以及对现在行业的厌倦情绪，这两者综合形成的错误决策。

所以当你对现在的工作不满时，先问问自己为什么不满？是不是付出了100%的努力，并且持续很长一段时间还没有改善？如果确定没有改进空间的情况下，换公司、转行业才是最后的选项。

当然，最好的职场转换时机，是通过100%的努力之后，积累了足够资源，并且在现有框架已经明显制约了你进一步发展的时候，才是寻找更好机会的时机，而这个时候，通常机会是会迎面而来的，只要你关注，这或许就叫机缘。

【教师辅导】

对话音频

学生：老师，顶岗实习就快结束了，我想换份工作。

老师：为什么呢？才半年，想好了要换吗？一个企业一年都没待够，对一个行业、企业和岗位有多少了解呢？

学生：老师，我知道现在这家企业是行业中挺好的一家，可我不换一换，怎么知道这个世界还有没有更好的企业呢？

老师：有更好的企业，和你是什么关系呢？你有女朋友是吧？如果你不离开这个女朋友，你怎么知道这个世界没有更好的女孩呢？

学生：老师，两者不一样的。

老师：是不太一样，但我想万事同理吧。世界上的好企业很多，你是否先思考一下，好的企业你是否都能进去得了，再想想进去了以后，是否都能获得好的发展？老师相信你能做出最好的选择。

学生：老师，您有什么建议给我呢？

老师：好好想想，是自己真的不喜欢这家企业，还是遇到了问题，难以面对和解决？哪个企业没有问题呢？如果没有全力以赴、100%地去投入，去面对问题、去解决问题，去提升自己的能力与水平，到了一家新企业，会不会遇到的挑战会更大？我相信你不会是为了逃避才选择离开的。

学生：老师，我感觉自己确实是在逃避，是啊，哪家企业没有问题呢，如果这家企业的问题我解决不了，下一家企业也许还会有更多的问题。

老师：你说得非常好。世界上是有很多更好的企业，想想如何才能让自己有资本与它结缘，并获得更好的发展？

学生：老师，您有什么好的建议吗？

老师：如果说有一条建议，我会选择我的座右铭“适应你不能改变的，改变你不能适应的，如果真的既适应不了，也改变不了，就选择离开，离开之前想清楚是否能找到更好的”。如果这次选择错了，也没关系，但同样的错误不要重复再犯即可。每一次经历，都是宝贵的人生财富。

老师：你知道你的决定了吗？

学生：老师，我知道了，谢谢您！

【学习工具】

前边我们探讨的主要是你将来在工作中要成为一个什么样的人。三年后的你是什么样，更多地取决于你今天的行动。下面就让我们回到校园学习这个环境中，通过三个非常有用的工具来培养进取心，来确立“100% 全力以赴”的行动模式吧！

1. 刻度尺

你是否记得，这个工具我们在前边用过。“用 1 ~ 10，给你的承诺度打分，会是几分？”这是一个能将感受、态度、状态、动机与想法等抽象概念转变成具体的、形象的方式加以描述，能将模糊的事情清晰化，最终激发无限行动能量的一个工具。

【个人练习】

（1）对自己大学中学习与生活的表现打分，如果用 1 ~ 10 分来计，你会打几分？

____

____

（2）距离 10 分的差距是多少？你能改善什么，做到什么，就可以得到这几分呢？

____

____

____

2. 平衡轮

平衡轮就是将一个圆平均分成若干等份（一般分成八等份），如图 10 - 2 所示，然后将自己学习、工作、生活或生命中一些并列的内容填写在图中，以帮助自己清晰了解现状，觉察到平时忽略的部分，找出希望有所改变的内容，然后制订计划，采取行动。平衡轮的概念包含以下三个方面的含义。

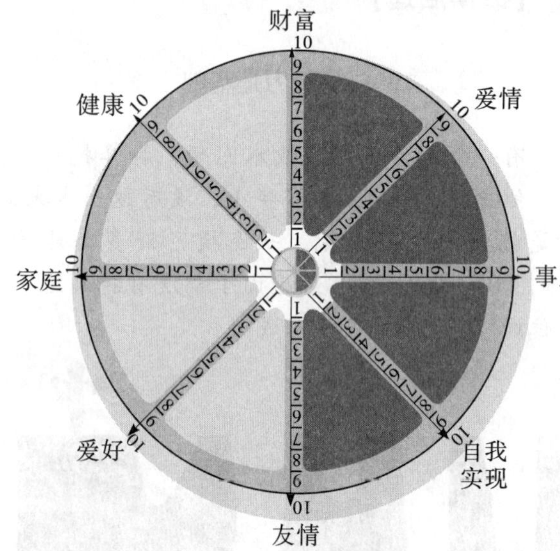

图 10 - 2　平衡轮

（1）一个目标的实现需要相关方面的支持，就像一个轮子要想转动，需要里面辐条的支撑一样。

（2）平衡轮就像是一架照相机，可以拍摄到当下这个时刻关于目标相关方面的真实情况，让目标的实现者清晰地了解目前这些相关方面的状态。

（3）要想让轮子快速平衡转动，需要各辐条长短一致、强度一致。当然这是最为理想的状态。通常要想实现目标，需要关键的几个方面平衡发展。

【学习思考】

（1）什么对你的人生是最重要的？请填在等分的圆中，如图 10 - 3 所示（多数人会想到下列内容：健康、家庭、事业、爱情、友情、财富、爱好等）。

（2）每一方面的满意度是多少？如果 10 分

是满分，你给每一方面打几分？请在图中用阴影标识出各方面的分数。

(3) 你对目前的状况满意吗？你有什么发现？

(4) 你想要有什么样的改变？

(5) 你做些什么就可以实现这个改变？

提示：平衡轮可以让人清楚地看清现状，好处就是直观，让当事人考虑问题更理性、更全面。需要注意的是，运用平衡轮所展示的一定是当事人的现状；对每一个部分是否满意，满意的程度如何，哪一部分需要改变，这些都依照当事人的标准，必须由他自己做出判断和决策，而不是遵照他人的意愿。当你对一些事情想不清楚的时候，当有很多选择你无法做决策的时候，请试试运用平衡轮。

【个人练习】

(1) 你认为自己最满意的大学学习和生活应该包括哪些方面？选取小于或等于 8 个方面，填写到如图 10－3 所示平衡轮中。

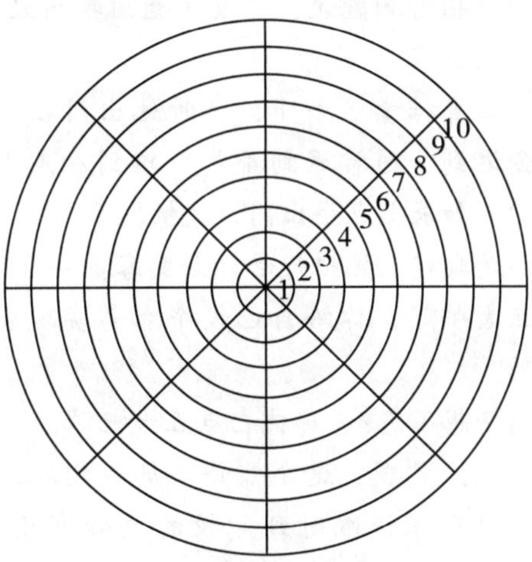

图 10－3 平衡轮练习图

(2) 每一方面的满意度是多少？如果 10 分是满分，你给每一方面打几分？请在图中用不同颜色或阴影标识出各方面的分数。

(3) 你对目前的状况满意吗？你有什么发现？你最想要哪个领域有所改变？希望达到多少分？这个领域的改变可否带动其他方面的提升？

(4) 你想要有什么样的改变？

(5) 你做些什么就可以实现这个改变？

(6) 你愿意 100% 全力以赴地去改变吗？如果愿意，你的承诺度从 1～10 分，现在是几分？如果不是满分，那个差距是什么？

3. 改变方程式

理查德·贝克哈德改变方程式是：$D \cdot V \cdot FS > RC$

这个公式说明发生在个人、团队、家庭、组织、国家等方面的真正改变，需包括以下三个必要因素。

D（dissatisfaction）代表对当前形势状况的不满。（为了扩展这个公式，你也可以把它看作是当前状态和渴望状态间的差距，或者你渴望的未知状态，或者是你对内心渴望改变的觉知。）

V（vision）代表对未来愿景的期望，也就是可能性。（你也可以将“V”看作是自己愿景的价值观或信念基础。）

FS（first step）代表迈向愿景的积极的、可行的第一步和采取行动的意愿。

为了改变的持续性，上述三者的乘积必须大于 RC，即当前对变革的抗拒力量。

这三个变量，对当前形势状况的不满（D）、对未来愿景的期望（V）、迈向愿景的第一步（FS），每个变量都有可能足够强大而引发转变；然而维系转变却仍可能非常困难。只有三个变量在一起非常强大时，变化才会最大。

根据贝克哈德的变革方程式，要克服变革阻力，三个因素一定都要大于零。因为，基本的数学原理是 $x\times0=0$，不管其他数值多高，任何一个因素 D、V、FS 等于零或接近零，就不可能有行动或维系改变的可能。如果在改变时遇到困难，首先要做的就是查看一下哪个因素数值太低。为此，你要克服变革阻力需要培养的能力主要有以下三点。

（1）对现状的不满和改变现状的决心。

（2）清晰的、以核心价值观为基础的愿景。

（3）愿意迈出明确、可行的第一步。

【案例启迪】

妈妈帮女儿改变上学迟到的行为

我家扬扬有一段时间常常上学迟到。连续迟到 3 次后，老师的投诉电话就打过来了。于是我和扬扬就有了一次“教练式”的谈话，用的就是“改变方程式”。

第一步，关于不满意。

我问扬扬：如果你老是迟到，有什么不好？

孩子仔细地想了想，说：“当然不好了。这几天我都被学校门口的值日生登记名字，然后进到课室所有人都看着我，我是低着头很不好意思地走到座位的。”

“哦，这样啊。那老师有没有找你谈话啊？”

扬扬说：“有啊。老师让我写检讨呢。一写就是 400 字。好难写啊！”

“如果你一直不改，一直都是这样迟到，你觉得过了一个学期，你会变成什么样，你喜欢那个样子吗？”

扬扬马上把头摇得像拨浪鼓一样，说：“那可不行，那我就不去上学了，太悲催了！”

第二步，放大成功愿景。

我问扬扬：“假如你现在开始改变，以后都准时上学，你觉得这样对你会有什么好处呢？”

扬扬说：“那好处很多啊。我可以早点回学校，可以慢慢在路上走不用跑，回到学校我不用被罚站，也不用写检讨。”

我继续问扬扬：“假如你一直坚持下去，一个学期你都准时上学，你会变成什么样子呢？”

扬扬说：“那我就是一个守纪律的好学生。老师也会常常表扬我。我还可能当选班干部呢。”

我顺势问她：“哦？你想当什么班干部呀？”

扬扬：“宣传委员啊，我最喜欢出黑板报啦！”

我鼓励她：“嗯，真好，那你得坚持下来，一直做到准时上学哦！”

第三步，我们从“一小步”开始改变。

这里一定要注意的，就是行动计划要切合实际，要从一小步开始，千万不要太难。因为如果孩子做不到，就会产生畏难情绪，改变就不能持续发生了。

我问扬扬：“那如果我们从明天开始，就做到准时上学，你打算如何开始呢？”

扬扬拍着胸脯说：“没问题，我明天开始，七点半就出门！”

我心里掂量了一下，平时她出门在八点前就不会迟到，通常迟到都是磨蹭到八点十分才出门的。如果七点半出门，太挑战了。

于是我建议她把行动计划变容易些：“七点半有点太早了，你给自己设个容易实现点的时间好吗？”

扬扬想了想：“那就七点五十吧。”

我说：“嗯，这个靠谱。那我们就这样定了。你现在保证准时到学校的决心有几分啊？一分到十分？”

扬扬：“九分。”

我说：“那如果妈妈支持你一下，你需要什么样的帮助，就可以有十分的决心了？”

扬扬：“每天出门的时候，记得给我一个大大的熊抱！”

我乐了：“好的，妈妈一定做到。”

从那以后，扬扬真的坚持准时出发。当然，每天出发的时候，我们都不会忘记有一个大大的熊抱。

【课堂练习】

1. 两个人 A、B 组成一组，每人找一个自己想改变的问题。

2. A 先将自己的问题说给 B，B 运用改变方程式对 A 做一次如上述案例的教练辅导，促进 A 的改变，时间为 10 分钟。

3. A、B 交换角色进行练习。

4. 全班共同分享典型案例以及同学们各自的觉察。

【阅读材料】

2017 年 7 月 26 日，在这样一个毕业季，人民日报、共青团中央等微信公众号分别刊发文章——《沉睡中的大学生：你不失业，天理难容!》究竟是怎么回事？请看下文……

不知道从什么时候开始，“学霸”“学渣”“学弱”等一些名词开始流行。那些年，你认为高考分数将决定你一生的命运，于是你拿着自己的高考成绩寻找自己梦想的大学，把分数当作赌注，与梦想一决高下。可是后来，怎样了呢？

这些场景，你是否觉得熟悉？

上课时：清醒没有发呆的多，发呆没有睡觉的多，睡觉没有玩手机的多；下课时，自修没有吃零食多，吃零食没有看连续剧多，看连续剧没有玩游戏多。如此这般，就业时的失败怎能不比成功多？

考试时：不给范围就不会考试，给了范围也只是复印同学准备的答案。你如果是老板，会雇用你这样的员工吗？

毕业前：上大学前填报志愿，你说不知道自己的兴趣特长，好吧，大学毕业找工作了，同样不知道自己的兴趣特长。自己都不认识自己，还有谁能认识你？

专业课：学技术不肯动手，学理论不肯动脑。等待你的除了失业还能是什么？你说，你修完了“计算机基础”课程，但真实水平却连个 PPT 都做不好。你的竞争力在哪里？

你说，你修了两年英语，然而，你的水平却连与外国人日常对话都打怵。有哪家用人单位需要你？

你说，你修了“思想修养”，但你根本就没听。你敢说，除了课堂上睡眠的抗干扰能力得到提升外，在思想修养和道德品质方面，得到了应有的提升吗？

你说，你修过“阅读与写作”，但你读的是手机，你写的是微信。对语文，自己都没信心，你还想指望别人对你有信心？

这些话是否直戳你的痛点？

实习要让父母开假证明，评先进要让父母找关系，补办证书要父母跑学校……找工作的时候，你能有一分坦然和自信吗？

双休日你起来吃早饭吗？连吃饭都不会，还有谁会相信你会干活？军训的时候叠过被子，军训过后还叠过几次？

唯一投入的是玩游戏，耗时最多的是玩游戏，而你的自荐信对此又只字不提。自己做的连自己都不认可，世界上，还有谁会认可你？

讲大道理的时候你口若悬河，伸手要钱的时候你撒娇耍赖。你可以欺负你的父母亲，世界也能任由你欺负吗？

离开了电脑你还能做什么？离开了游戏你还喜欢什么？离开了家你还能到哪里去？离开了父母还有谁会给你送水端饭？对于这些问题，你都找不到答案，你还想找到前程吗？

图书馆里没有你的人影，运动场上没有你的人影，公益场上更没有你的人影。你退化的不是肌肉，你退化的不是责任感，你退化的是最基本的生存能力。

找工作时，在工作岗位上的最大价值在于不可替代。责任心、吃苦精神、写作水平、做事能力、专业修养、操作技术、学问素养、人际处理，有哪一方面是你的看家本领？有哪一点是他人不可替代的？你不失业谁失业？

有没有想过当年那些不如你的人也许有一天会超过你。

L 同学本科就读的大学是一所普通得不能再普通的高校。上大一的时候，身边大部分的同学都是挣脱出高考枷锁的飞鸟，渴望自由。大学对于他们来说，就好像是进了一个没有人管的“游乐场”，一进了“游乐场”的大门，他们便飞奔进去，奔向各自想要玩的游乐项目。

他们参加各种各样的社团，又或者光明正大地去谈恋爱。只是，课本知识对于他们来说，只要不挂科，大学便是圆满结束了。

你们是不是也有过这样的经历，也有过这样的同窗。

谁会偶然给你高薪又偶然让你过上想要的生活？

但总有一些人进了“游乐场”，不是选择先玩耍，而是选择先苦练技能。而我们常常嘲笑这样的人。L同学就是这样的姑娘。从刚踏入校园的那一刻开始，她就和图书馆紧密相连。总之，在学校里见到她的时候，不是在教室的前排，就是在图书馆。

虽然她每一次都坐在第一排，但是很多科目，她常常没有那些进了游乐场就疯玩的人强。同学们甚至会偷偷嘲笑她，花了那么多的时间，不过是和大家差不多的分数，甚至还不如耍小聪明的同学。

“也许，看上去花了这么多的时间，最后出来的结果相差并不太大，甚至看不出什么差别，因为考试的偶然性很大。但是，我们不仅仅这一次考试，如果我们考试追求小聪明、考研也追求偶然性、找工作要偶然通过，那么谁又会偶然给你高薪，偶然让你过上你想要的生活呢？”

明明一同起跑却走向了不同的人生旅途。

有时你会突然发现，当时看上去和你差不多的人，甚至是不如你的人，原来蕴藏着如此巨大的能量。

而这样的能量，是无法用一次的考试成绩，用她所在的大学，甚至用她的智商来衡量的。

而其他人，那些还在“游乐场”里疯玩的孩子，等到游乐场打烊，等到灯光都熄灭的时候，甚至还没回过神来，究竟发生了什么。

L同学如愿考上了名牌大学的研究生，终于去了她想要的学校，过她想要的生活。再后来，硕士毕业，她找到了一份给应届生的special offer，刚入职年收入就有30万元。

很多本科的同学都惊呆了，看着普普通通只知道死读书的她，究竟是怎么有了这么大的能量，在四年后、六年后与其他人走向了不同的人生旅途。

熬过的辛苦最后都换成了幸福。

有人说，大学是一场长跑，这三四年时光，有的人从一开始就踏上了其他跑道，也有人挤到了前面的队伍，是时间让大家变得不一样。

对于那些进了大学就在“游乐场”尽情玩耍的人来说，不是没有机会、没有平台，而是缺少进取心。当别人都在为学业、事业和前途奔波时，那些人却在茫然地虚度光阴，等到毕业之时也许就是失业之日，抑或找一份自己都养活不起自己的工作，每天在失落中徘徊。如果就此安于贫困，视贫困为正常状态，不想努力挣脱贫困，那么他的一生便永远不能脱离贫困的境地。贫穷本身并不可怕，可怕的是贫穷的思想，以及认为自己命中注定贫穷。一旦有了贫穷的思想，就会丢失进取心，失去行动的原动力，也就永远走不出失败的阴影。因此，进取心特别是100%全力以赴是一个人走向成功的重要行为模式。

拓展资源

单元11　适度包融他人

讲课视频　　PPT

这个单元我们学习第五个行为模式——适度包融他人。“包融”与“包容”有共同之处，但比“包容”有更深更广的含义。“包容”更多的是指“宽容、大度”；而“包融”还有被“融入其中”、被“包括在内”的意思。在我们日常学习、工作和生活中，“包融”会更频繁地牵动人们的情绪，影响自己或他人的能量，进而影响学习与工作的状态以及人们之间的关系。

【预期成果】

如果你能认真学习并实践本单元的内容，你可以获得如下学习成果：

1. 理解什么是适度包融他人。
2. 掌握适度包融他人的原则和方法。
3. 逐步将适度包融他人修炼成一种行为模式。

【故事启迪】

我是转专业进来的学生，上课小组讨论时，老师让我加入了第一组。因为大家都围坐在桌子周围，我就坐在了外面，被一个同学挡着，虽然大家在交流，但是从形式上，我是一个局外人。当时我心里在想：这个感觉真不爽，不过，等待一下，看看是否会有人觉察到这个状况，然后安排我坐进去。很遗憾，从组长到同学，没有一个人注意到这点，我感到新的班级同学对团队、对新同学不是很友好，挺遗憾……然后我就出去上了个厕所，以摆脱尴尬。

很巧的是，在另一门课上又出现同样的情况。所幸的是，那次讨论是临时小组，我是召集人。当时一个同学在发言，另外两个同学根本不听，在做自己的事。发言的人感觉自己不受重视，说了两句就草草结束了发言。对此我比较敏感，且作为组长也有责任，所以在结束讨论时，提出了自己的看法：“关注，是包融的基础，如果你对团队成员没有一种敏感和关注，实际上包融就缺乏行动基础。我们需要关注每个同学，这或许就是‘不抛弃不放弃’的感受吧！”我的发言获得了同学们的赞赏和掌声，那一次我感受到了很大的包融。

【认识包融】

我们在前边讲了“包融”与“包容”的关系，下边看看在我们日常学习、工作和生活中遇到的一些事例，会帮助我们进一步理解。

事例1　女儿放学回家和妈妈说：“同学都不和我一起玩。”

事例2　哥哥说：“自从有了妹妹，妈妈就没抱过我。”

事例3　朋友说：“为什么你们一起吃饭唯独不叫我。”

事例4　妈妈说：“为什么这么大事你不告诉我一声？”

事例5　同事说：“为什么大家都在这个微信群中，而没有我。”

事例6　下属说：“我们领导召集相关人员开会，却不通知我参加。”

事例7　领导说：“你们坐得离我这么远，感觉在孤立我哈。”

事例8　团队说：“这个人没法合作，我们三观不投。”

……

所有这些都说出了不被包融的感觉。当然，包融要有一个“度”，“过度”则会失去规矩和原则。我们日常学习、工作和生活中，常常会出现包融不足，但也会出现包融过度。

1. 包融不足行为主要有：

（1）团队成员不被关注。

（2）不分享信息给应知情的人。
（3）成员的正当需要不被认可。
（4）没有时间倾听。
（5）意见和建议不被重视。
（6）不允许不同意见。
（7）不允许犯错误。
（8）授权不足。
……

2. 包融过度行为主要有：

（1）回应日常所有人的信息。
（2）听取过多人的意见。
（3）将信息分享给不必要的人员。
（4）想让所有人感到满意。
（5）开会或活动总是低效。
（6）上课睡觉没人管。
（7）班级微信群有不良言论没人管。
（8）宿舍卫生很差没人关注。
……

【包融原则】

上述事例中出现的不包融的情况只是一个表象，背后的原因和本质是一个“接纳”的问题，如何才能更好地接纳，更好地包融，应该坚持“四不”原则：不判定、不分别、不外求、不对立。

1. 不判定，探索复杂人性

我们习惯用大脑构建世界，也会以自己的想法去评判他人。但世界是复杂的，人也是复杂的。世界可能不是我们想象的样子，人也往往不是我们想象的人。所以，不要轻易去判定一个人、一群人，或者是一个组织，乃至社会。常听到有人说，大多数中国人如何，大多数西方人又如何，这只是他个人的认知和判断，不见得是真实情况。具体到每个人、每个群体时，他们都是复杂的系统。我们无法用简单的思维去对一个人进行判定。

从某种意义上说，人和人之间，对方的复杂性往往是自己的盲区，眼睛根本看不见，但无意识中还会理所当然地认为自己真的看见了，于是判定就产生了。判断是难以避免的，我们对其他人的大部分判断在自己还没有觉察时就已经开始了。因为我们每个人都会习惯性地以自己的方式去构建世界，随时处于“下载”的模式。

但我们可以放慢脚步，放慢判断，进而搁置判断。这样，虽然有判断，但我们不会被判断所左右，进而对一个人进行判定。而当能够放慢和搁置判断的时候，觉察力就能开始发挥作用，探索之旅就开始了。而在不断探索之后，我们会发现一个不一样的他人，也会发现一个全新的世界，进而塑造出一个全然不同的自己。

2. 不分别，聆听五彩人生

除了习惯性地构建世界，我们的大脑还会习惯性地给很多东西去构建意义。因此，大脑构建的意义，并不是事实，是可以被讨论和争辩的。

既然如此，每个人的行为，只要不违反法律、不败坏道德、不伤害他人，意义本身无高下之分。对有些人来说，出人头地是最大的意义；而对另外有些人来说，不计名利舍己为人才有意义。所以，追求奉献和牺牲的人值得敬仰；但对于他个人来说，这也是他自己的选择——因为这样的选择，他会获得内心的某种满足。而那些追求金钱名利的人，也有他的价值诉求，也有他自己的生活意义，也是为了满足他自己的某种心理感受，同时只要合法合规，一定也会为社会做出很大的贡献。

奉献牺牲也好，追名逐利也好，人都是为了自己的美好感受而活着的。对每个人来说，都有其现实的意义，因此我们用不着用一种意义去贬低另一种意义，用一种价值去贬低另一种价值。

我们的大脑构建的意义，都是为了满足于自己的美好感受。包融各种价值观的存在，让多种生活的意义共生，才能创造更多的可能性，这个世界才会五彩斑斓。而对他人生活意义的包融，对其自身价值观的接纳，才能构建更好的人际关系，从而形成更大的影响力。

3. 不外求，塑造独特灵魂

每个人都有其独特的品质，而正是因为其特别品质的存在，能够赢得他人认可，从而构建自己的影响力。但要小心的是，正是因为这些卓越品质的存在，我们会被这些品质所限制，最后不但不能构成影响力，甚至还成为杀伤力。

一个正直诚实的人，往往会特别讨厌虚伪，甚至他也希望别人像他一样正直诚实。于是，当他看到身边的人没那么正直诚实时，可能会指责批评或保持沉默，而正是因为他的指责批评或保持沉默，让周围的人看不到他的正直诚实，甚至他对别人的道德评判让人感觉很不舒服。因此，他无法与人们进行很好的沟通连接，他的卓越品质不但没有帮助他构建更大的影响力，相反，它成为人们提升影响力的障碍。

所以，我们每个人都有优秀的品质，但我们不能以我们所谓的优秀品质去衡量他人，因为每个人是不一样的。相反，我们需要更好地修炼自我，同时还能接纳他人。

特蕾莎修女是伟大的，但我觉得其更伟大之处是她从不会以自己的标准去要求别人，而是对身边的人、对这个世界充满爱和接纳，所以才会得到众人敬仰，被人追随，从而构建了巨大影响力，并最终推动人们去改变。否则以她的标准，没几个人能达到，她若以此要求他人的话，岂不每天活在郁闷之中，又哪来那种温暖的气度与光芒？如果她总是以她的道德水平去要求别人，人们不烦死她才怪，她哪来那么大的影响力？

所以，接纳每个人的状态，修炼好自己，世界就会因为你的美好而自然安好。

4. 不对立，看见多种可能

不用非此即彼的“二元论”去看待世界和他人，好人和坏人是基于情景的，对和错也是在特定条件下适用的。如果我们的眼中只有非黑即白，那么我们永远就会看不到那无数深浅不一的灰度，也就失去了看到无限可能的机会。

我们如果非要在A和B之间选其一，那么在无形中就会将A和B陷入对立当中，也会让我们常常陷入两难选择。就如同那个“救妈妈还是救老婆”的古老问题一样，非黑即白的“二元论”，很容易将我们的思维陷入困境，看不到解决问题的更多可能性。

而当我们不再非此即彼，我们发现除了A和B，其实我们还有更多可以选择的余地，也就给了自己更大的思考空间。

世界是多元的，也是复杂的，人是复杂的，家庭更是复杂的，所以我们无法用简单的二元思维解决复杂性问题。而创建系统思维，灵活地“内观自变”才能跳出思维的陷阱，跳出原有的思维框架，共创更优的解决方案。

【案例学习】

相信每个人都是OK的

记得我刚到一家公司负责培训部门的时候，部门里有四个人：小黄、老西、小红和小陆。这四个人各有各的特点。我作为空降的经理，最初的磨合并不太顺利。但我始终坚信埃里克森教练的五大原则之一——“相信每个人都是OK的”，当人们获得尊重和允许，就会感受到莫大的包融，愿意发挥自己的潜力，也必然会有卓越表现。

1. 暖男小黄

其他同事告诉我，小黄上一年的绩效考核结果是C，差点就被淘汰了。也因此当年没有调薪。我跟他谈薪时，他状态比较低落，说“对工作比较困惑，自己一年来没有什么进步，没有发展”。我发现了小黄的模式，团队讨论方案时，他常常皱着眉头，说“我觉得这个方案有点问题”，然后提出一大堆可能的风险和担忧。我问他这些问题如何解决，他说“这个我也没想好”。总结工作的时候，他经常讲一些细节、感性的判断，缺乏逻辑，还有时磕磕绊绊表达不清。领导心情不好的时候，就会直接打断他。

然而我发现他其实很乐于助人。职场上新人很容易遇到“老”人有意无意封锁信息的情况。小黄则给我提供了很多信息，包括以前的工作惯例、资源、要求。也许是感谢他的帮助，我花了很多时间在辅导他。我不断增加他工作的挑战性，他也在每次工作后有所成长。

有一次他担任某项目的项目经理，我们跟副总裁反复讨论，确定了培训的目标。结果第二天他说，目标太大，实现不了，想请我再跟副总裁商量一下降低目标。我有点恼火，提高了音量，说：“项目目标已经讨论过几次，一旦确定，我们的关注点不是目标是否合理，而是该如何达成这个挑战性目标。”我意识到自己有点过激，调整了一下，耐心地说："即使目标过高，但如果我们全力以赴、尽心尽力地去做，即使达不成目标，领导也能够理解。如果你还没开始，就说做不到，如果你是领导，你怎么看？"我和他一起分析项目关键点、可以拥有的资源、可采取的措施，他的信心一点点建立起来。他开始积极推进，投入很多精力，多方沟通协调，并定期复盘，我也始终关注并给一些建议。最后项目结果跟最初的目标有些差距，但领导们并没有责备他。他则收获了很多经验。

后来他担任专家夏令营的项目经理，也取得了圆满成功。我收到好几个经理的反馈："小黄这两年的成长非常明显。"我的付出得到了回报。

2. 资深的老西

老西是公司的老资格员工，是新员工培训的主讲，自我介绍时，他总是自豪地说，他在公司的工号是二十几号，就在几个副总裁之后。他在公司十几年了，曾在培训工作上创造过辉煌，做过一线销售的训练营，人们尊称他为"营长"，这个绰号在公司广为流传，已经代替了他的本名。

有一次，几天没见他，我打电话问，他说："研发部门约我讲课，我看你挺忙，就没跟你说。"除了讲课，其他工作他爱做的做，不爱做的就说"这个我以前都做过了，现在应该让年轻人锻炼一下，我可以指导他们"。

实际上，本来他申请坐我的位置，但公司领导由于某些考虑并没有答应。跟他的相处，花了我不少心思。我发现讲课可以让他获得成就感，他也喜欢被认可，对公司有感情。我表达出对他的尊重，给他空间，做得好的地方及时认可他。他经验丰富，我充分考虑他的建议。他爱做的事情让他做到极致；他不爱做的事，让他指导小黄或小陆去做。

两年多的时间里，我们处得也算不错，他也发挥了他的专长。绩效面谈的时候，他对我尊重他，给他空间表示感谢。其他经理也说，没想到我居然能"容忍"他。而我的想法是，人无完人，他的优势很明显，我关注他积极正向的方面，心态上就会放大他的积极正向，行动上就会用人之长，结果自然是共赢。

3. 积极的小红

小红一个人负责公司文化，她非常敬业，虽然家里孩子很小，但每天都加班到8点多。总是积极主动地策划各种文化活动，写文章，出期刊。

曾经有一段时间由于太劳累，她还得了甲亢。她很注重自身形象，总是穿着非常精致的连衣裙，画着淡妆，典型的职业女性形象。她的绩效总是部门里最高的。是经理最喜欢的不用扬鞭自奋蹄的员工。文化并不是我擅长的，我不打算不懂装懂，我尊重她的专业度，也从不干涉她，每次她征求我的意见，我总说："没问题，我支持你！"我鼓励她给新员工讲文化课，她说："我讲课可不行。"我说："人人都能当讲师！你讲的是你熟悉的内容，而且培训是改变人的认知的最好方式，你可以亲自宣传文化，塑造新员工对文化的认同。"她还是很犹豫。但我的话在她的心里已经种下了种子。

有一次部门会议，每人用15分钟总结工作，她做了精心准备，滔滔不绝讲了40分钟。我趁机鼓励说："看，你太有讲师的潜质了，一气呵成40分钟，你一定要讲课，否则可惜了。"她半信半疑，把老西的授课录音转成文字，背了两周，又在家里给婆婆、先生、孩子试讲了三次。部门内试讲，她得到了大家的鼓励，终于下了决心。她第一次讲课，我全程参加，并给了积极的反馈，学员的打分也很高，她也找到了讲课的成就感。之后她多次表达对我的感谢，说："感谢你鼓励我走上讲台。"后来她先后跳槽到京东、百度，都做得非常好。

4. 有创意的小陆

小陆是个"90后"的高挑美女，比同龄人要成熟。因为在部门里资历较浅，她一直担任新员工培训班主任，负责一些带班会务等工作。她一度因个人感情的纠缠，心情并不是太好。最初她的座位在老西旁边，我让老西辅导她，又花了很多精力辅导小黄，所以并没有太关注她。

绩效面谈时，她说觉得被忽视，没有归属感。而且新员工培训带了几个班，没有新鲜感了。我意识到有点厚此薄彼，立刻调换座位，让她坐在我前面。我更多关注她，加强了沟通。公司上 E-learning 系统，我决定让她负责。她很开心有一个独立项目可以运作。写推广文案时，她提交了两个版本，其中一个是比较传统的文字，另一个是纯“90 后”互联网化的用语。我看到第一句“喵了个咪”就愣住了，再看后面的文字越看越有趣，当即决定，就用这个。她策划的运营举措表现出“90 后”的创意和活力，成为在线学习的代言，有了众多粉丝。

每个人因其经历和个性的差异，同样一件事，也会有不同的看法。没有两个人是一样的。也没有人会按你的想法长成你想要的样子，但这并不表示这个人就有问题，就会干不好工作。

实际上，每个人都是 OK 的。小黄绩效差，正说明需要调整工作方式，以后每一步都是向上走。老西倚老卖老，说明有丰富的经验可以运用。小红被鼓励、激发，潜力就能发挥出来变成“斜杠青年”。小陆资历浅，恰恰不会有条条框框的限制，可以发挥创造性。做一名个人成长教练，相信每个人都是 OK 的，不给人贴标签，接受他们本来的样子，相信每个人是自己生命的专家，就会看到更多的可能性，就会不断地看到他人的改变，活出扩展、精彩的人生。

你从这个案例中学到了什么？是否觉察到、体验到了比“包容”更有能量的“包融”？带着这份能量，开始自己的练习与体验吧！

【个人练习】

1. 回顾自己曾经被排斥的经历（例如被忽视，无人倾听、贡献不被认可等）：发生了什么？你有怎样的感受？这样的经历会带给你什么成长？

2. “己所不欲，勿施于人。”经过此事，你是否能够更好地包融他人。更大的挑战是：如果你下一次再次经历被排斥的情况，你会如何应对？

【团队训练】

1. 反思我和我的团队

（1）我的包融不足：

____

____

（2）我的包融过度：

____

____

（3）我团队的包融不足：

____

____

（4）我团队的包融过度：

____

____

2. 请给出本班“五不准”倡议书

（1）针对班级包融不足和包融过度的现象，进行反思和觉察，找到需要改善的地方。

（2）先小组讨论确定班级“五不准”事项。

（3）确定后写在大白纸上，并郑重签名。

（4）请全班同学对各组的选项进行投票，确定五项。

（5）全班同学举行“五不准”倡议书签字仪式。

【阅读材料】

经理的同理心

在培训课堂上，小齐分享了一个关于她们经理的同理心的故事。

那天，小齐看着屏幕上赫然显示的“释放空间 100 G”，整个人像从高处坠落，倒吸一口凉气，跌坐在椅子上，感觉背上冷汗直流。“我刚刚不小心删除了我工作的所有内容！而这些内容我并没有备份！不，不，这不可能！”小齐希望这只是自己的错觉。

慢慢回过神来，她意识到，她真的误删了有数据的虚拟机。僵坐了几分钟之后，她开始疯狂打电话求助，然而 IT 人员冷冰冰地告诉她“文件无法恢复……”。

她的心慢慢沉入谷底，绝望之下想要引咎辞职，惶恐不安地向经理告知了一切。经理看见她绝望的表情，关切地问道：“文件还能找回来吗?”小齐哭丧着脸说，已经试过各种办法都没有用。经理安慰道：“哦，小齐，没关系。我们都帮你尽力往回找资料。咱们能找多少是多少，那些实在找不到的也没有关系，你会发现你实在找不到的其实对你也没有那么重要。”

小齐恐惧绝望的心瞬间开始回暖，她想：“是的，我不能辞职，如果我辞职了，我的小伙伴们更找不到这些信息，我要通过第三方，通过所有对接人尽力找到我的文件，即便找不到，那我就重新做一遍，我一定要把对我来说最最重要的资料再复原回来!”

小齐感到被包容、理解和信任。她通过查邮箱，找同事帮忙，最后找回了大部分文件。

小齐在课堂上讲完这个故事，同学们都非常羡慕她有一个这么有同理心的上级。同理心（empathy）是识别他人情绪并做出恰如其分的回应的能力。具有同理心的人更加擅长倾听他人、感同身受地理解他人，发现到底发生了什么或者找到问题的根源。小齐讲这个故事的时候，她的经理小芳刚好也在。小芳说：“人都难免失误。小齐人很负责任，心思又重，看到她的表情，就知道她很绝望、自责，她最需要的是安慰和帮助。”

当你能了解对方的情绪需求，并且满足他们的情绪需求，他人就会更加信任你，他们会知道你关心他们，也会愿意协商妥协或者积极合作，从而创造一个双方都满意的对策。

同理心不是同情心。同理心的要素是：站在他人的视角看问题，对对方的观点没有评判，感受到他人的情绪。阻碍一个人具有同理心一是急于改变对方的观点，二是急于改变对方的情绪。比如一个内在动力很强的上级，往往会想替下属做决定，要求下属接受自己的观点。或者一个乐观思维很强的上级，看见员工因挫折而感到低落，会不自觉地鼓励对方，试图激发对方的斗志，但其实对方此刻需要的是理解和安慰。所以更好的方式也许是接纳员工的情绪，倾听，表达支持，让对方有一个空间。让子弹飞一会儿，当对方愿意沟通时，提出一些有力的问题，帮助员工想起以前类似事情是如何应对的，从而找到资源，帮员工转化思维和情绪。

单元12　严格遵守协议

讲课视频　　PPT

早在2000多年前，就有一位睿智的老人——孔子，用毕生的精力著书立说，阐述诚信是人生立身之本，是国家立业之本，是人类发展之本……至今，延绵数千年，其伟大的精神早已深入人心，而“诚信”也早已成为当代大学生的必修一课。面对不诚信的现象时有发生，如何才能真正做到“知行合一”，如何才能将“诚信”这一品质和素质落地，“严格遵守协议”是我们要修炼的第六个行为模式。

【预期成果】

如果你能认真学习并实践本单元的内容，你可以获得如下学习成果：

1. 对于“诚信”，不只“知道”更要“做到”。

2. 能够逐步形成“严格遵守协议”的行为模式。

3. 一旦违反协议，能够按“重回诚信”流程进行修正。

【关于诚信】

诚信作为中国传统伦理道德规范，具有广泛而深刻的含义。概括地说“诚”是指诚实、真诚、诚恳；“信”是指确实、信用、信义。我们再看看“真诚”和“信义”的含义，它的表述更直观和具体，它会帮助我们觉察自己是否真的做到了诚信。

真诚：真心实意，坦诚相待，从心底感动他人而最终获得他人的信任。

信义：讲信誉，言必行，行必果，一诺千金。诚信是指诚实而有信用，既内心善良又能表里如一，言行一致。

与陌生人相处，诚信可以获得好的印象，甚至成为朋友。

与朋友相处，诚信可以获得同样的回报并坚固友情。

与同事相处，诚信可以获得信任以及成长与发展的机会。

与客户相处，诚信可以获得长期的合作甚至丰厚的财富。

与家人相处，诚信是良好家庭关系的基础。

与自己相处，诚信可以让你自律、让你心安、让你仁者无忧。

诚信可以让经济更发达，可以让社会更和谐，让人们更幸福！

【个人反思】

1. 对照上述关于诚信的解释，你给自己的“诚信”打个分，用1～10分来衡量，你会给自己打几分？你做得好的是什么？距离10分还差几分，那个差距具体是什么？

2. 请思考并写下你的观点：

(1) 人会在什么时候不诚实、不真诚？会在什么时候不守信？

（2）上述情况哪些是主观原因？哪些是客观原因？哪些属于品质的问题？哪些属于能力的问题？

（3）你觉得品质问题如何解决？能力问题如何解决？

【关于协议】

诚信是思想问题，是品质问题，也是行为问题、能力问题。如何改进与提升？“行动”非常关键，如果“光说不练”，难以“知行合一”。而“严格信守协议”是达成“诚信”最有效的方式，正如爱默生那句名言：“你的行动已经说明了一切，不必解释。”

这里说的协议包括显性的协议和隐性的协议。

显性的协议，如劳动合同、助学贷款协议、实习协议、考场纪律、口头承诺等。

隐性的协议，如按时上课、按时到会、按时熄灯睡觉、文明公约等。

这里说的协议指对他人，也指对自己。

对他人，如：明天我将方案交给你，或我可以明天帮你做……

对自己，如：我晚上按时睡觉，不玩游戏，不追剧，或我要开始锻炼减肥……

【故事启迪】

故事1　从小到大考试没有作过弊

大三毕业生小陈去参加一家大公司行政助理的招聘面试，前来面试的有10个人，招聘负责人让同学们自我介绍，并说出自己的最大优势。小陈听完竞争对手的自我介绍，还真一时想不出自己还有哪些地方比别人更有优势。于是他对招聘负责人讲了一个老师上课做的一项调查。当时老师说：请从小到大考试没有作过弊的同学举手，全班大约有100人，只有3个人举手，他便是其中一个。没想到这个招聘负责人马上在这10个应聘者中也做了同样的调查。结果只有小陈自信地举起手来。最终小陈如愿以偿地获得了这个职位。

当然，小陈获得这个职位不只是依靠诚信，但诚信依然起到了决定性的作用。

故事2　不按时归还助学贷款

小李是某大学的一名毕业生。2014年4月，为了帮助小李完成学业，中国农业银行某支行向他发放了助学贷款20 000元，该笔助学贷款的到期日为2018年6月29日。

如今，小李已经毕业两年，却一直没有归还这笔贷款。今年6月16日，眼看到了两年诉讼时效的最后期限，中国农业银行把小李告到法院，要求其偿还贷款和利息。和小李一起被推上被告席的，还有该校的另外21名毕业生，他们的情况和小李相似。如果说家境困难、没找到理想工作是客观理由的话，银行方面最不能理解的，就是那些误解助学贷款和恶意不还贷的毕业生。“助学贷款不是国家补贴给我们的吗？需要还吗？”在追讨欠款的过程中他们经常听到这样的反问，欠款毕业生以为助学贷款和国家的粮食补贴一样，都是免费的。更有甚者，明明找到了一份好工作，可就是拖着不还款，直到被起诉后才肯还款。

一边是央行强调进一步完善和落实国家助学贷款政策，加强和改进金融服务；一边却是让银行头痛不已、居高不下的助学贷款违约率……

鉴于这样的现状，各银行纷纷寻求对策，来避免自身利益受损。于是，银行在媒体曝光欠款大学毕业生名单、建立信用“黑名单”等措施一一出炉。今后的个人房贷、车贷、信用卡办理等，都将受到严重影响。要想消除这个信用“污点”，需要把欠款还清，并且7年内没有不良信贷。

故事3　盘子要洗七遍

一个在日本打工的留学生，同其他留学生一样，在课余为日本餐馆洗盘子以赚取学费。日本的餐饮业有一个不成文的行规，即餐馆的盘子必须用水洗上七遍。由于洗盘子的工作是按件付酬的，这位留学生一天来，也得不了多少工钱。于是他计上心头，以后洗盘子时便少洗一两遍。果然，劳动效率便大大提高，他也因此受到老板的器重，工钱自然也迅速增加。一起洗盘子赚学费的日本学生便向他请教技巧。他毫不避讳，说："你看，洗了七遍的盘子和洗了五遍的盘子有什么区别呢？少洗两遍嘛。"日本学生诺诺，却与他渐渐疏远了。餐馆老板只是偶尔抽查一下盘子清洗的情况。一次抽查中，老板用专业的试纸测出盘子的清洗程度不够并责问我们这位留学生时，他振振有词："洗五遍和洗七遍不是一样保持了盘子的清洁吗？"老板只是淡淡地说："你是一个不诚实的人，请你离开。"

为了生计，这位留学生又到了该社区的另一家餐馆应聘洗盘子。这位老板打量了他半天，才说："你就是那位只洗五遍盘子的中国留学生吧。对不起，我们不需要！"第二家、第三家……他屡屡碰壁。不仅如此，他的房东不久也要求他退房，原因是他的"名声"对其他住户（多为留学生）的工作产生了不良影响。他就读的学校也专门找他谈话希望他能转到其他学校去，因为他影响了学校的生源……万般无奈，他只好收拾行李搬到了另一座城市，一切从头开始。他痛心疾首地告诉准备到日本留学的学生："在日本洗盘子，一定要洗七遍呀！"

【个人调查】

你是如何管理你的协议的，这从很大程度上决定了别人认为你是否值得信赖。评估你对自己行为以及对他人影响的自我觉知。

步骤1：给自己的各项协议打分（1～10）。"10"分（严格遵守）；……"1"分（随意违反且毫无悔意）。

1．学习协议

________关于学习的相关协议，我说到做到。

________按时上课、完成作业、参加活动等。

信守学习协议得分：________

2．家庭协议

________按照承诺的时间及时与父母联系和沟通。

________我信守所有对家人的承诺，尤其是对父母的承诺。

信守家庭协议得分：________

3．自己的协议

________我遵守进行锻炼身体的承诺。

________我遵守对拓展人脉、改善情绪管理、健康生活等的承诺。

________我遵守自我确定的其他计划与行动的承诺。

信守与自己的协议得分：________

4．与同学朋友的协议

________我遵守对同学和朋友的各种承诺。

________我遵守与同学和朋友达成的各种协议。

信守与同学朋友的协议得分：________

5．与陌生人或初识者的协议

________我遵守对陌生人或初识者的各种承诺。

________我遵守与陌生人或初识者达成的各种协议。

信守与陌生人或初识者的协议得分：________

我的诚信自评总分是：________

步骤2：反思这些协议遵守起来最为困难的：________________________________

步骤3：没有信守的协议给你带来的直接影响和潜在影响是什么？静下心来去觉察。

____

____

____

____

____

____

____

【修复协议】

为了信守诚信，一是要意识到自己何时在达成协议，谨慎达成协议；二是要说到做到，行为胜过言辞；三是如遇特殊情况不能信守协议，需要重新协商；四是针对打破的协议，要进行修复，重建诚信。

“修复协议、重回诚信”的流程有五步（如图 12－1 所示），可根据实际情况进行顺序与内容调整。

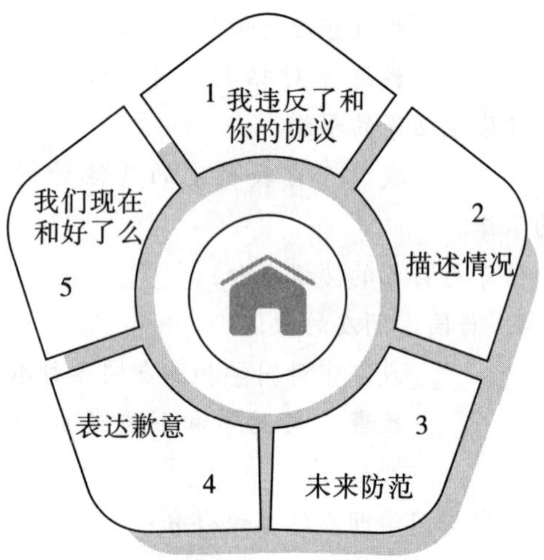

图 12－1　修复协议、重回诚信流程图

（1）承认违反协议的事实。

（2）描述发生了什么。

（3）未来防范措施。

（4）表达真诚的歉意。

（5）确认和好如初。

这个顺序不是刚性的，有人认为应该先道歉，可以，但很多时候对方也许并不接受，我们需要先承认错误，接受对方的不满情绪。

【个人练习】

回忆一件让你印象深刻且未能处理好的违反协议事例，按照“修复协议、重回诚信”的流程复盘一次，看看有无新的觉察。

1. 承认违反协议的事实。

2. 描述发生了什么导致违反协议？

3. 未来会采取的防范措施。

4. 表达真诚的歉意，郑重道歉。

5. 与对方确认是否可以和好如初。

【案例分享】

拓展资源

重承诺是做人做事的底线

下面和大家分享一下柳传志重承诺的故事。

闲暇时间，柳传志喜欢参加一些朋友组织的联谊活动，其中一个就是“泰山会”。泰山会里有个规矩：泰山会一年有两次活动，如果请假，不管什么原因都要罚款。第一次请假罚款 1 万元，连续两次请假罚款 20 万元。

柳传志此前每次活动都会参加，但是今年的两次活动，由于极特殊的原因，他都无法参加。还在第二次活动刚刚开始筹备的时候，柳传志就对秘书说：“你先把罚款打过去吧，别等人家张口了。”柳传志回忆说，上次因为缺席而交了 20 万元罚款的是马云。

柳传志认为不管做什么事，规矩定了，不管是谁，都得拉下脸来执行，否则什么事也做不成：“要不你别定，定了你就坚决做，要不你就把这制度取消，做不到的事你别加在制度里。总而言之，国家定法规，企业定制度，不是越严越好，而是一定要能实现，否则就真的是欺负老实人。”

熟悉联想的人都知道，在联想有一条铁

律——迟到罚站。这种做法从创办之初一直坚持了30年。“我们有过这样的体会，在联想创办之初，大家都说忙，开会总有人迟到，会就没法开。于是公司就定了一条制度，迟到者如果没有请假要罚站一分钟，大家把会停下来，静静看着他，那种场面就像默哀一样，非常难受。”柳传志说。

早前在接受一家媒体采访时，柳传志曾详述推行这一制度时的尴尬：第一个罚站的人是我的一个老领导。他罚站的时候，站了一身汗，我坐了一身汗。我跟他说：“今天晚上我到你家去，给你站一分钟。”不好做，但是也就这么硬做下来了。柳传志自己也被罚过三次，这三次都是他在实在无法请假的情况下发生的。

守时，已经作为诚信最基本的分子融进联想的企业文化里，而在这一细节的背后，其实蕴含着柳传志和联想对自己的一个要求：说到做到。要成为值得信任的领导，你必须具有坚定的信念，或者是价值观、原则、标准、伦理道德和理想，它们驱动你前进。柳传志的“重承诺是做人做事的底线”就是他坚守的价值观和原则，一个领导者说到做到，言行一致了，就是我们的榜样。

【团队训练】

按照如下剧本，全班同学或推荐或招募导演和演员，课下排练，课上表演《诚信摆渡人》，并进行反思和共享。

《诚信摆渡人》情景剧剧本

人物介绍：

坐船人（学生甲扮演）：这是一个功成名就、自命不凡的年轻人，手中拿着折叠扇。

老艄公（学生乙扮演）：一位须眉皆白，头戴草帽，手拿烟斗，神情悠闲的长者。

七个学生，头戴写着各自角色的帽子，各背自己的行囊。

场景介绍：

坐船人：当我经过漫长的人生跋涉，走到这个渡口的时候，我可以非常自豪地说我这一生是成功的！我身旁有七个行囊：

健康：我是健康！

美貌：我是美貌！

权力：我是权力！

才学：我是才学！

金钱：我是金钱！

荣誉：我是荣誉！

诚信：我是诚信！

坐船人：（拍着胸脯，晃着脑袋，一副得意扬扬的神态）这些都是我经过坚持不懈的努力所得来的，它们都是我的珍宝。而现在我将带着我的七个珍宝渡过这个渡口。

旁白：渡口只有一只小船，一位须眉皆白的老艄公正坐在船头悠闲自在地吸着烟，望着远方……

坐船人：（走上前去，深鞠一躬）劳烦船家，摆渡过江多少钱？

老艄公：（转过头来，打量一番，目光停留在“诚信”的行囊上，慢慢露出笑脸）一口价，三个铜钱，包你安全到岸。

坐船人：好！一言为定。

旁白：起初江面风平浪静，过了不久风起浪涌，小船开始上下颠簸。

老艄公：（叹了口气）唉，船小负重，客官须丢弃一个行囊，方可安渡难关。

坐船人：（面露难色）这……哪一个不是我辛劳所得？我怎舍得丢弃？

老艄公：有弃有取，有失有得。

坐船人：唉，我该丢弃哪一个呢？

诚信：留下我吧，虽然你现在感觉不到，但是我是你生命中很重要的一部分，请相信我。

荣誉：留下我吧，我能让你登上人生最高领奖台。

健康：留下我你才能拥有你现在的一切。

美貌：留下我吧，我能让你举世瞩目。

权力：留下我就有指挥和支配的权力。

才学：留下我吧，我能让你学贯中西，博古通今。

金钱：留下我吧，虽然钱不是万能的，但是没有钱是万万不能的。

坐船人走到诚信面前对他说：好，就是它了。

诚信：不要呀，你会后悔的！

坐船人咬紧牙关，狠下决心，把诚信抛进了水里。老艄公稍一愣，面露失望之色。

旁白：过了一会儿，风平浪静。过了一会儿，权力和荣誉忽然大叫：

权力和荣誉：哎呀！我没力气了。（权力和荣誉随后跌落水中）

坐船人：（面露喜色）老人家，趁着浪小，快快摇船吧。

（老艄公瞥了一眼坐船人，停了船桨，径自坐在船头）

老艄公：唉，不摇了。

坐船人：老人家，你这是……

老艄公：要我摇船可以，不过要用你那一袋“金钱”来充当船费。

坐船人：你……（气得说不出话来，但四周水天茫茫，何处是岸？只得气急败坏地将“金钱”扔给老艄公）给你吧。

旁白：又行了一会儿。

老艄公：（摇头叹气）哎哟，人老身子骨不好，没力气摇船了——除非你把“健康”给我，不然……

坐船人：事到如今，我就把“健康”给你。

老艄公：（伸伸懒腰，走到坐船人身边）喂，年轻人，你好人做到底，连同那几个行囊一同给我老头儿吧。

坐船人：你……（大声嚷）当初上船时，你说三个铜钱包我到岸，可如今你却贪得无厌，一再勒索。你……你怎么如此不讲诚信？

老艄公：哈……（大笑不止）“诚信”？你不早将“诚信”抛入水中了吗？与你这等不诚信的人还讲什么诚信？快将行囊拿来，现在我可比你健壮多了。

坐船人一愣，只得乖乖地将行囊给了老艄公。

老艄公：我可先走一步喽。

旁白：老艄公“扑通”一声，跳进水里，不见踪影。坐船人暗自想起被抛弃的诚信，后悔莫及，不禁落下泪来。老艄公突然湿淋淋地爬上船来，将“诚信”抛到坐船人身边。

老艄公：年轻人，我给你把“诚信”捞回来了，记住，从今往后，无论何时，也不能抛弃“诚信”呀。

坐船人：（惊喜交加）你是……

老艄公：（指着自己）我就是诚信。诚信才是人生真正的摆渡人啊。

旁白：坐船人上岸后，又开始了自己漫长的人生，经历这次事情后不论遇到什么艰难险阻他始终坚守诚信，对诚信不离不弃。因为他终于明白失去诚信就会失去一切。慢慢地，权力、荣誉、才学、健康、美貌、金钱都回来了。

权力：立木悬金取信民，王遵国法统先秦。

荣誉：若非结义桃园拜，何苦单骑古堡寻。

才学：汉使流年居北海，南雁带书上苑林。

金钱：诚信是金，真理赋予了诚信，才有金子般闪闪发光。

美貌：诚信是美，心灵美才是真正的美。

健康：面容上有自尊，眼睛里有自信，行动中有把握，生命中有力量。

诚信：学习因为诚信而进步，工作因为诚信而成功，人生因为诚信而精彩，社会因为诚信而和谐。

全体人员：我们呼唤诚信，我们拥抱诚信，坚守诚信。

坐船人：你童叟无欺，一视同仁；我表里如一，我诚实守信。

老艄公：你说话算话，一诺千金；我一言九鼎，一言为定。

老艄公：你君子一言，驷马难追；我张口无悔，一锤定音。

全体人员：我们合作共赢，人人诚信，诚信人人。

（资料来源：http://www.doc88.com/p-997561724051.html.）

【课堂讨论】

我们要“逃税、漏税”吗？

今天现代学徒制班级的课程由他们所在的企业师傅来授课，这堂课让小李和同学们都很疑惑，甚至有点震惊。上课的企业师傅在讲到门店运营时，跟他们说：“最近生意不景气，如果工商税务来门店调查时，你们应该说最低的营业额，这样我们交的税就可以少了……”同学们听后，感到非常疑惑："这不是逃税、漏税吗？这不是违法吗？"课上大家没说话，但是私下已经炸开了锅，我们应该听企业师傅的，还是做一个守法公民？这样的企业我们应该去吗？到底什么是对的，什么是错的？小李将这个问题求教于学校的老师。

小组讨论：

1. 如果你是小李，你会如何面对企业违法违规的事件？

2. 如果你是老师，你会如何引导学生去面对呢？

3. 小组分享各自的观点，教师进行点评。

讲课视频　PPT

单元13　学会解决问题

问题无处不在、无时不在，旧问题解决了，新问题又来了，这是客观规律。我们需要做的是发现问题、直面问题、分析问题和解决问题，而不是无视问题、抱怨问题、汇报问题和上交问题。这个单元我们重点学习如何解决问题，这里涉及的问题主要指来自学习、工作及生活中的实际问题，而心理及情绪方面的问题，我们在单元2至单元5已经给出了相应的对策与方法。学习、工作及生活中的问题会涉及很多因素，而思维方式至关重要。一个人的思维能力越强，越容易透过现象看清复杂事物的本质，降低解决问题的成本，同时也更能清晰地表达自己的观点，更容易说服别人并达成共识与合作。

【预期成果】

如果你能认真学习并实践本单元的内容，你可以获得如下学习成果：

1. 掌握三大思考问题的方式及相关工具，提升思维能力。

2. 通过提升思维能力，增强分析问题和解决问题的能力。

【思考方式】

有一句话影响了很多人——“花1秒钟就看透事物本质的人，和花一辈子都看不清事物本质的人，注定是截然不同的命运。”一眼看透本质及一语中的的洞察力，对很多人来说难度很大，但它可以通过长时间的刻意练习而获得。在吉泽准特的《解决问题的三大思考工具》一书中，给出了三种非常有效的思考方式。

1. 三种思考方式

（1）批判性思考：批判性思考是一种质疑现状，从问题的本质入手，先搞清楚真正想要达到的目的，再去寻找解决方案的探索性思考。在已知的前提下思考“问题的本质到底是什么？有没有更具实践性的做法?”并在已知信息基础上自主地确立要解决的根本问题。

（2）横向思考：横向思考会把目光集中在解决问题的多样性上，然后从中选出最优方案。使用这种思考的方式时，我们会考虑各种可能性，比如“有没有更简单的解决方法?”“如果遇到类似的案例，我该怎么做?”

（3）逻辑思考：逻辑思考是指将事物各要素有逻辑地进行分解的纵向思考方式。当面对一个巨大而复杂的问题时，我们通常会化繁为简地对问题进行切分，然后一步一步展开思考。

2. 三种思考方式举例

“如何将9块巧克力公平地分给4个孩子?”通过这个小小的案例，可以说明什么是批判性思考、什么是横向思考、什么是逻辑思考。

有人最先想到的是分8块，自己吃一块（看起来好像很自私的样子），这样避免了将多出的一块巧克力切分的麻烦，尤其是不规则形状的巧克力，这种思考是批判性思考。有人想到的是每人两块，单独的一块再切分为四等份，这种思考方式就属于逻辑思考。除此之外，还有人想到的是将巧克力融化成液态，放入4个杯子中平均分配，这种方法叫横向思考。拥有这种思考方式的人经常有一些奇特的想法，思维发散能力比较强。

3. 使用三大思考方式的步骤

面对问题，我们需要灵活使用三大思考方式，一般情况按如下三个步骤：

（1）利用批判性思考，从思考问题的本质开始，再去寻求解决问题的方案。

（2）利用横向思考，寻找相似案例，考虑多种可能性，从中选出最优方案。

（3）利用逻辑思考，有效分析问题，化复杂为简单，进而能够解决问题。

我们的学习、工作和生活就是不断地面对问题、解决问题的过程，当我们熟悉掌握了三种思考方式之后，就可以灵活运用，相互配合，用批判性思考分析现状，然后用横向思考探索最好的路径，最后用逻辑思考对问题进行分解。只有将三种思考方式灵活运用，才能帮助我们更好地解决学习、工作和生活中遇到的各种问题。

【看透本质】

现实生活中，大部分人看到的只是事物的表象，却看不透事物的本质。比如，为什么华为手机成功了？很多人的第一反应是：因为华为更注重研发投入和打磨产品。为什么马云喜欢到处演讲？不少人认为，因为马云为人高调，爱出风头。再比如，你觉得造纸企业有前途吗？一些人会脱口而出：人类都进入互联网时代了，造纸企业肯定穷途末路了。但你只要深入地多问一句：难道诺基亚和摩托罗拉就不注重产品研发吗？难道作为亚洲最大企业掌门人的马云，还需要通过演讲来出风头吗？为什么那些上市纸企这几年一直闷声发大财，业绩翻了好几倍？你就会发现，你得到的答案就会完全不同。认知心理学的研究表明：很多人在分析问题时，并不是为了找到真相，而只是为了给自己一个满意的答案。那到底如何才能看透事情的本质呢？

1．搞清问题到底是什么？

例如一家连锁门店，店长发现最近的问题是：业绩一路下滑。

找到的原因是：这两个月团队走了两个得力干将。另外，这段时间，市场上出现了一个竞争对手，同类产品，价格较低，带走了一批顾客，所以业绩下滑。

采取的对策是：重新招募两个得力的销售人员，向公司争取一些商品折扣的权利。

处理的结果是：一个月过去了，门店的销售额确实提升了，但是由于都是打折出售，算上新增的人力成本、团队的运营成本等，利润竟然变为了负数。

怎么办？再降？就会亏更多；不降？市场就没了；裁人？团队就散了。

为什么会这样？那是因为店长只看到了“表面问题”并没有找到“本质问题”。什么是表面问题？什么是本质问题？我们又应该如何找到本质问题呢？

先说什么是“问题”？比如，我问你：你为什么这个月业绩那么差？这不一定是个清晰明确的问题。

如果说，公司给你的业绩目标是100万元，你做了50万元，那么这就是个问题。但是，如果目标是100万元，你也做了100万元，那么对公司而言，这就不是个问题。

要找到本质问题，我们得先看一下到底什么是“问题”？它是如何产生的？

“问题”应该是：期望与现状的落差部分。假设某件事的期望值是B，现状是B′，那么B′→B这个落差部分，才是真正的问题。

比如，门店业绩一直在下滑，你下一步打算怎么办？这个问题，其实就很模糊，怎么算下滑？目标业绩是多少？现在业绩是多少？下滑的比例是多少？过去几个月具体是什么情况？是原来做100万元，现在变成30万元？还是原来做100万元，现在下降到80万元？虽然都是业绩变差了，但这两个问题，显然是不同的问题，一个是要解决70万元差额的断崖式下跌，一个是要解决20万元差额的业绩波动，你给的解决方案当然应该不同。如果是第一个问题，那可能就需要动大手术了，比如降价促销、整个团队大换血，甚至是战略调整；而如果是第二个问题，那么补两个销售，再给团队打一针鸡血，店长带头向前冲，也许就能解决。

因此，要解决一个问题，你得先弄明白问题到底是什么，不要提出类似于“业绩那么差，我们怎么办？”这样的问题。应该是：门店前三个月的业绩分别是100万元、110万元、105万元，而这个月变成了80万元，我们来讨论一下，下个月如何能做到115万元？提出一个精准的问题，是你能找到正确答案的第一步，也是最重要的一步。

2．透过表面问题寻找本质问题

如何能透过表面问题发现本质问题呢？先

别盯着问题看，我们先来看一下这个B′是如何产生的？

比如，我们设定门店本月业绩的（期望值B）=100万元；同时要制定一个实现它的方法，我们假定这个方法是A；那么，理想的状态应该是：做了A，就能完成B（见图13-1）。可现在做了A之后，并没有达到预期结果B，而是达到了B′，这就产生了B′→B的这个落差。也就是我们看到的表面问题，或者称之为症状（见图13-2）。

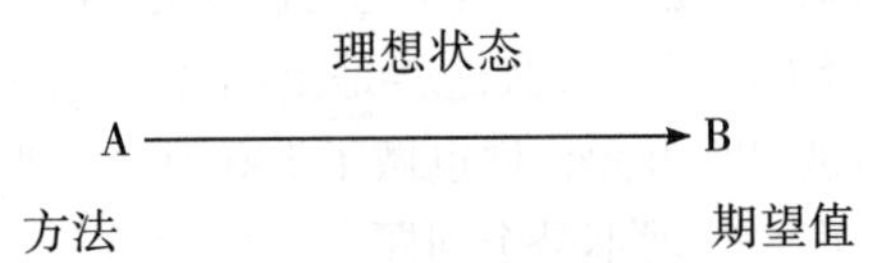

图13-1　理想状态图

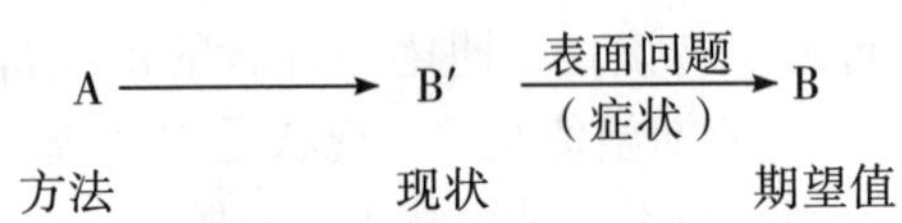

图13-2　现状（症状）图

然后我们就开始分析，B′为什么会产生？结果发现了有一家讨厌的竞争对手，他们降价了！这个因素，在我们当时制定A的时候，没有考虑进去，是一个在过程中突发的变量，我们称之为C。现状B′的出现，它脱不了干系。因此，B′只是症状，而导致这个症状出现的是ABC这三个因素，它们才是更本质的问题（见图13-3）。

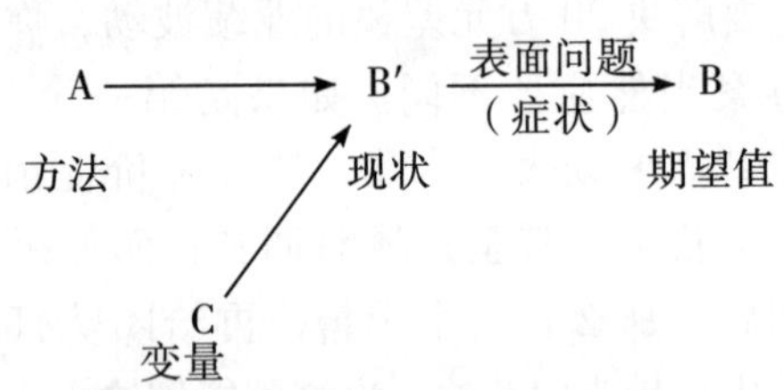

图13-3　变量图

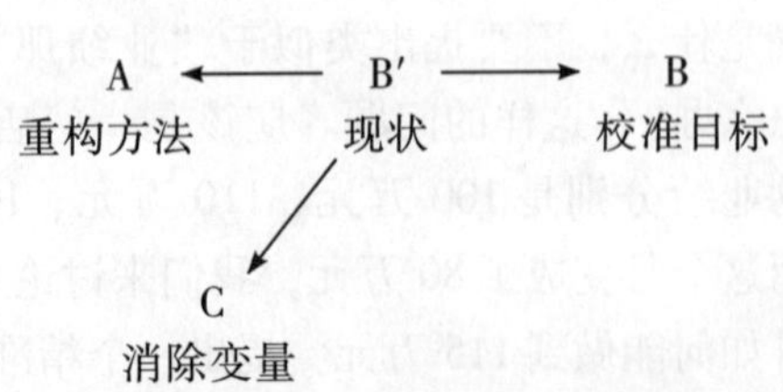

图13-4　透析三棱镜

所以，要解决这个问题，不能只盯着B′→B看，而是要透过B′去看ABC，学者谢春霖称之为“透析三棱镜”（见图13-4）。下面，我们就来说一下这个三棱镜具体怎么使用。

3. 透析三棱镜B：校准目标

遇到问题，就习惯性地找原因，找解决办法，难道你就没想过，是目标本身错了吗？你得先有个合理的目标。比如，如果你的目标是“幸福”，幸福没有标准，每个人对它的定义也不同。既然无法衡量，你也就无法知道与现状落差具体在哪，找不到落差，你甚至连问题是什么都不知道。

没有清晰的目标，你认为的问题就会永远存在，永远达不成，整天感觉自己不幸福，却不知道该怎么办。那如何设定一个“正确”的目标？设立目标一定要遵循“SMART原则”。

S（Specific）：明确的，具体的。比如刚才提到的目标“我的目标是要幸福”这个目标本身没有错，只是办不到而已，因为幸福的定义不明确，所以不知道该做什么才能达成。那怎么办呢？你想要幸福，就一定要有所行动，因此，你可以把这个目标用清晰明确的行动指引来替代。比如：我的目标是有一份稳定的工作，有几个很好的朋友，每周能一起去看次电影，每年去旅行一次。

M（Measurable）：可衡量的。目标是否达成，需要可以被衡量，比如你说“我们的目标就是让客户满意”，那么怎么样才算满意呢？这个无法衡量。你需要加上一组数据维度，比如说“用户好评分，在9.5分以上”，这样就能衡量是否达成了。

A（Achievable）：可达到的。你不能定一个不可实现的目标，你可以先定一个可实现的小目标，如果这个目标能达成，再定一个远一些的目标，就会比较靠谱。不然就会因为目标距离太远，而让自己始终处在焦虑的状态，也不知道下一步该如何改善。这里要强调的一点是，目标的达成，一定是自己的力量可以控制的过程，而不能把目标达成与否寄托在他人或者你不可控的事情上。比如，目标定为“下半年能够升职”，这些你不能控制，因为决定权在对方，你可以改成“连续两个月达到团队业绩第一名”。

R（Rewarding）：完成后有满足感的。你需要衡量，当你完成这个目标的时候，是否能够满足你的成就感？太近、太容易的目标，即便完成，你也不会有愉悦感和满足感，那么这就不是一个好目标，会让你在过程中失去对它的渴求，也就没有了动力。

T（Time-bound）：有时间限制的。一定得有时间限制，不然任何目标都没有意义，比如“我的目标是赚100万元”，那是准备多久达到呢？1个月？1年？10年？还是50年？不同的时间限制，会导致你思考的方式、制订的计划完全不同。如果没有时间限制，这个目标就会成为一句口号，起不到任何作用。

【个人练习】

1. 根据“SMART原则”，确定一个学习目标。
2. 根据“SMART原则”，确定一个其他目标。

除了目标要遵循“SMART原则”外，你还得注意区分目标和手段。我们使用方法A来达成目标B，但往往在过程中，却把A本身当成了目标，这是怎么回事？就比如读书这件事，你定了一个目标，一年要读50本书。到了年底，终于读完了50本书了，然后呢？你感觉好像也没学到什么，读完这50本书能干吗呢？为什么会这样？那是因为，读书是手段，并不是目的。除非你将读书就作为目的。

你应该问：为了什么，我们需要读书？可能是为了要解决某些具体的问题；可能是为了要写一篇学术论文；也可能是为了开阔视野、修身养性、滋养心灵……这样的读书，才能有效果。所以，当你遇到一个问题的时候，第一步应该先检查一下的，你的目标是否符合“SMART原则”？你是否把手段本身当成了目标？目标不对，什么都不对！

4. 透析三棱镜A：重构方法（方案）

A是你为了实现B所用的方法。当问题复杂时，需要是一个方案，这个方案包括了与之相关的人、事、物、时间、地点等。当出现了现状B′，我们会习惯性地再找一条从B′→B的途径，其实这是治标不治本的方法，结果常常让同样的问题重复出现。现状B′不会平白无故地出现，而是由原来的解决方法A导致的。如果不改变原有的解决方案，现状就很难改变。如何才能制定一个有效的解决问题的方案呢？下面是一个思考问题、分析问题、制定方案的基本思路。

（1）本质核心问题是什么？（只能有一个，如果有很多，找到最重要的那个）

（2）这个问题的背景是什么？（来龙去脉，产生的原因）

（3）和现在这个问题有关的人物和因素有哪些？（记住“MECE法则”，用归纳法一一并列出来。这个原则和方法后边会学到）

（4）哪些是导致这个问题的关键原因？

（5）哪些是次要原因？

（6）解决这个问题有哪些方法？（用归纳法，写出所有可能。用演绎法，找到每种方法实施的具体步骤，这些方法后边会学到）

（7）解决这个问题，你现在欠缺哪些条件或者资源？

（8）如何去弥补这些条件上的欠缺？

（9）你的时间规划是怎样的？先做什么？再做什么？然后做什么？

（10）最后一步，just do it。

以上是思考问题时通常应遵循的思维方法，多运用几次之后，你会不自觉地按照这个逻辑去面对任何你遇到的问题。不仅是工作，在日常生活中遇到的任何复杂、让人不知所措的问题，都能轻松化解。

5. 透析三棱镜C：消除变量

如果A、B都没有问题了，B′还是存在，那么就一定出现了变量C。这个C可能是内部变量，比如，发现原定计划A中的某个人并不能胜任该工作，或者团队执行力比预期的要低。这个C也可能是外部变量，比如，你平时非常注意身体的保养，控制饮食，保持运动，可还是感冒发烧了，那就不是A有问题，而是有可能被病毒感染了，这个不可预料的病毒入侵，就是变量C。

那么，我们该如何找到C呢？任何一个“现象”背后一定有“数据”，任何“数据”的变动，背后一定有“原因”。面对一个客观问题，要避免使用“我感觉……”这样的表述方式，比如：“我感觉最近用户的投诉多了……”这样的反馈没有多大意义，这只是你的“观点”，不是“事实”，你要用“数据”来说明，比如：上个月我们的销量是1 000单，共接到2个投诉电话，投诉率为2‰；这个月我们卖了3 000单，却接到了20次投诉电话，投诉率为6.7‰，比上个月足足提高了3倍多，这个问题需要引起我们的重视。有了这个数据够不够呢？还不够，你要继续挖掘更细的数据，比如：这20个投诉电话，分别投诉了哪些内容？然后你发现，其中有19个投诉了产品质量问题，有1个投诉了物流问题……当然你还可以继续追问下去，比如具体是哪些部位的质量问题？占比各是多少？这些产品分别是什么时间生产的？等等。总之，把现象背后的数据分解得越细，看到的问题就会越精准。有了明确的数据，我们才能寻找“导致数据变化背后的原因”是什么。

我们可以使用“N个Why提问法”，也就是连续追问多个“为什么”，来寻找这个数据异动背后的原因。比如：为什么这个月的次品率是上个月的三倍？因为最近销量突然变大，这个月开始日夜两班倒，晚上的次品率比较高；为什么晚上的次品率比较高？因为晚上品控把关不严；为什么晚上会品控把关不严？因为工人们晚上都在偷偷看手机；为什么半夜加班会偷偷看手机？因为最近正好是“世界杯”比赛期间；原来“世界杯”这个外因，导致了产品质量的下降。然后怎么办？打电话给国际足联，让他们把“世界杯”取消了吗？发现根本原因后，你要把之后的改善行动落实在“自己可以改变”的事情上，你无法让“世界杯”暂停，但却可以让工人们不能携带手机进入工厂，这样问题就能解决了。

【思维导图】

如何培养横向思维呢？方法很多，你们在创新创业教育课程中会针对学到。这里只介绍一种工具，即思维导图。它是表达发散性思维的有效图形思维工具，简单却又很有效，是一种革命性的思维工具。思维导图运用图文并重的技巧，把各级主题的关系用相互隶属与相关的层级图表现出来，把主题关键词与图像、颜色等建立记忆连接。思维导图充分运用左右脑的机能，利用记忆、阅读、思维的规律，协助人们在科学与艺术、逻辑与想象之间平衡发展，从而开启人类大脑的无限潜能。思维导图有很多形式，图13-5示意的只是其中一种。

拓展资源

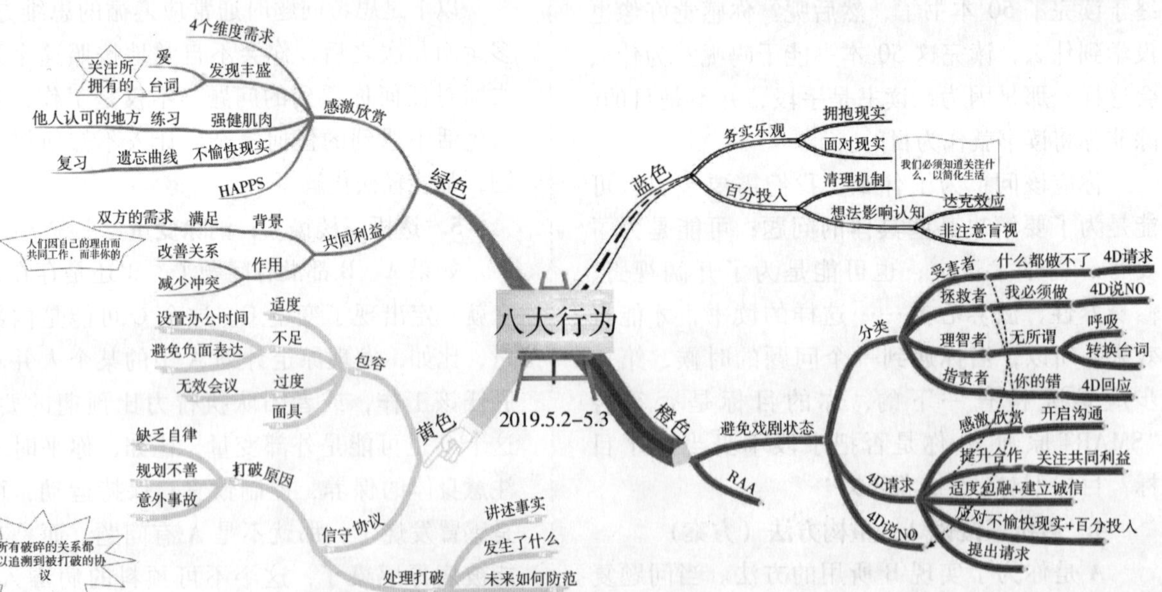

图13-5　思维导图

在分析问题和解决问题的过程中，思维导图可以帮助我们做什么呢？

1. 帮助我们梳理思路

理清思路是非常重要的，无论是讲话、写文章、思考、汇报工作等，都需要思路清晰，这样才能提高效率。思维导图是个很不错的图式工具，它的分支及层次可以很好地帮助我们进行思路的梳理。

2. 帮助我们抓住要点、关键和本质

思维导图是用关键词来做笔记的，所以为了抓住关键词，我们会不断总结、归纳、思考，最终把关键点提取出来。这是思维导图这个学习工具很棒的一个关键。

3. 帮助发散思考和深层次系统思考

思维导图的结构就是发散的，所以思维导图可以迫使我们、帮助我们进行发散思考。人常常是懒惰的，有了方法就不想再去思考其他方法，但往往其他方法更加有效。所以，有个可以引导我们进行发散思考的工具就很有必要了，思维导图正是这样的工具。特别是面对复杂事情的时候，因为思考和记忆是一起的，你要一边思考一边记忆，所以很多人为了提高思考效率，往往把思考下来的重点标在纸上，这样就能够帮助你思考下去了。

4. 可以锻炼进行图式思考

思维导图本身就是一张图，同时思维导图也鼓励我们尽量用图像、图标、图形、符号等来做笔记。使用这些图可以启动右脑，锻炼我们的图像思维能力。

【团队练习】

1. 上网查找相关资料，小组共同学习思维导图的种类、画法。

2. 选择学习或生活中的一个问题，讨论可能解决的方案。

3. 用思维导图全面展现你们解决问题的思路与策略。

前面我们共同学习了如何培养批判性思维和横向思维能力，那逻辑思维应该如何培养呢？下面通过“MECE 分析法”以及“归纳和演绎”帮助大家提升。

【MECE 分析法】

MECE 是 Mutually Exclusive Collectively Exhaustive，中文意思是“相互独立，完全穷尽”。也就是对于一个较为复杂的问题，分析其相关因素，能够做到不重叠、不遗漏地分类，而且能够借此有效把握问题的核心，并解决问题的方法。

“MECE 分析法”由两句话组成，第一句是相互独立，第二句是完全穷尽。怎么理解相互独立呢？比如世界上有男人和女人两种人，男人和女人就是相互独立的。如果我问你，公司的员工年龄结构是如何划分的，你回答说由 20～25 岁，24～30 岁，28～35 岁组成，这种划分方法就不是相互独立的，因为 20～25 岁和 24～30 岁之间有重复，有叠加。怎么理解完全穷尽呢？例如，一周由哪几天组成？你回答说由周一、周二、周三、周四、周五、周六、周日组成，那这就是完全穷尽。如果我问你，一年由几个季节组成，你回答说由春季、夏季、秋季组成，遗漏了冬季，这样就不能称为完全穷尽。

“相互独立，完全穷尽”是一个非常有效的分析方法，你用这种方法去分析身边的事物，去分解工作中的目标，去解决相关的问题，你就会发现自己的逻辑非常严谨，思维会非常缜密。

通常运用 MECE 都是从一个最高层的问题开始，逐层向下进行分解。首先列出你亟待解决的问题，然后将问题拆分成子问题，并保证它们之间互不重叠和干扰。同时保证你把能够想到的子问题全部列出来。实际运用中你只须不停问自己以下两个问题。

1. 我是不是把所有的可能因素都考虑到了，有没有遗漏的？如果有，再去找。

2. 这些因素之间有没有互相重叠的部分？如果有，进行去重。

举个例子，比如你现在遇到的问题是：“我该不该跳槽？”那么对这个问题的分解可以如图 13－6 所示。

（每一个因素按满分 100 分计算）

$$60\times50\%+80\times10\%+80\times30\%+70\times5\%+50\times3\%+40\times2\%=67.8$$

图 13－6　跳槽问题分析图

至于该不该跳槽，取决于你对工作的整体评价要达到多少分、你对关键的因素如“工资”要达到多少分等。

【归纳和演绎】

归纳和演绎是逻辑思维的两个具体方法，简单通俗来说：

归纳，是把具备某种相同属性的事物一一列举出来，然后寻找共通点。也就是说归纳是从个别事实中概括出一般结论的思维方法。

演绎，是把互相之间形成影响的因素，按照事物因果顺序、时间先后顺序、重要程度顺序排列出来，再寻找突破口。演绎是从已知的一般性或普遍性的原理或结论出发，推论出个别的或特殊的结论的一种思维方法。

如：天下乌鸦一般黑（无论每只乌鸦有什么不同，但相同的是“黑”），这是归纳。

又如：没有调查就没有发言权（大前提）；你没有调查（小前提）；你还是别忙着发表意见吧（结论）。这就是演绎。

工作和学习中所有的问题，你都可以把它用演绎或者归纳的形式进行拆分。归纳、演绎和前面提到的“MECE 法则”经常会搭配使用，能把复杂的问题分解成多种单一的因素，这个过程犹如抽丝剥茧，将一团乱麻理得井井有条。

应用举例：你现在是一名助理，刚刚老板告诉你需要帮她订周日的机票飞往北京，可是你发现周日的机票全部卖光了。此时你手上还有三封邮件没有发，下午还有一个会议要参加。

1. 核心问题是什么？（只能有一个）

老板周日要去北京，可是当天航班机票都订光了。

2. 这个问题的背景是什么？（来龙去脉，历史原因）

周一公司在北京将有一场重要的宣传活动，因此老板必须在周日之前赶到。另外，周六老板早上有一个会议，下午就没事了。因此周六下午是老板可以前往机场的时间。

3. 和现在这个问题有关的人物和因素有哪些？（记住“MECE 法则”，用归纳法一一并列出来）

你是老板的唯一助理，这个事情只有你一个人负责。老板要坐飞机，因此关键因素是各大航空公司周六飞北京的航班时刻表以及剩余座位信息。

4. 哪些是导致这个问题的关键原因？

你得知这个事情的时间太晚，错过了最佳订票时间。

5. 哪些是次要原因？

最近是旅游旺季，周末前往北京的人很多，导致航班紧张。但是改期去是不可能的。

6. 解决这个问题有哪些方法？

（用归纳法写出所有可能，用演绎法找到每种方法实施的具体步骤。）

（1）委托自己在旅行社的朋友帮忙，搜寻周日航班尾票，并按照起飞降落时间等将这些信息记录下来。

（2）如果旅行社也没有周日的票，或周日机票的时间、座位不好，就要订周六的票。将周六飞往北京的航班剩余座位信息做成一张统计表，包括起飞降落时间、座舱等级、机场信息、机票价格等，然后将这些信息记录下来。

（3）如果老板不愿意提前一天到北京，那么改去搜寻高铁的时刻表，同样将时间、火车站等信息做记录。

7. 解决这个问题，你现在欠缺哪些条件或者资源？

时间。因为错过最佳订票时间，因此需要尽快在网上搜寻剩余的航班信息。你手上还有其他非常紧急的事情，一个人忙不过来，需要人手帮忙，否则周六的机票也可能订不上。

8. 如何去弥补这些条件上的欠缺？

叫同组的同事或者实习生一起帮忙，告诉他们事情的紧迫性，请暂时手上空闲的人帮你一起搜寻，然后你做信息汇总。

9. 你的时间规划是怎样的，先做什么？再做什么？然后做什么？

今天是周四，早上你还有三封紧急发送的邮件要处理、要回复，下午两点之前你有一个紧急会议要参加。三点以后到下班前你都有时间。因此，现在先委托同事帮忙搜寻航班信息，三点以后你来继续做接下来的工作以及汇总。

10. 最后一步，记住，当你信心满满把你的解决方案呈现给你老板时，绝不能是“老板，我给您订周六晚上 8 点的票吧”这样一句话，如果你这么回答，估计你这个助理干不了多久。

聪明的助理首先会把之前搜集好的信息做成一张简单清楚的表格，将所有航班的起飞时间、机场、航空公司等全部纳入其中，并且还有高铁作为备选方案。

当你把这个表格呈现给老板的时候会说：“老板，根据查询结果，我觉得最适合您去北京的时间是周六下午 3 点半。因为周六早上您有一个重要会议，会议结束之后赶往机场刚好能赶上飞机，降落北京之后您到达酒店的时间刚好赶上晚饭。这个航班的航空公司也是您之前经常坐的，相信他们的服务您也会满意。如果您不想提前一天到北京，我还准备了备选方案，如果您不介意坐高铁的话……”

不要以为给老板订机票很简单，做好了也是需要下一番功夫的，更别提工作中比这复杂得多的问题了。但万变不离其宗，当你在日常学习和工作中，有意识培养了自己这样一套思考问题的逻辑方法以后，久而久之就会形成习惯，以后再遇到问题就能很高效地去分析和解决了。

【个人训练】

反思一个你曾经难以解决或解决不好的问题，用本单元学过的分析与解决问题的思考方式和工具进行复盘，看看你会有什么新发现，能否将这次经历沉淀成你的人生经验。请用文字或图形总结于下：

单元14　坚持细节制胜

讲课视频　　PPT

这个单元要学习的是八个行为模式的最后一个——“坚持细节制胜”。在“做事”方面，我们学会了“坚持要事第一”“100%全力以赴”“努力解决问题”，最终决定成败的就是“细节”了。在“对人”方面，我们学会了“表达感激、欣赏”“关注共同利益”“适度包融他人”“严格遵守协议”后，最终需要坚守的也是“细节”了。前边七个行为模式的学习，我们给出了很多工具和方法，如果可称之为“道”，那么“坚持细节制胜”则可称之为“德”。这个单元是让我们的思想和行为从细节上去践行去坚守前面所学的内容。

【预期成果】

如果你能认真学习并实践本单元的内容，你可以获得如下学习成果：

1. 在做事方面，坚持做精、做细、做实，培养工匠精神，敬业乐业。

2. 在做人方面，坚持细心、用心、暖心，培养道德情操，仁爱友善。

据说世界上寿命超过200年的企业，日本有3 146家，为全球最多，德国有837家，荷兰有222家，法国有196家。为什么这些长寿的企业扎堆出现在这些国家，是一种偶然吗？他们长寿的秘诀是什么呢？研究显示：他们都在传承着一种精神——工匠精神。那到底什么是工匠精神呢？

【工匠精神】

有人说：工匠精神是一种信仰。

有人说：工匠精神是一种涅槃。

有人说：工匠精神是一种手艺。

有人说：工匠精神是一种坚持。

也有人说：工匠精神是一种热爱。

你认为什么是工匠精神呢？

我的观点是：在“要事第一”的前提下，坚持细节制胜，将一份有价值的工作做到极致，并能坚持，且从中获得满足与快乐。

工匠精神并不是舶来品，《庄子》中记载了一个“庖丁解牛”的故事。庖丁给梁惠王宰牛，他的劳动已经达到了一种艺术的境界——“技进乎艺”。“手之所触，肩之所依，足之所履，膝之所踦”，没有不和音律的，已经完全合乎舞蹈与音乐的节奏。

梁惠王问：“你解牛的技术怎么竟会高超到这种程度啊？”庖丁回答说，他是凭借精神与牛的接触，依照牛体本来的每一个细节构建，而不用眼睛去看，就能用很薄的刀刃插入有空隙的骨节。19年了，他的刀刃还像刚从磨刀石上磨出来的一样锋利。“庖丁解牛”的故事告诉人们一个道理，做任何事要功到、心到、神到，就能达到登峰造极、出神入化的境界。

再看故宫博物院的“工匠精神”，它让一代代故宫人不断丰富、传承，让古老的紫禁城、年轻的博物院日益焕发生机、永葆活力、益寿延年、历久弥坚。比如“样式雷”家族，故宫大部分古建筑的艺术结构，都濡染有“样式雷”建筑世家的心血，是这个雷姓家族前后八代，延续200多年，主持清代皇家建筑设计事物的成果。而像这样一个传承不辍的优秀建筑世家，设计出规模如此浩大、类型如此众多、技艺如此卓绝的不朽杰作，不但在中国，就是在世界建筑史上，都堪称无与伦比的奇迹。

“工匠精神”不是口号，它存在于每一个人身上、心中。工匠精神包括而不局限于以下信念：热爱自己的工作，绝无高低贵贱之虑；每临工作现场，必有庄敬之意；长期探寻此业之精髓，力求达到更高之境界；产品和服务讲究细节、追求极致，质量是生命也是道德和人品；以业为生，但不为钱而放弃标准；一旦结识高手，必敬慕之，学习之；祈望自己的所为对后人的价值超出价格，作品能比自己的寿命更长。

【课堂分享】

1. 你最看重工匠精神的哪个方面？你具备工匠精神吗？如果有，是什么？

2. 请分享你个人最用心、最投入、最体现工匠精神的一个事例。

【团队作业】

1. 课后查阅相关资料，找出一个你们认为最具工匠精神的典型案例，可以是一个企业，可以是一个人，也可以是传世珍品，也可以是一门手艺，也可以是工作状态……

2. 小组成员合作制成一个展示上述案例的视频。

3. 将各组完成的视频在全班分享，互相点评。

【课堂辩论】

1. 思考：你如何看待“斜杠青年”和“一生只做一件事”，“斜杠青年”能否具备“工匠精神”？

2. 辩论：正方——探索自我，“斜”出多样人生

反方——专注坚持，一生只做一件事

（注：“斜杠青年”指的是一群不再满足“专一职业”，而选择拥有多重职业和身份的多元生活人群。有调查显示，目前全国“斜杠青年”规模已突破 8 000 万人，高学历青年成为“斜杠”领跑人群。而老一辈的人更强调专注，常常认为要想成功，一生只做一件事。）

【关于细节】

真正的“工匠精神”是一个神圣而高远的境界，如何落地、从何做起是我们要解决的问题。我国古代大哲人老子曾说：“天下难事，必做于易；天下大事，必做于细。”这句话的精髓就是告诫人们：想成就一番大事业，必须从简单的、容易的小事情做起，不可好高骛远。细节，如同沙粒，坚持不懈，或可水滴石穿，或可汇聚江海；细节，如同沙粒，坚持不懈，或可飘扬万里，或可积沙成丘。这就是细节的魅力。所以我们培养工匠精神，选择的是从“坚持细节制胜”这个行为模式做起。

细节是平凡的、具体的、零散的，如一句话、一个动作、一个会面……细节很小，容易被人们忽视，但它的作用不可估量。有些细节会深深地印在我们的脑海中，留下终生难忘的印象；有些细节会改变事物的发展方向，使人们的命运发生转变。对个人来说，细节体现着素质；对组织来说，细节代表着形象；对事业来说，细节决定着成败。

芸芸众生每日接触的大都是一些小事、琐事和平凡事，问题的关键是我们能不能做到“小中见大”“细中见精”“平凡中见伟大”。所以，不论什么样的职业，从事什么样的岗位，具体做什么样的工作，都要重视小事，关注细节，把小事做细、做透，细中见精。这就是细节的实质精髓：细节实际上是一种长期的准备，是一种稳健的积累，只有这种长期准备和稳健积累才会具备成功的机遇，关注细节是一种习惯，做好细节是一种智慧。

【案例启迪】

案例 1

一个钉子失去一个国家

国王查理三世和公爵亨利准备拼死一战，这场战斗将决定谁统治英国。战斗前的当天早上，查理派了一个马夫，让他给自己最喜欢的战马钉上铁掌。

“快点给它钉掌，”马夫对铁匠说，“国王希望骑着它打头阵。”

“你得等等，”铁匠回答，“我前几天给国王全军的马都钉了掌，现在我得找点儿铁片来。”

"我等不及了，"马夫不耐烦地叫道，"国王的敌人正在推进，我们必须在战场上迎击敌兵，有什么你就用什么吧。"

铁匠从一根铁条上弄下4个马掌，把它们砸平、整形，固定在马蹄上，然后开始钉钉子。钉了3个掌后，他发现没有钉子来钉第4个掌了。

"你再等一会儿，我需要点儿时间砸出一两个钉子。"他说。

"我告诉过你我等不及了，"马夫急切地说，"我听见军号了，你能不能凑合凑合？"

"我能把马掌钉上，但是不能像其他几个那么牢靠。"

"能不能挂住？"马夫问。

"应该能，"铁匠回答，"但我没有把握。"

"好吧，就这样，"马夫叫道，"快点，要不然国王会怪罪到咱俩头上的。"

两军交上了锋，查理国王就在军队的阵中，他冲锋陷阵，鞭策士兵迎战敌人。"冲啊，冲啊！"他喊着，率领部队冲向敌阵。

远远的，他看见战场另一头几个自己的士兵退却了。如果别人看见他们这样，也会后退的，所以查理策马扬鞭冲向那个缺口，召唤士兵调头战斗。

他还没走到一半，一只马掌掉了，战马跌翻在地，查理也被掀在地上。

国王还没有再抓住缰绳，惊恐的战马就跳起来逃走了。查理环顾四周，他的士兵们纷纷转身撤退，亨利的军队包围了上来。

他在空中挥舞宝剑，"马！"他喊道，"一匹马，我的国家倾覆就因为这一匹马。"

他没有马骑了，他的军队已经溃退了，士兵们自顾不暇。不一会儿，亨利的士兵俘获了查理，战斗结束了。

从那时起，人们就说：少了一枚铁钉，丢了一只马掌。少了一只马掌，丢了一匹战马。少了一匹战马，败了一场战役。败了一场战役，失了一个国家。

案例2

宗庆后——一个矿泉水瓶盖有几个齿？

虽然我们经常喝矿泉水，但你不会在意，刚刚拧开的那瓶矿泉水，瓶盖上会有几个齿。如果我拿这个问题考你，你一定会嗤之以鼻，因为这个问题太无厘头了。

一家电视台做了一期人物访谈，嘉宾是宗庆后。知道宗庆后的人不多，但几乎没有人没有喝过他的产品——娃哈哈。这个42岁才开始创业的杭州人，曾经做过15年的农场农民，栽过秧，晒过盐，采过茶，烧过砖，蹬着三轮车卖过冰棒……在短短20年时间里，他创造了一个商业奇迹，将一个连他在内只有三名员工的校办企业，打造成了中国饮料业的巨无霸。

关于他的创业、关于娃哈哈团队、关于民族品牌铸造……在问了若干个大家感兴趣的问题后，主持人忽然从身后拿出了一瓶普通的娃哈哈矿泉水，考了宗庆后三个问题。

第一个问题："这瓶娃哈哈矿泉水的瓶口，有几圈螺纹？"

"四圈。"宗庆后想都没想，回答道。主持人数了数，果然是四圈。

第二个问题："矿泉水的瓶身，有几道螺纹？"

"八道。"宗庆后还是不假思索地一口答出。主持人数了数，只有六道啊。宗庆后笑着告诉她，上面还有两道。

两个问题都没有难倒宗庆后，主持人不甘心。她拧开矿泉水瓶，看着手中的瓶盖，沉吟了片刻，提了第三个问题："你能告诉我们，这个瓶盖上有几个齿吗？"

观众都诧异地看着主持人，不知道她葫芦里卖的是什么药。很多人赶到电视录制现场，就是为了一睹传奇人物的风采，有的人还准备了很多问题，向宗庆后现场讨教呢。可是，主持人竟将宝贵的时间，拿来问这样一个无聊问题。

宗庆后微笑地看着主持人，说，"你观察得很仔细，问题很刁钻。我告诉你，一个普通的矿泉水瓶盖上，一般有18个齿。"

主持人不相信地瞪大了眼睛，“这个你也知道？我来数数。”主持人数了一遍，真是18个。又数了一遍，还是18个。主持人站起来，做最后的节目总结：“关于财富的神话，总是让人充满好奇。一个拥有170多亿美元身家的企业家，管理着几十家公司和两万多人的团队，开发生产了几十个品种的饮料产品，每日需要决断处理的事务何其繁杂？可是，他连他的矿泉水瓶盖上有几个齿这么细节的问题，都了如指掌。也许我们可以从中看到，他是如何一步一步走向成功的。”

人们恍然大悟，场上响起热烈的掌声。

案例3

用细节超越顾客预期

小林是某高职院校现代学徒制班的一名学生，在学徒期间用了8个月的时间就成功当上了一家百果园门店的店长，问他的主要经验是什么？他说：“用细节超越顾客期望。如果我们仅仅是为了满足顾客期望显然是不够的，必须超越顾客期望才能留住顾客。只有做到提供的比承诺的更好，才能让顾客收获意外惊喜。”

他所在的店是社区店，大部分客人都是住在小区里面的，她们有时候不想拿衣服下来干洗，小林派送水果时就顺便帮她们把衣服拿下来送去干洗店，洗好再帮她们送回家去，这不也是对客人的一种增值服务吗？很多客人电话或线上买水果时都会顺便叫我们帮忙买些零食之类的东西，他们都会代劳。看到客人买了很多菜拿不了时，也会主动去帮助他送回家。

小林还和我们讲了一个这样的故事：曾经有一位顾客打电话来买了一百多块钱的水果，不知是顾客试探我们的服务，还是有意的或是我们真的做得不够好，在接下来的时间里，连换了2次水果。第一次说这个果品买错了，儿子不吃，让我上门去换。我二话没说，按照顾客的要求，上门帮他重新换了他想要的水果。回来后不到30分钟，那位顾客又打电话来，让我回去，说有一个水果口感不好吃，让我帮他重新换掉。我又一次上门去帮他换，临走时，看到他门口的垃圾桶快满了，就和他说：我帮你把垃圾顺手带下去吧。我以为这只是举手之劳。没想到那位顾客晚上的时候竟然上门道谢，说给我们添了很多麻烦，我们的服务真的让他非常感动，他以后绝对会是百果园最忠实的顾客。后来这位顾客成了我们门店的大客户，他公司用于接待和员工福利的水果全都交给了我们门店采购。

【共同思考】

拓展资源

细节决定成败，那什么决定细节呢？细节只是细心与否的问题吗？对细节的重视与否是由一个人的性格决定的吗？

有些细节需要细心，例如绣花、校对。但是，真正想把“细节”提升到“决定成败”的层面上，只凭细心就远远不够了。决定细节的不只是细心，对于我们常人而言，真正细节之间的较量，是一种观念、责任之间的较量，而这种观念、责任之间的较量，又来自于心理期望值之间的较量。你做的事，超越了对方的心理期望值，对方就会觉得你很细心、很用心、很精心、很暖心。所以，想用细节打动人，你就必须超越对方的心理期待，多想一步，多做一步，才能让对方感到意外的惊喜，只有这样，在对方眼里，你的细节才能决定你的成败。

【关于教养】

俗话说，最贵不过教养。很多人可能都会问自己这样一个问题：教养是什么？

有人说，教养就是让别人舒服，自己也不憋屈。

有人说，教养是不占别人便宜，为别人着想的善良。

有人说，教养是体谅他人的不易。

他们说的都对，我个人感觉陈丹青说得更精辟：“教养就是细节。”

与人相处，最重要的就是要有令人舒服的细节，而最容易暴露出来的就是教养的问题。教养，就是会在细节里出卖你的东西。教养不是道理，是刻入每个人骨髓的不经意。

作家蔡澜曾讲过这么一个故事：当今世界很多大机构聘请职员，最后的面试都在餐厅中进行。主人家故意迟到，看你是不是一坐下来就先点菜不等别人。菜上了，看你拿筷子，姿势正不正确倒没太大关系，那碟炸子鸡，你有没有乱翻之后才夹起一块，就决定了你的命运。吃东西时，“啧啧”有声，更是个大忌。

有些时候，不必从餐桌看到，连面也不必见，听你的电话就能知道。“等一等！”你说。对方已皱眉头，为什么不会说“请等一下”？这个“请”字，难道那么难说出口？其实不是难说出口，只是你习惯了不用“请”，当你不刻意注重礼貌的时候，你的教养就会在这些不经意的细节上一览无余。

而一个有教养的人，他的不经意应该是怎么样的呢？

别人给你倒水时，不干看着，还会用手扶扶。

吃完饭退席时说：我吃完了，大家慢用。

给人递水递饭时一定用双手。

最后一个进门时随手关门。

擦桌子时，往自己的方向抹。

……

教养说起来很大，但做的其实都是细节小事。真正的教养是不需言说的，因为它是一种高贵人格的自然流露。

【个人练习】

下面有60个细节体现教养的行为习惯，一一对照自己，能做到的，请在序号前打“√”；没做到的请在序号前打“×”。

（　　）1. 日常说话时平静淡定，不尖声高笑，不斜眼看人。

（　　）2. 与人目光相碰时浅浅地微笑，看人时眼神不要飘忽，不上下打量别人。

（　　）3. 公共场合，无论站立还是坐着均不宜抖腿。

（　　）4. 打哈欠、打喷嚏时要遮住嘴巴。

（　　）5. 和女生及长辈走在一起时，主动走在靠近车道的一侧。

（　　）6. 主动为女生和长辈提拿行李。

（　　）7. 女生别一遇到稍微需要搬、推、提、装的事情就觉得应该是男生的事。

（　　）8. 与人同行时，在对方有需要的时候，适时递上纸巾。

（　　）9. 别人睡觉时，做事要蹑手蹑脚，尽量不发出声音。

（　　）10. 随手关门时要避免弄出很大的撞击声。

（　　）11. 进出门的时候给后面的人稍微留下门并且点头微笑一下。

（　　）12. 电梯超载的时候主动下梯，哪怕你不是最后一个上来的。

（　　）13. 公交或地铁或其他需要打卡的地方，直接拿出卡来打，不要拿个包在那里蹭。

（　　）14. 坐地铁不抢位置，不吃东西。

（　　）15. 在商场之类的地方乘扶手电梯时，不要和同行的人并排站，主动一上一下靠一侧站，把另一侧留给着急赶路的人。

（　　）16. 坐地铁、公交的时候，主动站到车厢内部，不要堵住车门。

（　　）17. 进电梯时，如果人多，尽量往里站，面向电梯门，排成“U”形，方便他人上下，也避免面对面的尴尬，同时能看清楚楼层。

（　　）18. 公共场合拉椅子时要把椅子抬起，不宜直接拖出来弄出很大响声。

（　　）19. 在演讲的会堂、电影院等场合，起身时，手扶座椅，免得座椅弹回会打扰到其他人，走出时尽量弯下腰，在观众视线以下出去。

（　　）20. 不在拥挤的通道上忽然停下来，注意给人让道，不挡别人的道。

（　　）21. 在人多的地方背着双肩背包要注意背后不要碰到别人。

（　　）22. 男生与女生或小辈与长辈约会吃饭时，男生和小辈要主动为对方拉开椅子。

（　　）23. 点菜时尊重别人的口味，优先让别人点菜。

（　　）24. 吃饭的时候有人迟到要主动起身微笑示意。

（　　）25. 吃饭的时候把筷子架在碗上，或者架在筷子架上，不要直接放在桌子上。

（　　）26. 吃饭不要发出餐具和碗碟刮擦

的声音，不要挑拣，筷子碰到的地方就要夹走。

（　　）27. 长辈没开始动筷子，小辈不要心急开始吃。

（　　）28. 饭桌上转盘时，首先要看一下，有没有人正在夹菜或者准备夹菜。

（　　）29. 嘴巴里面有东西的时候吃完了再跟别人说话。

（　　）30. 最好不要边走边吃（喝）食物和水。

（　　）31. 用吸管喝东西时，避免发出大的声响。

（　　）32. 和家人、朋友聚餐时多多沟通，不要玩手机。

（　　）33. 碰酒时，尽量将自己的杯沿向下靠近对方的杯底，这是一种尊重。

（　　）34. 在食堂吃完饭把餐盘送回时跟大妈说“谢谢”或者“辛苦了”。

（　　）35. 不让眼睫毛涂得太夸张，不让头发上有头屑，不喷过于浓重的香水。

（　　）36. 女生穿短裙坐下的时候要用手顺一下。

（　　）37. 女生穿裙子上楼梯的时候，男生尽量走在女生前面。

（　　）38. 女生长发的话，避免在人群中甩头发，不要将头发甩到后面人的脸上。

（　　）39. 洗完手不要四处甩手，特别是边上还有其他人的时候。

（　　）40. 穿细高跟鞋，往后退的时候先往后看下再轻轻地后退，避免踩到别人。

（　　）41. 不穿太过暴露的衣服，如果胸前衣领宽松，弯腰或俯首时，用手轻轻挡住。

（　　）42. 如果丝袜被勾破应该及时替换，不穿破丝袜。

（　　）43. 不在公众场合直接补妆。

（　　）44. 出门衣服不一定要很新，但一定要穿整齐。

（　　）45. 做客时不要随便坐在主人家床上。

（　　）46. 早上到公司，不管熟悉与否，主动跟大家说“早上好”。

（　　）47. 尊重别人，不对别人的生活和选择品头论足。

（　　）48. 介绍某人或其他需要指人指物的时候伸直五指而不是用食指。

（　　）49. 接到陌生电话的时候，除了说“喂”，尽量在后面加上句“你好”。

（　　）50. 如果是集体活动，请随和一点，跟着大部队走，不要太挑剔。

（　　）51. 有约定的时间，避免迟到，一般提前五分钟到达。

（　　）52. 不开不合时宜的玩笑。

（　　）53. 拒绝他人表白时要表达感激，不示高傲，不以他人的追求为谈资炫耀。

（　　）54. 坐进轿车内的时候不要头先进，应该臀部先进去，头部跟进。

（　　）55. 上车的时候，特别是上别人的车的时候先把自己鞋上的泥抖干净。

（　　）56. 晚上开车的朋友们，遇到对面有行人、自行车或者其他车别打远光灯。

（　　）57. 开车到水洼处绕行或者减速，避免把水溅到旁边的车或者行人身上。

（　　）58. 就算公司有保洁人员，开完会后把空矿泉水瓶带走丢掉，他们会感谢你的。

（　　）59. 对所有为你服务的人员要有礼貌，接受服务后要说“谢谢”。

（　　）60. 不管你是卖家还是买家，在买卖交易完成时，记得先致谢。

请问：你有几项还没做到，是否愿意从细节做起，去提升自己的素质，做一个真正受过高等教育、有着较高素养和情操的大学生。

【阅读材料】

8个细节告诉你，身边的人谁最靠谱

如果让你用一个词来高度评价一个人，你会用哪个词？过去我们夸一个人用得最多的词，无非是“能力强”“聪明”“勤奋”“自律”“努力”……但渐渐地，夸一个人“靠谱”，成了最高级的评价。

股神巴菲特说：“靠谱，是比聪明更重要的品质。”与不靠谱的人交往，是对时间、生命的极大浪费。

这8个细节告诉你，身边的人谁最靠谱。

1. 收到会回复

生活中经常会遇到这样一种人：你通知工作，他迟迟不回复，导致你不知道任务是否传达成功；你找对方咨询一个事情，他仿佛没看见你的信息，但下次他有求于你，就假装什么事情都没发生过一般，又来找你帮忙。他们最容易被列入不靠谱的行列。

收到请回复，看似是一件很小的事情，但是也能从细节之处体现一个人是否靠谱。一个会认真回复他人信息的人，一定是一个有责任心、有礼貌、很靠谱的人。

2. 不占小便宜

“早先拿去的，回头是要加倍偿还”，佛学对此叫“因果循环”，统计学叫“均值回归”，股市叫“盈亏同源”，江湖术语叫“迟早要还的”。爱占小便宜的人，他们喜欢顺手牵羊，锱铢必较，吃不得眼前亏。从当时来看，确实获得了一些小利益和实惠，但最后可能因而失去了做人的诚信与尊严，时间长了就没有人再愿意跟他交往了。

真正靠谱的人，永远不会为了一些蝇头小利投机钻营，更不会处处揩油算计。他们喜欢慷慨地帮助别人，不问回报。他们深刻懂得，自己想要的东西，自己努力获得才算数。

3. 守时

守时，代表了对约定的重视，对时间的珍视。靠谱之人，首先会守时。他们会把自己的生活和工作按照时间表安排得井井有条，不会白白浪费自己和他人的时间。一个总迟到的人，会把他人对自己的信任一点点消磨耗尽。因为他不仅消耗了别人的时间成本，耽误了事情的进程，还让别人意识到他的随心所欲，不讲原则，缺乏契约意识，随之把他列入“不靠谱”之列。

4. 说到做到

当问及一个人是否靠谱的细节时，大家提到最多的一定是说到做到。答应别人的事情，就一定要做到，否则就会损耗他对你的信任。给他人的承诺也一定要兑现。当你答应了别人的请求时，就意味着你身上多了一份责任，一份来自于对方的殷殷期盼。答应自己的事情也一定要做到。很多计划已久的事情，总是被自己找各种借口拖延下去，这其实是一种对自己不负责任的行为，到最后可能会陷入一个越来越迷茫的怪圈。

诺不轻许，故我不负人。不管是对自己还是对他人，做承诺之前，一定要考虑清楚，是否能给出承诺。若不能，坦诚地解释原因，然后优雅地拒绝；如果答应了，无论过程有多困难，即便是会损害到自己的利益，也一定要兑现。

5. 不吹嘘

孔子说：“君子欲讷于言而敏于行。”意思就是，靠谱的人，说话谨慎，行动敏捷。再换句话说，就是嘴上不吹嘘，踏实做好自己的事情。靠谱的人，低调、诚恳。他们靠自己的才能和努力，兢兢业业、脚踏实地来获取事业上的成功，收获威信和他人的信任，从来不会吹嘘自己有多厉害。

而喜好吹嘘的人，刚开始接触时，可能容易让人觉得他无所不能，对他有所好感，但几番接触下来，尤其是遇到实实在在的问题时，他的行为或者做事的效果与他之前夸下的海口严重偏离。踏踏实实做人、实实在在做事，有多大的能力做多大的事儿，这样的人，才经得起时间的考验。

6. 情绪稳定

情绪稳定，不仅是一种高级的情商，更是一种靠谱的能力。在心理学家看来，人在愤怒的时候，容易出现“意识狭窄”现象，会死盯着负面信息不放，无限放大。一个情绪不稳定的人，在心情不好的时候，会习惯性耷拉着一张脸，甚至迁怒身边的人，搞得身边的人不敢正常交流。

还有些人，情绪不稳定的时候，满脑子想着不开心的事情，工作很难集中精力，不仅耽误自己，也影响整个团队的进程。

每个人都会有心情不好的时候，但靠谱的人，不会放任自己沉溺在或悲或怒的情绪里，而是会自己想办法消化负能量，以一种积极饱满向上的态度，对待工作，面对身边的人。

7. 有底线

《孟子》中提到：人有不为也，而后可以有为。靠谱的人，心里都有一条红线，知道哪些事该做，哪些事坚决不做。他们审时度势，克制贪欲，有所取舍，懂得权衡，不会逞一时之快或只顾眼前小利。

无底线之人，他们常常看见小利就红了眼，不择手段来获得想要的一切。殊不知，过犹不及，最终他们不仅伤及无辜、失了人心，而且也赔上了自己的前程。

8．执行力强

前面提到的，可以说是靠谱之人的软实力，而有较强的执行力，能够处理一定复杂的事务，则是靠谱之人的硬核所在。靠谱的人，有能力，有担当，不拖别人的后腿，与之相交，省心又省力。靠谱的人，不仅能完美地处理好别人交办的事情，还能根据需求，主动去找事情做。别人在你身上既看到了确定性，也看到了惊喜，并因此产生了信任。

做一个靠谱的青年，当困难来临的时候，希望你有足够的底气和能力对周围的人说："别担心，有我。"

【个人练习】

"当你的才华还撑不起你的雄心时，那你就应该静下心来学习；当你的能力还驾驭不了你的目标时，那你就应该沉下心来历练。"愿我们每个人都能带着一颗"匠人之心"，不慌不忙地去打磨自己——这件世界上独一无二的艺术品。

请完成一件极具匠人匠心的事情，不需多大，你可从小事做起，例如：

1．化一个精致的妆容

2．做一个精美的手工

3．录一段极美的歌声

4．拍一张极美的风景照

5．搞一次极致的卫生

6．设计一次极为用心的服务

7．表达一次极为用情的心声

8．写一篇极佳的推文

……

附　录

这部分为同学们附上5个拓展学习与课程实践内容，一是郭全美老师从相关书籍上摘录的能够滋养生命的“书香一品”；二是你们的师兄师姐在学完了这门课程后的学习心得；三是课程工具速查表，方便大家查找和使用相关工具；四是工作坊练习手册，与教材中的部分内容会有重复，但因本书是工作手册式教材，需要将训练内容单独列出，便于同学们练习、提交或互相交换学习；五是学习成果——学生成长记录，为同学们每周的学习提供一个反思、总结和固化的平台，让成长看得见。

❶ 书香一品

2018 年 11 月 1 日，管理学院教师发展中心成立小而美公益读书会，书童团的同学们每天清晨轮流在近 500 人的读书会俱乐部群里分享读书摘录，我们把这些摘录的句子叫“书香一品”。寒来暑往，400 多个日子，直至今日，从未间断，每每有某个句段的文字让群里的一些人产生共鸣时，这些学生或毕业生就会自发地在群里送出几朵玫瑰，以示感谢和赞美。

十年前的“一课一语”，三年前的“一日一禅”，两年前的“书香一品”，每个阶段都有同学对我说，老师你分享的这些文字给了我勉励和滋养。2019 年岁末，我重新整理汇编了读书摘录，并应阚雅玲老师邀请，从中选出 100 条经典语句，放置于她的《心智与行为模式提升》一书中。这些读书笔记，在浩如烟海的人文经典中，不过是沧海一粟，希望这“一粟”能引导一些同学爱上阅读，特别是爱上高质量的人文阅读。

涓涓细流，日积月累，假以时日，或许会发现，你的思想变得更敏锐，心地变得更善良，品行变得更温厚，意志变得更坚忍，心智变得更成熟。更重要的是，高质量的人文阅读能让人变得更加达观，这种人生境界，能让我们的血液和骨子既有乐观主义的向阳心态，又有悲观主义的深思情怀，你对内在的人生命运也有了更好的掌控。

读书摘录

1. 我们要知道自己要什么，一是应该要什么，人生中什么是最重要的、宝贵的、真正值得争取的，这就是正确的价值观。二是能够要什么，自己的兴趣和能力在什么地方，做什么事最适合于自己的性情和禀赋，这就是准确的自我认识。有了这两条，内心就会宁静，行动就会从容。

2. 大事有主见，小事能超脱，心态自然会好。相反，倘若价值观错误或动摇，大小事都纠结，心态怎么好得了。

3. 人生不较劲在于，第一，不和自己较劲，对自己要随性。你要认清自己的禀赋和性情，在人世间找到最适合自己的位置，不和别人攀比。第二，不和他人较劲，对他人要随缘。你要明白人与人之间有没有缘，以及缘的深浅是基本确定了的，在每个具体情境中做到大致心中有数，不对任何人强求。第三，不和老天较劲，对老天要随命。你要记住：人无法支配自己的命运，但可支配自己对命运的态度，平静地承受落在自己头上的必不可免的遭遇。

4. 只把物质的快乐视为幸福，只在物质的层面上和人比快乐，这样的人必定永远劳心劳力，无幸福可言。

5. 钱是好东西，但不是最好的东西。所以，第一，不能为这个好东西把最好的东西丢掉了；第二，只要不丢掉最好的东西，这个好东西越多越好。最好的东西是什么？就是生命的单纯和灵魂的高贵。

6. 人生应该力求“两个简单”：物质生活的简单，人际关系的简单。有了这“两个简单”，心灵就拥有了广阔的空间和美好的宁静。现代人却在这两个方面都复杂，物质生活上是财富的无穷追逐，人际关系上是利益的不尽纠葛，两者占满了生活的几乎全部空间，而人世间的大部分烦恼就源自这两种复杂。

7. 节俭对于穷人是必须，对于富人是美德。这里的是节俭，不是吝啬。一个在物质生活上节俭的人，完全可能在援助他人时慷慨。

8. 哲学就是让你从这个局部中跳出来，看一看人生的全景，想一想人生的大道理。大道理之一，是人生中究竟什么是重要的，什么是不重要的。这就是价值观。有了正确的价值观，就会有好的心态。你再回到局部里去的时候，对于重要的东西，你就能看得准、抓得住，对于不重要的东西，你就会看得开、放得下了。你仍然在过着具体的日子，做些具体的事情，但心态不一样了，境界也就不一样了。

9. 好的友谊包含三个因素：默契、欣赏、宽容。

10. 爱情、亲情、友情，是生命中的无价之宝，你要珍惜。为相遇而感恩，爱就在你的心中。为爱而感恩，幸福就在你的心中。

11. 有一种人，无论在私人聚会，还是在公共场合，对任何话题都能滔滔不绝，仿佛无所不知，可是你听了会这么想：他虽然见多识广，但毫无见识。唯有智慧才能赋予知识以生命，使之成为见识。换句话说，智慧是光源，而知识是被照亮的东西。没有智慧，知识只是散落在黑暗中的碎片，散落了一地也白搭。

12. 读那些所谓"无用的书"，那些哲学、艺术、人文方面的书籍，使你拥有智慧、丰富的心灵生活，拥有一个强健的灵魂，因此也就改变了你与外在命运的关系，从而在精神上立于不败之地。

13. 不和时间赛跑。管它时间走得多快，慢慢走，按照自己觉得舒服的节奏走，静心做事情，安心过日子，欣赏沿途的风景。不向时间争分夺秒，不让人生成为争分夺秒的战场，这反而使得每一个当下都完好无损。

14. 幸福是相对的，现实的人生必然包含痛苦和不幸。因此，承受苦难乃是寻求幸福之人必须具备的素质。人生有三个基本的觉醒：生命的觉醒，自我的觉醒，灵魂的觉醒。

15. 人生中有顺境也有逆境，有幸福也有苦难。哲学的智慧能帮助你站在高处，俯视自己的身外遭遇，顺境不骄，逆境不悲。创造幸福和承受苦难是同一种能力。在这种能力中有高贵在言说。

16. 你要记住，不论时日长短，凡真爱都是财富，既丰富了你的经历，也丰富了你的心灵。曾经相爱就是恩，你不可为爱的离去而怨恨。如果你确实看清了那不是爱，而是欺骗，也不要怨，而应该蔑视。

17. 爱是心的能力，一个人必须有健康的心，才能爱。心的健康，第一是善良，有同情心，冷漠的心没有爱生长的温度；第二是宽广，有包容心，狭窄的心没有爱生长的空间。

18. 人生有两个朋友不可缺，一个是你自己，一个是活在好书里的那些伟大灵魂，有了这两个朋友，你会发现你是多么强大而富有。

19. 看一个学生的心智素质好不好，我就看他是否具备了两种能力，一是快乐学习的能力，二是自主学习的能力。简言之，就是喜欢学习和善于自学。

20. 一个爱读书、会读书的学生，即使功课稍差，他将来的作为也定能超过那种功课全优但毫无自主阅读兴趣的学生。同样，衡量一所学校的教育水准，我也要看是否有浓厚的阅读风气，爱读书、会读书的学生占的比重有多大。

21. 人的高贵在于拥有思考真的头脑，体验美的心灵，追求善的灵魂，人生有了精神目标，卑微者就能成为人性意义上的高贵者。

22. 看一个人有没有文化，不需问他的学历，只需看他待人接物的态度，做事的作风，心里就了然了。一个没有教养的人，不论他学历多高，都不能认为他有文化。教养是融为血肉的文化，它似乎无迹可寻，却又无时无刻不表现出来。

23. 一个人不应该全心致力于去改变自己性格，最好的办法是扬长避短，把长处发扬到极致，短处就不足为害了。

24. 一个人简单就会显得年轻，一世故就会显老。

25. 大智慧者必谦和，大善者必宽容，大骄傲者往往谦逊平和。有巨大成就感的人，必定也有包容万物、宽待众生的胸怀。小智者咄咄逼人，小善者斤斤计较，小骄傲才露出不可一世的傲慢脸相。

26. 所谓成功是指把自己真正喜欢的事情做好，其前提是首先要有自己真正的爱好，即自己的真性情，舍此便是名利场上的生意经。而幸福则主要是一种内心体验，是心灵对于生命意义的强烈感受，因而也是以心灵的感受力为前提的。所以，比成功和幸福都更重要的是，一个人必须有一个真实的自我，一颗饱满的灵魂，它决定了一个人争取成功和体验幸福的能力。

27. 人生之大趣，第一源自生命，第二源自灵魂。一个人只要热爱生命，善于品味生命固有的乐趣，同时又关注灵魂，善于同人类历史上伟大的灵魂交往，即使在一个无趣的时代，他仍然可以生活得有趣。

28. 一个不爱自己的人，既不会是一个可爱的人，也不可能真正爱别人。

29. 高贵者的特点是极其尊重他人。

30. 成熟了，却不世故，依然一颗童心；

成功了，却不虚荣，依然一颗平常心。兼此二者心，称之为慧心。

31. 一个人若能做自己喜欢做的事，并且靠这养活自己，又能和自己喜欢的人在一起，并且使他们也感到快乐，即可称幸福。

32. 有的人一生连遭不幸，却未尝体验过真正的悲剧情感。相反，表面上一帆风顺的人也可能经历巨大的内心悲剧。

33. 一个人要拥有内在的丰富，有自己的真性情和真兴趣，有自己真正喜欢做的事。

34. 怎么确定一份职业是否适合于自己呢？应该符合三个条件：一是有强烈的兴趣，甚至到了不给钱也一定要干的程度；二是有明晰的意义感，确信自己的生命价值借此得到了实现；三是能够靠它养活自己。

35. 你只有走进了书籍的宝库，品尝到了与书中优秀灵魂交谈的快乐，你才能知道不读好书是多么大的损失。世上一切真正的好东西都是如此，你必须亲自去品尝，才会知道它们在人生中具有不可替代的价值。

36. 一个人倘若能够通过读书、思考、艺术、写作等充分领略心灵的快乐，形成一个丰富的内心世界，他就拥有了一个永不枯竭的快乐源泉。这个源泉将泽被他的整个人生，即使在艰难困苦之中，仍拥有人类最高级的快乐。

37. 人生最好的境界是丰富的安静。一个人认清了他在这世界上要做的事情，并且在认真地做着这些事情，他就会获得一种内在的平静和充实。

38. 一个人不论伟大还是平凡，只要他顺应自己的天性，找到了自己真正喜欢做的事，并且一心把自己喜欢做的事做得尽善尽美，他在这个世界上就有了牢不可破的家园。于是，他不但会有足够的勇气去承受外界的压力，而且会有足够的清醒来面对形形色色的机会的诱惑。我们当然没有理由怀疑，这样的一个人必能获得生活的充实和心灵的宁静。

39. 我们不妨去追求最好的生活，最好的职业，最好的婚姻，最好的友谊，等等。但是，能否得到最好，取决于许多因素，不是光靠努力就能成功的。因此，如果我们尽了力，结果得到的不是最好，而是次好，或是次次好，我们也应该坦然地接受。在人生中需要妥协，不肯妥协，和自己过不去，其实是一种痴愚。

40. 世上有一些东西，是你自己支配不了的，比如运气和机会、舆论和毁誉，那就不去管它们，顺其自然吧。世上有一些东西，是你自己可以支配的，比如兴趣和志向、处世和做人，那就在这些方面好好地努力，至于努力的结果是什么，也顺其自然吧。

41. 一个自己有人格的尊严的人，必定懂得尊重一切有尊严的人格。同样地，如果你侮辱了一个人，就等于侮辱了一切人，也侮辱了你自己。

42. 凡是顶着“友谊”名义的利益之交，最后没有不破裂的，到头来还互相指责对方不够朋友，为友谊的脆弱大表义愤。其实，关友谊什么事呢？所谓友谊，一开始就是利益的面具和工具罢了。今天人们给了它一个恰当的名称，叫感情投资。

43. 自爱者才能爱人，富裕者才能馈赠。给人以生命欢乐的人，必是自己充满着生命欢乐的人。一个不爱自己的人，既不会是一个可爱的人，也不可能真正爱别人。他带着对自己的怨恨到别人那里去，就算他是去行善的吧，他的怨恨仍会在他的每一件善行里显露出来，给人以损伤。

44. 对于忙，始终要有一种警惕，第一要忙得愉快，只为自己真正喜欢的事忙；第二要忙得有分寸，做多么喜欢的事也不要让自己忙昏了头。其实，正是做自己喜欢的事，更应该从容，心灵是清明而活泼的，才会把事情做好，也才能享受做事的快乐。

45. 世上有一样东西，比任何别的东西都更忠诚于你，那就是你的经历。你生命中的日子，你在其中遭遇的人和事，你因这些遭遇产生的悲欢、感受和思考，这一切仅仅属于你，不可能转让给任何别人，哪怕是你最亲近的人。这是你最珍贵的财富，而只要你珍惜，也会是你最可靠的财富，无人能够夺走。

46. 做人要讲道德，做事要讲效率。讲道德是为了对得起自己的良心，讲效率是为了对得起自己的生命。

47. 爱一个人的最好的方式是：把她（他）

当作独立的个人尊重她，把她当作最亲的亲人心疼她。

48. 不要以成败论人生，也不要以成败论爱情。现实中的爱情多半是失败的，不是败于难成眷属的无奈，就是败于终成眷属的厌倦。然而，无奈留下了永久的怀恋，厌倦激起了常新的追求，这又未尝不是爱情本身的成功。说到底，爱情是超越于成败的。爱情是人生最美丽的梦，你能说你做了一个成功的梦或失败的梦吗？

49. 爱情不论短暂或长久，都是美好的。甚至陌生异性之间毫无结果的好感，定睛的一瞥，朦胧的激动，莫名的惆怅，也是美好的。因为，能够感受这一切的那颗心毕竟是年轻的。

50. 美德的真正源泉是智慧，即一种开阔的人生觉悟。德行如果不是从智慧流出，而是单凭修养造就，便至少是盲目的，很可能还是功利的和伪善的。

51. 弹性是魅力女性的标志之一，有弹性的女人，性格柔韧，伸缩自如。她善于妥协，也善于在妥协中巧妙地坚持。她不固执己见，但在不固执中自有一种主见。弹性的反面是僵硬或软弱。和僵硬的女人相处，累；和软弱的女人相处，也累。

52. 人活世上，难免遭遇痛苦，大至亲人亡故、爱侣别离，小至钱财损失、朋友反目。这类事一旦发生，第一要把它接过来，在心理上承认和接受事实。你拼命抗拒，只是和自己过不去，事情本身不会改变。第二要放下，不把它存在心上。你总存在心上，仍是和自己过不去，加大了事情对你的损害。

53. 爱默生说："有钱的主要好处是用不着看人脸色了。"钱是好东西，最大好处是可以使你在钱面前获得自由，包括在一切涉及钱的事情面前，而在这个俗世间，涉及钱的事情何其多。所以，即使对于一个不贪钱的人来说，有钱也是大好事。但是，倘若有了钱仍贪钱，因而受钱支配，有钱的最大好处就荡然无存了。

54. 人要做成一点事情，第一靠热情，第二靠毅力，我在各领域有作为的人身上都发现了这两种品质。首先要有热情，对所做之事真正喜欢，但单有热情还不够，因为即使是喜欢做的事，只要足够大，必包含艰难和枯燥，没有毅力就坚持不下去。何况人生之中，人还经常要面对不喜欢但必须做的事，那就完全要靠毅力了。

55. 你做一项工作，只是为了谋生，对它并不喜欢，这项工作就只是你的职业。你做一项工作，只是因为喜欢，并不在乎它能否带来利益，这项工作就是你的事业。最理想的情形是，事业和职业一致，做喜欢的事并能以之谋生。其次好的是，二者分离，业余做喜欢的事。最糟糕的是，根本没有自己真正喜欢做的事。

56. 独处是人生中的美好时刻和美好体验，虽则有些寂寞，寂寞中却又有一种充实。独处是灵魂生长的必要空间，在独处时，我们从别人和事务中抽身出来，回到了自己。

57. 真正的善良是不会让人感到有压力的，这给了我们一个辨别真假善良的标准。

58. 天赋，才能，眼光，魄力，这一切都还不是伟大，必须加上真实，才成其伟大。真实是一切伟人的共同特征，它源自对人性的真切了解，并由此产生一种面对自己、面对他人的诚实和坦然。精神上的伟人必定是坦诚的，他们足够富有，无须隐瞒自己的欠缺，也足够自尊，不屑于用作秀、演戏、不懂装懂来贬低自己。

59. 如果上帝给了你一张漂亮的脸蛋，你要留心，这是对你的灵魂的一个考验。如果你的灵魂平庸，这平庸会反映在脸蛋上，把漂亮现形为粗俗。如果上帝给了你一张丑陋的脸蛋，你要宽心，这是给你的灵魂的一个机会。如果你的灵魂优秀，这优秀也会反映在脸蛋上，把丑陋修正成独特。

60. 做成大事的人，往往做小事也认真，而做小事不认真的人，往往也做不成大事。认真本身就是一种素质，一个人要有所作为，就必须具备这种素质。

61. 人活世上，必须有好奇心，有自己的兴趣之所在，有真正喜欢做的事情，才会活得有意思，你也才会觉得生活有意思。一个对什么都没有兴趣的人，他的生活是无趣的，你和他相处也是无趣的。

62. 奢华不但不能提高生活质量，往往还会降低生活质量，使人耽于物质享受，远离精神生活。只有在那些精神素质极好的人身上，才不会发生这种情况。一个人在巨富之后仍乐于过简朴生活，正证明了灵魂的高贵，能够从精神生活中获得更大的快乐。

63. 一个人在处世和做事时必须具备基本的自信，否则绝无奋斗的勇气和成功的希望。但是，倘若一个人从来不曾有过自卑的时候，则他的奋斗是比较平庸的，他的成功也是比较渺小的。

64. 个人不可能有许多朋友。所谓朋友遍天下，不是一种诗意的夸张，便是一种浅薄的自负。热衷于社交的人往往自诩朋友众多，其实他们心里明白，社交场上的主宰绝不是友谊，而是时尚、利益或无聊。真正的友谊是不喧嚣的。

65. 人们往往把交往看作一种能力，却忽略了独处也是一种能力，并且在一定意义上是比交往更为重要的一种能力。如果说不擅交际是一种性格的弱点，那么，不耐孤独就简直是一种灵魂的缺陷了。

66. 读书的收获有两种：一是通过读书知道了自己原来没有的东西，这样收获到的东西叫知识；二是通过读书发现了自己原来已经有但没有意识到的东西，这些东西是自己感悟到的，但好像一直沉睡着，现在被唤醒了、激活了，因此获得了生长、开花、结果的机会。这样收获到的东西，称之为智慧。

67. 真正富有人道精神的人，所拥有的不是那种浅薄的仁慈，也不是那种空洞的博爱，而是一种内在的精神上的丰富。因为丰富，所以能体验一切人间悲欢。也因为丰富，所以对情感的敏锐感应不会流于病态纤巧。他细腻而不柔弱，有力而不冷漠，这是一颗博大至深的心灵。

68. 爱情是人生的珍宝，当我们用婚姻这艘船运载爱情的珍宝时，我们的使命是尽量绕开暗礁，躲开风浪，安全到达目的地。谁若故意迎着风浪上，固然可以获得冒险的乐趣，但也说明了他（她）对船中的珍宝并不爱惜。

69. 从一个人教育孩子的方式，最能看出这个人自己的人生态度。那种逼迫孩子参加各种竞争的家长，自己在生活中往往也急功近利。相反，一个淡泊于名利的人，必定也愿意孩子顺应天性愉快地成长。

70. 心灵和胃一样，需要休息和复原，独处便是心灵的休养方式。当心灵因充分休息而饱满，又因久不活动而饥渴时，它能最敏锐地品味新的印象。

71. 创造力无非是在强烈的兴趣推动下的持久的努力。其中最重要的因素，第一是兴趣，第二是良好的工作习惯。通俗地说，就是第一要有自己真正喜欢做的事，第二能够全神贯注又持之以恒地把它做好。在这过程中，人的各种智力品质，包括好奇心、思维能力、想象力、直觉等，都会被调动起来，为创造做出贡献。

72. 匠人精神说到底，就是“认真”二字。这个认真体现在工艺上，是手的认真。手是受头脑和灵魂支配的，手的认真，前提是头脑认真和灵魂认真。哲学的用处，就是让你具备这两种认真，第一灵魂认真，要寻求人生的意义，追求善；第二头脑认真，要独立思考，追求真。有这两种认真，手才会认真，做出的作品才会美。

73. 在今天的时代，匠人精神具有特殊意义。今天时代的特点，第一是快节奏，人们生活得匆忙而喧闹，匠人相反，安静而有定力，是健康生活的示范。第二是互联网一统天下，人们越来越多地生活在虚拟世界里，匠人相反，手工制作的过程和作品都是可触摸、有人情味的，从而使得世界也比较可触摸和有人情味。

74. 人只要努力，努力再努力，你自己也可以做自己的贵人。

75. 凡是涉及别人的言论，应该三缄其口，慎之又慎。

76. 牙齿是硬的，舌头是软的，到了人生的最后，牙齿掉光了，舌头却不会掉，因为柔软，人生才能长久，硬反而吃亏。

77. 一个人能忍受多少屈辱，就能有多少成就；忍，是天地间最尊贵的包容雅量；忍，是宇宙中最伟大的和平动力。奋斗可以拉伸生命的长度，磨砺可以延展生命的宽度。

78. 最好的管理，就是自己管好自己；最坏的管理，就是自己言行不一。

79. 会利用零碎时间的人，如同善于储蓄者，久而久之，积少成多，便是一份额外的收入。零碎时间，一样可以成就很多事业。

80. 能不计较小事，便能减少心灵上的负荷。能不听人闲话，就能避免不必要争端。

81. 顺境要收心，逆境要放心，越是在逆境中，心越不能着急、焦虑、冲动，越应少想负面的事，多想好的一面。令心平静下来，踏踏实实反省、规划、落实。

82. “生气”是一种思维习惯，要改掉一个坏习惯，最好的办法莫过于培养一个好习惯。在平常的生活中，要多练习去看一个人的优点和付出，增长自己的感激之心，慢慢就能屏蔽生气的心。

83. 焦虑是比较带来的。越是自己没有什么，越是会去看别人有什么，截取彼此生命中的两个部分摆在一起，于是看不见自己拥有的，也看不见别人苦恼的那一面。

84. 自信是相信自己可以，傲慢是觉得他人不行。人要有自信，但不应傲慢。

85. 人不要与别人去比较。人生就像开车上路，可能这一段路两辆车并行，但其实来的地方不同，去的地方也不同，各自都走着自己的路。有时候你自己憋着劲要去比快慢、前后，别人可能毫无意识，而下一个拐弯大家就各走各的了，这样的比较有什么意义呢？更用心走自己的路，更豁达地对待身边的人。

86. 如果跟别人比较的目的是为了提升自己的能力，那遇到比自己更强的人就会高兴，因为可以向他学习。所求不同，遇境的心态就不同。

87. 与人沟通不是要去说服别人，而是要去了解别人。

88. 为什么懂得很多道理，却依然过不好这一生？因为道理是道理，自己是自己。所谓“懂得”道理，是别人总结出来的，自己听懂的跟自己思维得到的、生活中落实运用的，是两回事。

89. 生命是一个成长的过程，对人对己都不要着急，给成长留出时间和空间。

90. 有一句话是：“哀怨自己没有鞋子，却忘了还有人没有脚。”不要把注意力都集中在自己失去的和没有的上面，要珍惜当下，接受现状，做好自己该做的。

91. 要特别注意自己的起心动念、言谈举止，多起善念，多说好话，多做好事。

92. 积极的语言才可以把你带向美好的人生。

93. 学会说爱语，说柔软的话，说利他的话。

94. 内心刻薄，才会嘲笑别人的短处。

95. 说话不知轻重，这实际上是内心糊涂的一种表现。

96. 外在的物质，我们真正需要的并不多，都是想要的太多。

97. 记住别人的好，对他们的缺点宽容一些，时间长了，我们会满眼都是别人的好。我们心里记住别人的好，那么这个世界就有多美好。

98. 人们总是喜欢要求别人怎样对待自己，却很少要求自己如何对待别人。

99. 别把自己看得过于重要，人际关系就会变好。

100. 愤怒的时候，克制自己的妙招是去想对方的好处。

注：以上语句摘录于以下文献。

[1] 周国平. 人生不较劲［M］. 桂林：广西师范大学出版社，2015.

[2] 周国平. 觉醒的力量［M］. 桂林：广西师范大学出版社，2015.

[3] 周国平. 人生哲思录［M］. 上海：上海辞书出版社，2011.

[4] 周国平. 愿生命从容［M］. 北京：北京十月文艺出版社，2015.

[5] 周国平. 周国平微博摘录［EB/OL］. https：//weibo. com/u/1193111400.

[6] 朱光潜. 朱光潜谈修养［M］. 上海：华东师范大学出版社，2017.

[7] 星云大师，刘长乐. 包容的智慧Ⅱ：修好这颗心［M］. 南京：江苏文艺出版社，2010.

[8] 学诚法师. 家家有本难念的经［M］. 天津：天津人民出版社，2018.

[9] 学诚法师. 好好说话［M］. 广州：广东人民出版社，2018.

❷ 学习心得

学习心得1

大一第一学期为期两周的“心智与行为模式提升”课程已经结束，与其说这是一门课程，不如说这是一场救赎，至少对我来说，阚老师就像是一位愿意倾听我内心的医生，她会渴望了解我，她会想知道我内心中最真实的想法，她用她的温暖，治愈着我。

我是一名分裂型抑郁症患者，白日里我活泼爱笑，积极向上。可是，一旦黑夜降临，我内心便孤独而压抑，我渴望被倾听，我总觉得自己是不讨人喜欢的，我想自己一直都是在努力逃离同别人的对照中的，我总是一面自卑一面自信地矛盾着。阚老师轻声细语娓娓道来的时候，她看着我说话，我总觉得全世界只剩下我和她了。世间温柔有十分，八分在神爱世人，阚老师温柔如同一碗粥，她是温柔本身。

阚老师说过：“去适应你不能改变的，去改变你不能适应的，如若都不能，那就离开。”我其实很想和老师说：“老师啊，这句话本身并没有错，你说得很对。可是离开在我眼里，就是死亡，就是解脱。”

带给我莫大帮助的并不是4D让我了解到我的天生个性，也不是AMBR或HAPPS工具箱，更不是如何4D谋事。而是在周二那天阚老师抱着我转了一个圈，虽然老师也打趣说我太重了，但我的第一反应并不是为什么老师这么瘦弱居然抱得起我，而是受宠若惊、难以言喻当时的心情，便匆忙逃离。因为，我已经很久、很久，没有被拥抱过了。我记得我看过一部电影，讲述一个小女孩和妈妈的故事。女孩对妈妈说：“你从来没有抱过我。”可她妈妈却说：“你从来都没有这样跟我要求过。”

今天阚老师说找伙伴给出对自己的评价的时候，我第一个就想到了她，我的目光一直放在阚老师身上期待得到回应，我鼓起勇气走过去，说：“老师，我觉得你是一个很温柔，很温暖，很治愈的人。”老师说我是那种放在人群中一眼就能被关注到的人。我是个情绪一激动便会崩溃大哭的人，不论是悲是喜。所以当时我的眼泪就夺眶而出了，我真的感动。我一直渴望被认可、被发现、被了解。我至今不明白我当时为什么会急切想要走过去同她讲这些，我猜，我可能是太想和阚老师交流了吧，她是那么的温柔，只静静站在那里不说话，就十分美好了。虽然只是一时一地如此短暂的相处，但已足够我花费一生去怀念、去感激。

课程结束准备离开的时候，我再次和阚老师拥抱，我小小的心灵再次受到抚慰。我是如此期待讲台上能再一次有她的课。

感恩阚老师，感恩遇见阚老师。

学习心得2

关于这次课堂总结，我想说，首先感谢老师，老师有很多话都说到我心坎上了，让我觉得很有感触，特别是对爸爸妈妈说感谢。

我觉得我以前很少对爸爸妈妈说感谢，甚至曾经我是恨他们的，他们给我的童年造成了很大的影响，若非我姐姐，可能现在的我早已经在初中时候就不再读书。所以我曾经觉得不管后来他们怎么对我好，那是理所当然，那是他们欠我的，只是到后来，我看开了，我经历了他们的工作，我才知道他们是多么不容易，所以我特别感谢老师教我的换位思考。看待事物不能只看表面。

就像小时候，可能您不知道我小时候经历了啥！我给您说说，我从小是在外婆家长大的，6岁才接回家，在我有记忆以来，父母每天吵架，爸爸爱酗酒，每天醉得像泥一样，回来就跟妈妈吵架打架，一个月能打大半个月那种，家里经常打烂门、家具，小时候家里也不是特别富有，大部分钱都被父亲拿去赌博、喝酒了，晚上喝醉酒就回来打架，然后妈妈就拉着我去隔壁家睡，有时候还以刀相对，每天我都是那种哭着去找人来帮忙拉开他们的，后来妈妈在厂里面睡，剩下我一个人在家，那种感觉特别怕，总是一个人躲在房间里不敢出来，还试过一晚上两次去警察局接我爸，原因是他砸了别人的店，幸亏是他朋友的店，后来我去接他差点还被他打了，那是我第一次恨这个家，我恨我妈妈为什么要丢下我一个人，我恨我为什么有一个这样的爸爸，身边的朋友他们的家都很幸福，从小我就是自己做饭吃，我比很多人都会隐藏自己的内心，我不想让人知道我的过去，我的家庭。直到初二那年，爸爸可能也知道自己曾经做了很多错事，对不起妈妈，然后不想妈妈出去工作那么辛苦，所以借钱开了一个奶茶店给妈妈打理，然后我就开始在家里帮忙，可能那时候不是很懂事吧，觉得家里在剥削我的时间，我从初二到高三开始，每当放假，都在家里帮忙，我特别羡慕能在外面玩的人，因为我只能在家里工作，我出去玩，总是玩一会，家里电话就要我回来工作，打篮球打到一半，突然父亲开车来接我回去，慢慢地，我也放弃了我的爱好，只在店里工作。朋友们因为知道我不能出来，所以后来有什么活动他们都不再叫我了。后来慢慢长大，开始体会父母的不容易，我也知道爸爸为什么那么爱喝酒，借酒消愁，都是为了生活。姐姐曾经跟我说，妈妈跟她说很后悔当初把我一个人丢在家里，在那一刻，我释然了。妈妈还是爱我的，可能只是曾经做错了。所以我特别感谢老师，在你的课堂上发呆，是因为有时候你说到我心里，我在想我以前的种种经历；在你的课堂上爱笑，是因为我找到我想要的答案了。我也感谢我的组员，相遇便是缘分，我觉得他们都特别好，特别有想法，真的谢谢老师、谢谢同学。

学习心得3

在这两周的心智课的学习过程中，我的感触很多，以前很多没有想开的事和心结都逐渐改变和打开了。心智模式影响了我的思想和对周围事物的看法，也影响了我的学习和生活方式。

老师教给我们的4D天性，让我知道了自己在天性上的优点与不足，知道自己擅长的方面和该如何做到扬长避短。慢慢地往自己不足的蓝色和橙色这两个方面“修圆”，更加地完善自己，让自己往全能这一方面靠拢。

老师教给我们的4D工具箱，让我茅塞顿开，学会了从另一个角度寻找出发点和关注点来看问题。学习“红转绿”，让我学会了换位思考，不是所有事物都只有坏的一面，换个角度来看问题，就会发现它好的一面，把不好的情绪想成是对自己的磨炼，让自己变得更好。我也就以前很多关于校园生活、家庭生活中没想开的事情，以一个全新的角度看待它们，使我能够以一个全新的自己接纳自我和生活。

老师展开的课程活动，我们团队从一开始的不融洽到后来的敞开心扉一起交流，达成共识，一起完成老师布置的任务。在这个过程中我们学会了要善于沟通，沟通是人与人之间相互交流、取长补短、实现双赢所必需的方式，一个沟通能力强的人必定会不断注意改善自己的心智模式，这是今天成功人士的特征和重要的基本条件，因为只有沟通才能消除各种误解，把竞争对手变为合作伙伴，才能达到双赢的成就。

感谢老师，教会了我如何转换思维去看问题，我以前都没想过换一个关注点、换一种角度去看就会发现它们良好的一面。谢谢老师能让我学会这么多东西，我会在今后的生活中学以致用的。

学习心得4

通过对“心智与行为模式提升”这门课的学习，我感觉自己最大的收获就是终于可以正视自己，打开了心扉，表达自己最真实的情感了。

我是学生，同时也是一位入行十一年的京剧演员。我刚上小学的时候，父母就外出南下创业了，将我留给祖父母照顾。但祖父母年纪大了，且祖母的身体一向不好，无奈我被送进了京剧班和寄宿学校，每个月只回家两天。我可以说是个懂事的孩子，我理解我的父母要为生活打拼的苦楚，我只能压抑自己的情感，包括对家的思念，对父母的爱。

我的师傅对我很好，他不仅对我有再造之恩，在我很多迷茫的时刻给我指引，我们师徒之间更是忘年交。但其实我很对不住我的师傅，因为我对于京剧说不上是热爱，只能说是习惯了，习惯了每天的练功吊嗓和排练演出。作为京剧演员，特别是男旦演员，最大的痛就是不被理解——有时你再努力，也不过是他人眼中的“戏子”“妖里妖气的伪娘”。这些都是我无法忍受的，我一边拼命想去改变别人的看法，一边极力在师傅面前表现自己对京剧的喜爱。

在不断的压抑与伪装中，我成了一个不真实的自己，一个连自己都看不清楚自己的人。

但在经过两周的“心智与行为模式提升”课后，我第一次重新认识了自己，我开始不理解自己为什么要压抑和伪装，我为什么不把自己最真实的情感表达出来？为什么要一味在意别人的眼光而不是做好自己呢？

我卸下了脸上的油彩，脱下所有的伪装，不再逃避，我决定活成最真实的自己，向我爱的人表达我最真实的情感，做好自己，过好每一天。

学习心得5

不知不觉，两周的“心智与行为模式提升”课程就结束了，这也意味着我们这个学期也快要结束了。在这两周的课上，我学到了很多很多，虽然我上课基本都在看手机，但老师说的话我是听进去了，老师讲的每一节课都是满满的“鸡汤”，老师的这些“鸡汤”比我看那些“鸡汤”书更加充满力量、更加贴近我们的生活，也让我感触良多。

在老师课上，最让我记忆深刻的是恋爱和感恩。第一个是在恋爱问题上，我也困惑了很久很久，一到晚上，我的脑海里就会情不自禁地想起往事，每想起一次，感觉自己的内心就像被刀刺一样，那种扎心的感觉真的很痛，我也不止一次试过去喝酒灌醉自己，也试过自己一个人半夜两三点去风雨操场坐着，但是都无济于事。听到老师心智课讲的那些，我真的深有体会，每当老师一讲到这个话题，我都是强忍着，不能将内心感情表露出来，因为我怕自己会忍不住哭出来，老师讲的很多东西也讲到了我的心坎上，上了老师的课后，我也感觉自己的那种难受有了一点缓解。第二个是感恩，在感恩这方面，我是愧对于我的父母的，在初二到高二这几年里，我跟我的父母基本上每个月都会吵架，尤其是在初二的时候，吵到我要离家出走，每周都是半夜一两点才回家，也是上了大学之后，才有了好转。老师这几天讲的很多都是关于感恩的，我知道自己愧对于父母，所以我也下定决心要好好报答父母。这就是两周心智课带给我的收获。

学习心得6

我学习了这门课后，收获最深的便是换位思考。我天生个性是橙色嘛，喜欢有一说一，不拐弯抹角，从小我就对父亲一有空就去赌博很反感，甚至做出过一些很极端的行为。公然顶撞，甚至是在外面看到他在赌博就直接上前去质问他，为什么破坏了我们之间的约定，一度把他越推越远，拒绝他的靠近，自己也不去靠近他，父女关系一度僵化。亲人间的劝告我拒绝接受，因为那种想法早已根深蒂固了，轻易是改变不了的。可是我在听老师您讲课的时候，也在反思自己，这样做我能得到什么，破碎的亲情吗？我的行为是真的好吗？因为已经影响到了自己的妹妹，让她也变得和我一样，虽然母亲也跟我们讲不能这样对待父亲，可是还是会在不经意的时候伤害到彼此。在课上，“换位思考”这个词触动了我，是谁在我需要帮助的时候出现，默默地做着为我好的事，那么辛苦地工作着，就为了我能生活得更好，可是我却是只记得他不好的地方，好的地方都不记得了。人要学会感恩，我想，我有做到感恩吗？我不过是在一直埋怨罢了。上了这门课程后，我想我找到怎么和父亲修复关系的办法了，我决心要修补这个家的关系。心怀感恩之心，没有父亲的付出就没有今天的我，更没有这么好的生活，我想修复这段关系，这是最直观的想法。记得上个周末时跟父亲聊天时，从他的话语中，我听到了原来父亲也是需要爱的。我想我应该经常跟父亲聊天，敞开各自的心扉，让他也知道我已经认识到自己的错误了，以后我会好好地爱他的。

学习心得7

首先很感谢阚老师给我们2019级工商企业管理（徒）（1）班上了“心智与行为模式提升”这门课。从刚开始知道这门课是阚院长教的，心里莫名地有一种恐惧感、敬畏感。但后来阚老师给我的印象是一种慈爱、温暖的感觉。到最后对阚老师只有敬畏、尊敬。感觉阚老师真的很有影响力和感染力，完全没有了当初的恐惧感。

通过这门课，我对人、事、物都有了一个全新的认识。看待事物，会从多方面的角度去看待了，也明白了这个社会需要正能量。多跟正能量的人在一起，久而久之，自己也会变成一个正能量满满的人，从而也会影响到身边的其他比较消极的朋友。无论是对自己个人、对朋友、对家人都收获很多。

对个人在情绪上的控制，看待事物的角度都比以前上了更高的一个境界。对朋友更多地会去相互包容、相互理解。毕竟相识相聚不易，能够聚在一起便是缘分。要珍惜与大家来之不易的缘分，这也需要靠自己的智慧、情商去维持、去凝聚。从前更多的可能是想要先让别人付出，自己才会去回报他人。但是自从上了这一门课，才意识到如果想要达到自己想要的结果，就不要去计较付出，有舍才有得，当自己付出了，自然收获的会比付出的得到更多。

对于家人，可能会埋怨父母对自己从小的关心不够。甚至，父母的离婚也给我和妹妹造成了一定的伤害。在上这门课之前，对于父母的心结，还是有的。但自从阚老师在课堂上一次又一次地教我们要如何去包容、去理解，慢慢地才意识到父母的不容易。他们的艰辛往往要比我们想象的多得多，父母给予我们生命，这就是无以回报的。虽然在精神上从小没有得到很大的满足，但是父母从来没有让我和妹妹在吃穿方面受过委屈。有时候想想，比我惨的还有很多人，从多方面去考虑去对比就会觉得自己也没有那么不幸。

从小爷爷奶奶给我的关心多过父母，初中时叛逆期有时候多少会对爷爷奶奶的话有点逆耳，但随着年龄的增长，也逐渐能够理解爷爷奶奶的这种爱。现在的我，只想有空的时候多陪陪爷爷奶奶。毕竟爷爷奶奶年纪也大了，能够陪伴他们的时间又剩多少呢。不想因为总是忙自己的事情，而忽略了最亲的人，让自己终身遗憾。

两周的课程说长不长，但却让我们终身受益。希望下学期还能有幸上阚老师的课，继续弥补自己身上的不足。最后还是那句，谢谢阚老师这两周以来的教导。

学习心得8

我是一名工商企业管理学徒班的学生，很高兴也很感谢阚老师用了两个星期来为我们诠释了什么叫“心智与行为模式提升”，让我从对它的懵懂无知到现在对它有一定的了解。在这期间，老师不仅给我们诠释理论知识，还让我们用实际行动来检验这个理论知识，常言说“实践是检验真理的唯一标准”，你是把这句话应用到了你的教学方面，让我感到了惊喜，因为一直以来都是理论知识的灌输，很少有实践的机会，我要为你别具一格的教学模式点赞，也要真挚地在这里给你道一声谢谢。

在没有学习这门课程的时候，我就是得过且过的那种人，不会认真思考自己接下来要干什么，也不会认真思考平时的所作所为是否正确，就是很喜欢享受当下的生活，没有梦想与远方，更不会去探索自己是个什么样的人。但是通过老师的课程，让我明白了自己是个什么样的人，以其说是通过老师认识到我自己，不如说是我听了老师的课，悟出了自己之前的所作所为是不对的。因为这门课程，我知道了自己是个什么样的人；因为这门课程，我明白了很多消极的语言换另外一个说法，可以变成积极的；因为这门课程，我懂得了站在其他人的角度去看待问题；也正是因为这门课程，我开始对自己的生活态度有了改观，对自己的生活状态有了转变，我不再得过且过。我在这之前，是没有任何欲望去参加学校活动的，我觉得每天最大的乐趣无非是下课了窝在宿舍听听歌、看看剧、聊聊天，但是我上完这门课程的一个星期后，就主动地去参加活动，也从中收获到了我在宿舍体验不到的快乐，我会一直保持的，让自己体验多一点其他的生活乐趣……因此我要感谢您，如若不是您的这门课，可能我会一直在这个“舒适”的状态中生活下去，什么也学不到，有个成语叫“居安思危”，我会利用好您所教的知识去探索。

最后，我要再次真诚地谢谢您，让我勇敢地走出了“舒适圈”。

学习心得9

短短的两周时间里，说长不长说短不短。在还未上“心智与行为模式提升”这门课程的时候，单看课程的名字，就能知道是教个人心理跟行为的一门课程，因为我本身挺喜欢心理学，而且也喜欢通过观察个人的肢体语言来看出一些人的性格，所以对这门课程充满了期待。

初见阚老师，是一位很有气质又温柔的老师，满满的书香气息，听老师讲个人经历的时候，觉得老师好厉害，或许因为老师的付出与收获是成正比的，老师给人一种积极向上的心态，也有一副很好的脾气。当上老师的课的时候，仿佛都不像自己了，平常觉得自己听课没有那么认真，听老师的课居然不睡觉也不玩手机了，也许是老师反复强调不能睡觉跟玩手机，我觉得这是对老师最起码的尊重，因此我遵守了。

上课期间，感觉每天都有不一样的收获。老师让我们每人都参加一个团队，我也挺感谢我小组的成员，我的性格并非那么外向，甚至可能会有些内向，但小组成员都挺鼓励我的。我愿意在台下讨论关于我的事情，但我对台上确实有些恐惧感，因为我觉得自己还没有克服。但老师让每个小组成员都上去介绍自己小组，来到台上的那一刻，我知道自己脸很红，但有着小组成员的陪伴，我不再那么紧张了，所以很感谢老师的用心。老师还经常让我们在组里讨论故事，并跟全班人分享，这也是很不错的经历。

我甚至还学习了“负转正”模式，看待事物都是有两面性的，我觉得都应该往好的方向去前进，也让我学到了不少东西，还有AMBR、情绪管理等模式，我觉得我受益良多，也许是因为上了这门课程的关系，我的情绪不会那么容易波动起伏了，甚至还会以老师教的这些行为模式来学以致用。我最记得老师的第一节课说过一句话：“学以致用，用以致学。”我觉得这句话很受用，让我也不停地想对身边的人讲，分享给他们。

很感谢阚老师让我接触了这门课程，对我以后要走的道路也有帮助，我开始慢慢地转变了，克服我内心害怕的东西，运用老师教会的知识去学以致用，感谢相遇。

学习心得10

本学期我们进行了为期两周的“心智与行为模式提升”课程的学习，我学到了非常多的知识，不仅在对人对事上有了新的方式，也让我对自己有了一个全新的认识。

在学习对生命全然觉知这一板块时，里面的问题都让我认真思考了一番，这使我更加地了解自己了。在探索天性时，我认识了自己的天生个性，并且在老师的指导下知道了要如何在此基础上发展修圆，成为更好的自己。心智与行为模式的学习有助于我以后选择自己天生就非常擅长的工作，也了解到如何建立高效团队。接着又学习了语言管理，老师教了如何将语言进行“负转正”，我觉得这非常有用，能让我摆脱一直抱怨的状态，开学以来在生活和学习上自己确实有不少抱怨的地方，但是在学习了“负转正”以后发现事情并没有想象的那么糟糕，也有很多小美好。也听到很多同学的“负转正”，感觉到了满满的正能量。然后学习情绪的管理，虽然我们很难改变一个事实，但在大多数情况下我们能通过改变观念，而改变观念就能够改变情绪。在这里我释然了许多以前耿耿于怀的事情，不单单打消了我对父母的一些不满的念头，更让我感觉到父母对我的爱。学会了如何改善自己的情绪，在情绪低落时应该怎么做才能够缓解，保证了自我心理健康。最后一天我们学习了如何感激与欣赏，如何持有感恩的心态去学习和生活。让我发现了身边被忽略的但应该要感谢的人，并且学会欣赏自己与他人，让我发现了自己本没发现的一些优点，这让我喜出望外，想要扩大自己的优点为家人朋友带来幸福，为班级团体做出贡献。

学习心得11

刚开始上“心智与行为模式提升”课程之前，我一直有一个疑问：“这不会又是什么鸡汤课程吧，唉，这有什么意义？又是混时间，不就是换了个国家名师讲鸡汤文吗？又没什么用，好烦啊。”

但为时两个星期的课程，让我从一开始的排斥到最后一节的享受甚至是依依不舍。阚老师讲的课颠覆了我之前的看法，让我觉得原来心智课也能上成心灵实践课呀。

在这门课程中让我了解到很多关于自己的天性、自我提升、提升心智的具体方法，让我知道了自己的性格颜色，合作要找哪种人最舒服，并且让我找到了人生的方向。在上完心智课程之后，我明显发现自己有很多的改变。例如自己在想抱怨时，或者负面情绪爆表时，发现自己可以简单地为他人换位思考了，也学会首先把镜子转向自己，不能首先把责任推给别人，看看自己的心智模式有哪些不妥的地方，一个人就是要不断地照镜子。只有自己不断照镜子才能更清晰地认知自己，认清自己的优缺长短，以扬长避短，让自己的潜能发挥得更为出色，更为淋漓尽致。

在上完心智课时，也知道自己有很多不足之处。我总是把最好的脾气给了别人，把在外面积攒的怒气发泄在家人身上，一遍遍伤害最爱自己的家人，平时被自己忽略的最宝贵的亲情被自己随意地消耗着。现在我渐渐懂得了换位思考，发现父母的不易，他们在我最叛逆的时候并没有选择放弃我，而我又有什么资格要求他们太多。何必让外面污浊的气息来蒙蔽自己原本爱他们的心呢。我要行动起来，就像阚老师说的一样，珍惜当下，现在我有着这么爱我的父母，自己为什么就不能放下心中的扭捏，试着好好去爱他们呢？

当然，学完心智课，我也知道了虽然改变别人很难，但是改变自己就在一念之间。高调做事，低调做人，用一颗平和的心态面对自己所处的环境，能改变的就尽力去改变，不能改变的就去接受，用阳光的心态对待工作，心中就永远充满了快乐。心无杂念，会让人生活得轻松而坦然。

我以后绝对不会让世界的污尘蒙蔽我原本积极向上的心，从此我会爱自己，爱我想爱的人，爱这个世上所有美好的一切。

学习心得 12

经过了这两周“心智与行为模式提升”课程的学习，我收获很多，用天生个性来说，我的性格是橙色型的，我对一些事情是比较看重的，有时我对别人的态度可能没有那么友好，我只注重事情的完成程度，我可以不怎么在乎别人的感受，我属于比较冷漠的那种性格，在乎的人很少，执行力比较强。

在学习了天生个性后，我了解了自己的优点，同时也知道了自己的不足之处，可能我之前也很清楚自己什么地方有缺陷，可我的确并未在意，学习了这个之后，我也学会了人与人之间的相处方式。

老师教的 AMBR，HAPPS，天生个性，悦己修圆，觉察与觉知，why - how - what，负转正，学会欣赏和感激别人等，我都有所收获。

今天阚老师教我们要学会欣赏和感激别人，说实话，可能对于别人，我会有感谢之心，也会谢谢别人，可我却很少对父母说一声“谢谢”，我也不知道昨天是感恩节，阚老师您让我们当场给父母发一句感谢的话，我当时就发了一句“爸爸妈妈我爱你们，谢谢你们”，可能是我不怎么经常表达感谢之情，我父亲回复我的消息是“怎么了?”他有点惊讶，我突然发这样的消息给他，以为我出了什么事情，然而我妈妈却是这样回复“妈妈永远爱你们”，看到这个消息时，心里微微一痛，我差点哭了出来，那一瞬间，我突然发现，我亏欠了父母很多很多很多，他们给我的一切，我从未说过谢谢，可能我心里有，却从未表达出来，他们需要这样的感谢。

这两周的课程学习，我感觉我改变了很多，或许表现不怎么明显，但我却开始慢慢改变了，慢慢开始打开自己心门，去和别人分享自己的事情，也学会去倾听别人的故事，在这里我想感谢一下这两周和我一起学习的组员，他们把各自的故事分享给我，还倾听了我的故事，也给予我很好的评价，在这里我想和他们说一声“谢谢”，同时也谢谢阚老师把这门课程教给我们，谢谢您，希望下学期还能有幸继续上您教的课，您辛苦了，爱您。

学习心得 13

在上“心智与行为模式提升”课之前，我

对这门课并不感兴趣，从课程名称来看，觉得只是一门心理课，甚至是“鸡汤”课。但是经过两个星期的学习，我才发现，只有自我察觉、自我反思、自我疗伤，才是最好的“鸡汤”。

作为一个独生子女，从小被灌输的是“幸福是自己创造的”的思想，直到高考过后我依然这么认为。所以我并不擅长与人交流和团队协作，而“心智与行为模式提升”这门课程与阚老师独特的教学方式，让我打开自己的内心，敞开心扉与组员交流和合作，这不仅锻炼了我的表达能力和团队协作力，而且还收获了友谊，第一次感觉到团队合作的喜悦。

大道理谁都懂，但是却很少有人真正做到，毕竟我们的心智与行为还没有达到那种境界，以前我们习惯性地试图去改变别人，而无视自己的不足，而上完这门课后，我才发现我们很难去改变别人，只能改变自己，虽然“江山易改，本性难移”，但是我们能做的就是每天警醒自己，让自己少犯错误甚至不犯错误，对自己的情绪状态有所觉察，不被不良情绪左右学习和工作，曾子曰：“吾日三省吾身：为人谋而不忠乎？与朋友交而不信乎？传不习乎？”我们要向曾子那样，把自省当成习惯，让良好的习惯改变自己。

我承认，在以前我是那种忽略别人的优点，抓着别人的缺点不放的人，甚至出现“对人不对事”的情况，将自己的好恶强加在别人身上。但是，在阚老师一次又一次的灵魂发问下，才发现自己是如此公私不分。在学习天生个性时，了解了每一种个性背后的优缺点，让我学会学习并欣赏他人的优点，包容别人的缺点。并且依据不同的个性，寻找互补的搭档。

具有良好的心理素质才是成功的关键，只有学会感知自己、接纳他人、懂得欣赏他人和常怀感恩之心的人，才是人生的最大赢家。最后，感谢阚老师，没有您，就没有学徒制；没有学徒制，我们就没有进入广州番职院的机会；没有广州番职院与天虹合作，我们就不能拥有进入天虹公司实习的机会。而您开发这门课程，让我们的心智与行为能更加成熟，阚老师，谢谢您！

学习心得 14

老师好！我是工管班的陈××，或许老师对我没有什么印象，可我还是得自我介绍一下，毕竟我最后有问题要向老师您请教，提前跟您说声抱歉，因为下课时间很多我却没有在课室向您请教，却在作业里占用您一点的时间。以下是我的课程心得。

经过两个星期的课程学习，从一脸懵懂到坦然接受，从无所适从到得心应手，都让我获益良多，首先要谢谢老师您的教导，同时也谢谢老师跟我们分享管院的历史，让我知道管院今天的来之不易，这中间老师您付出了很多，真的很谢谢老师。

“心智与行为模式提升”课程是老师您开创的，我个人觉得本质是让我们更好地认识自己，让自己知道自己是什么颜色的性格，且要不断去提升自己，“修圆”自己，然后那本小册子是真的能让我自己更好地认识自己，在面对问题的时候会有多达十几种处理方式和思维模式，也明白了处理问题的方式不是单一的，在看待问题的同时，不同的思维模式会导致结论的不同，这个道理我学到了，听君一席话，胜读十年书，谢谢老师。

语言负转正这个学习内容，包括将“上司挑剔的问题”如何负转正等，虽然在课堂中解决了这个问题，可我的思维却延伸到了另一个问题，就是能否通过这种行为方法思维模式来劝大众真正地向善，如果可以，这将是个伟大的理论实践。

最后，我的问题是，《三字经》里说道：“人之初，性本善”，可我觉得“人之初，性本恶”才是本源，老师您觉得呢？我的邮箱是：……@qq.com，静候您的回复。

学习心得 15

第十三周和第十四周我们开展了“心智与行为模式提升”的课程，在这门课程中，老师生动的授课以及小组同学们的团结友爱，让我学到了很多东西。

一开始老师提出了三个问题，对于上大学的 why、how、what，其实我们都知道要上大学，但这三个问题提出来之后，却发现每个人对这些问题都有点措手不及，对呀，我们为什么要上大学，上大学的意义是什么，我们在上大学，但却没有想过这些问题。我个人认为，上大学是很有必要的，大学是所“整容院”，它改变的不单单是你的外貌，更重要的是它会让你的心智与行为更加成熟。

接着又讲了察觉和觉知的概念和其作用，我们每个人都有感知别人情绪的能力，只是我们愿不愿意去接受它而已，每个人的性格是不同的，在相处的过程中多多少少会产生摩擦，这时候我们就应该站在对方的角度思考问题，并互相包容和理解，课堂上我们做了个小测试，了解自己的性格是属于什么颜色以及去了解别人的颜色，从中很直观地知道对方是个什么样的人，对方心里在想什么，从而在以后的相处过程中减少矛盾的发生，更好地处理我们与别人的人际关系。

最令我印象深刻的是语言的“负转正”，人生的道路上不是一帆风顺的，总会有磕磕碰碰，在这之前，我可能会经常抱怨生活为什么这么不公平，最令我伤心的是在初中的时候，班上有一个男同学站在讲台，当着全班同学的面，说我长得丑，当时班里的人都在嘲笑我，我就觉得为什么要这么说我，有什么资格说我，学了语言的“负转正”后，这件事让我释怀了很多，每个人的审美不一样，只要自己足够自信，自己就是最美的，无须在意别人说什么。

在最后一节课，感恩节就在前一天，但在感恩节那天，我没有对自己的父母表示感谢，因为我是一个不善于表达的人，“爱”这种东西我是不会说出口的，但课堂上阚老师给我们同学一个向爱的人表达感谢的机会，我第一时间就跟父母表达了我对他们的爱，要是在以前，我可能做不到，感谢这堂课，感谢阚老师，给了我一个表达爱的机会！

虽然这节课已经结束了，但我的心智与行为模式提升一直在路上，我会一直带着“工具箱”，面对我以后的学习、工作和生活，让自己变得更好，成为一个让自己满意的自己。

❸ 课程工具速查表

工具序号	工具名称	所属单元	所在页码
工具 1	黄金圈法则	单元 1	P3
工具 2	AMBR 焦点管理	单元 3	P16
工具 3	多元视角	单元 3	P20
工具 4	4D 天性	单元 4	P27
工具 5	4D 沟通公式	单元 4	P32
工具 6	语言负转正	单元 5	P38
工具 7	情绪管理 ABC	单元 6	P49
工具 8	HAPPS	单元 7	P60
工具 9	四维思考法	单元 8	P66
工具 10	时间管理矩阵图	单元 9	P72
工具 11	逻辑层次	单元 9	P75
工具 12	刻度尺	单元 10	P80
工具 13	平衡轮	单元 10	P80
工具 14	改变方程式	单元 10	P81
工具 15	适度包融	单元 11	P86
工具 16	建立诚信 5 步法	单元 12	P94
工具 17	三种思考方式	单元 13	P98
工具 18	透析三棱镜	单元 13	P100
工具 19	SMART 原则	单元 13	P101
工具 20	MECE 分析法	单元 13	P103

❹ 工作坊练习手册

班级：　　　　学号：　　　　姓名：

单元1　课程导读

【工具运用】

请个人思考、小组讨论下列问题：

1. 你为什么上大学？（why）：写出你们小组认为最重要的5个理由。

（1）______________________________

（2）______________________________

（3）______________________________

（4）______________________________

（5）______________________________

2. 你准备怎样上大学？（how）：写出你们小组最认同的5种方式。

（1）______________________________

（2）______________________________

（3）______________________________

（4）______________________________

（5）______________________________

3. 你上大学准备学什么、做什么？（what）：写出你个人思考后的选择。

（1）______________________________

（2）______________________________

（3）______________________________

（4）______________________________

（5）______________________________

【知行合一】

对生命保持全然觉知

1. 你大学的“愿望清单”上都有什么？发现什么对你很重要，什么是你上大学希望达成的目标？互相分享，这是了解自己和他人的一种很好的方式。

____

2. 你做过的最有成就感、最有满足感的一件事是什么？

____

3. 你想成为一个什么样的人？你最欣赏自己的是什么？

____

4. 下列选项你最喜欢哪一个？a. 帮助/提升他人；b. 与他人建立连接；c. 思考/学习；d. 行动/达成结果。在随后工作坊中，将探索你的“天生个性”，这个问题将开启我们的探索之旅。

5. 如果金钱不是首要择业条件，你会从事什么职业？为什么？这个问题以帮助你洞悉自己的天生个性。

【个人练习】

改善心智模式的流程和方法需要你反复地学、反复地练，才能真正做到“知行合一”。

1. 你每天看一遍“改善心智模式的流程和方法”，就在此做个标记，可通过画“正”字记录，看看当你看过30遍时会发生什么？

2. 你尝试每天用一个方法，就在此做个标记，可通过画“正”字记录，看看当你坚持30天时会发生什么？

单元2 基本理念

【个人练习】

找一件你很烦恼的事情，如果烦恼彻底消除后得10分，从0～10给自己现在的状态打个分。然后回到本单元所学的12条理念的第一条，深入思考对你有什么帮助？本次得分是多少？然后再往下一条一条地过一遍，看看每一条理念对你的烦恼有何帮助，直到问题解决、烦恼消除。如果还是解决不了，可找两个人，一个人来引导，另一个人做观察者，再过一遍12条理念，相信一定会有不一样的结果。

请记录下你的心路历程：

单元3 AMBR焦点管理

【个人练习】

1. 每个人分别给出一个学习或生活中遇到的令你或不快，或伤心，或烦恼，或愤恨的某个人，请用AMBR工具，看看如何通过调整视角、站位，甚或立场、格局，来调整你的关注点，进而改变你的心智、你的行为，最终改变结果，改善你们之间的关系。

请先简要描述一下你和这个人的关系：

调整前的A：

调整前的M：

调整前的B：

调整前的R：

调整后的A：

调整后的M：

调整后的B：

调整后的R：

2. 每个人分别给出一个学习或生活中遇到的令你或不快，或伤心，或烦恼，或愤恨的某件事，请用AMBR工具，看看如何通过调整视角、站位，甚或立场、格局，来调整你的关注点，进而改变你的心智、你的行为，最终改变结果，让你从这件事中获得成长。

请先简要描述一下这件事：

调整前的A：

调整前的M：______________________

____

____

____

调整前的B：______________________

____

____

____

调整前的R：______________________

____

____

____

调整后的A：______________________

____

____

____

调整后的M：______________________

____

____

____

调整后的B：______________________

____

____

____

调整后的R：______________________

____

____

____

【自我觉察】

通过上述学习和训练，你有什么觉察？会有什么反思？会得出什么结论？你是否同意老师的如下观点：

1. 关注所向，力量所在。焦点放在哪里，能量就会流向哪里。

2. 向前看，不纠缠过去。界定问题、找准焦点，清晰目标与成果，想明白，你到底想要的是什么？

3. 向内转，不纠缠外因。想清哪些是不可控的，凡是自己不可控的问题，选择不纠缠。

4. 适应你不能改变的，改变你不能适应的，如果既适应不了也改变不了，就选择离开，离开前想清自己是否有能力找到更好的。

单元4 探索天性

【天性测试】

如果你已经对决策与信息偏好有了大概的了解，你就可以利用下面的小测试看看自己的天性，以此帮你找到与生俱来的性格基础。

下面的14个问题，用以测评你的4D天生个性类型。每个问题请选择一个对自己而言真实的表述，而不是你想成为的，也不是你认为正确的，想象你在放松的没有压力的环境中，以最快速度凭第一反应做出选择。

目的：这个简单的工具，查理·佩勒林说其准确率高达90%，它帮助你开始探索那个天生的、永远不变的你到底是谁。这一信息有助于你：(1) 认识自己，认识他人；(2) 选择自己天生就非常擅长的工作；(3) 建立优势互补的团队等。

步骤1：测量你的“决策方式”，下面有7组关于决策的不同描述，请快速画“√”选出对你来说更加真实的描述（在左侧或右侧的空格内画“√”），然后在最后一行计算出“综合”选择最多的一侧，即是你的决策类型。

情感型决策者	画“√”		逻辑型决策者
和谐是根本上很重要的东西			和谐是达到目的一种的手段
喜欢根据“感觉好不好”做事			喜欢根据“感觉合理不合理”做事
以人为首要考虑因素			以工作任务为首要考虑因素
以保持和谐关系为重			以遵守正确路线为重
通过达成共识决策			根据自己的想法决策
首先相信我的感觉			首先相信我的理智
不能容忍冲突对立			能够容忍冲突对立
综合—情感型决策者			综合—逻辑型决策者

↖ 圈选总得分较高的一边 ↗

步骤2：测量你“获取信息”的方式，下面有7组关于获取信息方式不同的描述，请快速画“√”选出对你来说更加真实的描述（在左侧或右侧的空格内画“√”），然后在最后一行计算出“综合”选择最多的一侧，即是你的获取信息的类型。

直觉获取信息	画“√”		感觉获取信息
依靠个人内在觉知			依靠个人观察
更多地考虑“可能会是什么”			更多地考虑“是什么”
偏好创造			偏好常识
依据灵光一现的洞察力做事			依据仔细分析做事
喜欢研究概念			喜欢研究事实和数据
注重全局考虑			注重细节
喜欢有价值的想法			喜欢既成现实
综合—直觉获取信息			综合—感觉获取信息

↖ 圈选总得分较高的一边 ↗

步骤3：根据你在上表中圈选的结果，找到代表你天性的“颜色”。

这是你的“基础”天性。

步骤4：小组成员互相感知对方的天性。

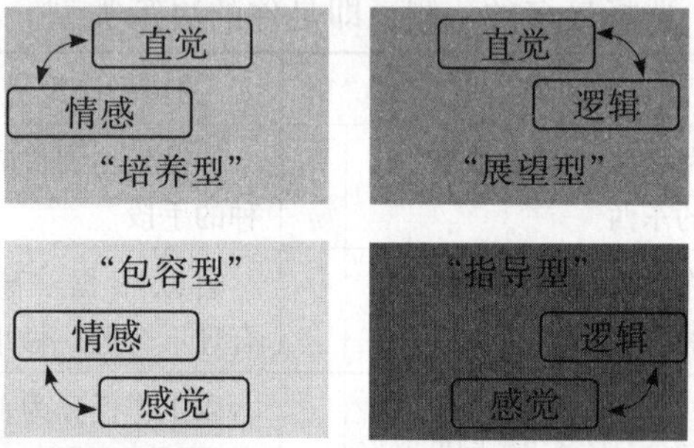

【课后练习】

对于天性的认知帮助你更好地了解自己，而且你可以使用这个工具去给身边的团队伙伴乃至家人去标色，这会帮助你更好地了解他人、理解他人、尊重人与人之间天性的差别，从而更好地和谐共处。

1. 彼得·德鲁克说“教是最好的学习方式。”给你的朋友或家人讲讲这部分内容，然后看看他们认为你的天性是什么？然后也测试一下他们的天生个性是什么？

2. 问一下自己：“如果金钱不是首要择业条件，那我会做什么？”你的职业选择会给你一些洞见。

3. 想一想对你最困难的事或最具挑战的事是什么？一般而言，这会帮你诊断出你天性中不擅长的部分。如：

（1）事务性工作的挑战——绿色培养型。

（2）无法忍受矛盾冲突——黄色包融型。

（3）人际关系的挑战——蓝色展望型。

（4）缺乏以人为本——橙色指导型。

单元5　管理语言

【负转正练习】

练习1：《重塑心灵》里有一个典型的负向语言的例子：“因为上级挑剔，所以我工作不开心。”

转“正”方式为：首先把句中的结果（工作不开心）改为它的反义词，再把句首的“因为”两字放到最后，成为“上级挑剔，所以我工作积极，因为……”然后反复地思考，如何从不同的视角，把句子补充完整，且实现“负转正”的能量转换：“上级挑剔，所以我工作更积极，因为……”（完成15次的不同转换）

1. ____________________

2. ____________________

3. ____________________

4. ____________________

5. ____________________

6. ____________________

7. ____________________

8. ____________________

9. ______________________________

____

10. ______________________________

____

11. ______________________________

____

12. ______________________________

____

13. ______________________________

____

14. ______________________________

____

15. ______________________________

____

练习 2：请对以下 25 个句子进行“负转正”。

1. 负：这是个看脸的颜值时代，而我长得却上不了台面。

正：______________________________

____

2. 负：我笑起来不好看，所以不愿意笑。

正：______________________________

____

3. 负：我十分努力就是没法获得成功。

正：______________________________

____

4. 负：我不想去上课，但又害怕被老师点名。

正：______________________________

____

5. 负：做什么事情都不顺利，我太难了。

正：______________________________

____

6. 负：那个人太难相处了，与其共事简直就是受罪。

正：______________________________

____

7. 负：室友不愿意跟我一起玩。

正：______________________________

____

8. 负：为什么没人理解我的观点。

正：______________________________

____

9. 负：我不喜欢与人交流沟通，感觉很困难。

正：______________________________

____

10. 负：我爱的人不爱我，爱我的人我不爱。

正：______________________________

____

11. 负：社团太无聊了，我还是做我自己的事情吧。

正：______________________________

____

12. 负：排队那么多人，好烦啊！

正：______________________________

____

13. 负：原以为大学很美好，后来发现读大学一点都不轻松。

正：______________________________

____

14. 负：去上课的路程太远了。

正：______________________________

____

15. 负：下雨天什么事都做不了，真心烦。

正：______________________________

____

16. 负：老师对我们太严厉了，好痛苦。

正：______________________________

____

17. 负：为什么我总是这样，干啥都干不好。

正：______________________________

____

18. 负：我做什么事情都不顺利，我太难了。

正：

19. 负：现在的东西太贵了，我的工资又那么低。

正：

20. 负：今年我们业绩达标，明年公司肯定又加码，没人能体谅。

正：

21. 负：我工作再努力，也赶不上房价增长的速度。

正：

22. 负：这时代没钱是万万不能的，真羡慕那些富二代。

正：

23. 负：我有拖延症，但改不了。

正：

24. 负：我父母不公平，对我的弟妹很偏心，而忽略我的感受。

正：

25. 负：我妈很心疼我，就是太爱絮叨，很烦。

正：

练习 3：结合你的学习、工作与生活，以及前期对语言“负转正”的学习，自己给出 10 个日常“负转正”案例，并在小组中进行分享，在小组之间进行 PK。

1. 负向语言：

正向语言：

2. 负向语言：

正向语言：

3. 负向语言：

正向语言：

4. 负向语言：

正向语言：

5. 负向语言：

正向语言：

6. 负向语言：

正向语言：

7. 负向语言：

正向语言：

8. 负向语言：

正向语言：

9. 负向语言：

正向语言：

10. 负向语言：

正向语言：

单元6 管理情绪

【个人练习】

练习1：

1. 请回忆你上一次出现负面的情绪是什么时候？这种情绪是如何产生的？你当时的表现是什么样？你现在再看当时的自己，会有什么觉察？

2. 下一次再出现这样的情绪，你可否对它耐心一些，叫出它的名字，让自己保持觉知，如“你正在发怒呢，你很生气是吧？”，“没事的，你一会就会好起来的。”

3. 想想下一次再遇到同样的问题或事情，你可否更理性地去面对。

练习2：

1. 关于情绪与行动中的10个行动，你最想先开始的是哪一个？

2. 为什么这个行动对你很重要？

3. 对于这个行动，如果让你给自己目前的状态评分，1～10分，你会得几分？通过你的刻意练习？你希望达到多少分？

4. 如果经过反复训练这个行动，真让你养成了习惯，那时你会变成一个怎样的人？

5. 接下来，你的行动计划是什么？

6. 你对自己实施行动计划的承诺度评分，1～10分，你会得几分？

加油！说到做到，祝你成功！

【练习与分享】

练习1：当你情绪低落或焦虑时或抑郁时，你有什么方法可以缓解或疗愈？写完后与同学分享。

1.

2.

3.

4. ____________________

5. ____________________

6. ____________________

7. ____________________

8. ____________________

9. ____________________

10. ____________________

练习2：反思你最近一次不好的情绪经历，A、B、C分别是什么？能否重新审视B，来改善你的情绪C。完成后与同学分享。

A ____________________

B ____________________

C ____________________

重新审视B，看可否改善你的情绪C。

B ____________________

C ____________________

单元7 表达感激欣赏

【个人练习】

1. 你最想感激的人是谁？用HAPPS技巧表达出来。

____

2. 你最忽略的但应该感激的人是谁？用HAPPS技巧表达出来。

____

3. 你对想修复关系的那个人有什么感激？用HAPPS技巧表达出来。

____

【感恩练习】

练习 1：再次写下你最想感恩、感激的 20 个人，并写出理由。念念不忘，必有回响。看看你有什么觉察？

序号	要感恩的人	感恩与感激理由
1		
2		
3		
4		
5		
6		
7		
8		
9		
10		
11		
12		
13		
14		
15		
16		
17		
18		
19		
20		

练习 2：作为职业院校的学生，有很多机会去企业实习和锻炼。特别是对于现代学徒制的学生，是以在岗为本位的学习。但有些学生下到企业后，会很不适应企业的工作生活。你准备好了吗？

有人说“最高的情商，就是满怀感恩地去工作。”如果有了这份感恩之心，不适应的情况就会少之又少。

请思考：

1. 你对企业有感恩之情吗？若有，会是哪些？

____

____

____

____

2. 心怀感恩之情，你能面对走入企业后可能遇到的哪些不如意？

（1）____________________

（2）____________________

（3）____________________

（4）____________________

（5）____________________

练习 3：小组讨论：你对生于斯、长于斯的祖国，有感恩之情吗？请说出体现在哪些方面？理由是什么？

小组讨论后，全班共同分享，在下边的表格中记下 20 个最让你感恩的方面和理由。

序号	感恩祖国的方面（或人员）	感恩与感激的理由
1		
2		
3		
4		
5		
6		
7		
8		
9		
10		
11		
12		
13		
14		
15		
16		

续上表

序号	感恩祖国的方面（或人员）	感恩与感激的理由
17		
18		
19		
20		

【欣赏练习】

彼此相互欣赏的两个人，一定是都在汲取对方的优点，从而双方都越来越优秀。真正能够欣赏别人的优点，绝不是言不由衷，绝不是逢场作戏的假意赞美，而是发自内心，表里如一的由衷喜欢或敬佩。

下边，我们可以在课堂上进行如下练习：

第一步	找 8～10 位伙伴，让对方给出 3 个可以描述你品质的正向的词，记录下来，总共收集 24～30 个词。
第二步	从得到的词中，找出你最中意的 3 个词，填在下面的空格里，并大声地朗读出来。读这句话的时候，倾听和感受你自己。 我×××是（　　　），（　　　），（　　　）的一个人。 注：用你的姓名替换上面的×××。
第三步	分享一下你当下有什么感受、感觉？
第四步	请写下： 带着这份感受，你想为自己做些什么？ 你想为家人做些什么？ 你想为团队或者班级做些什么？

单元 8　关注共同利益

【课堂练习】

练习 1：学生与老师的共同利益。

随着信息时代的到来与互联网的迅猛发展，学生，教师面对的压力和挑战会越来越大。师生是学习的共同体，如能找到共同的利益，并相互有能力让对方拥有，那每堂课都将会是一次很好的体验和经历，彼此均有收获且开心快乐。虽然这不容易，但我们师生需要为此付出努力。

下面我们就通过“关注共同利益”，看看可否提升课堂的学习体验与学习效率。

第一步	我在课堂学习中最想得到的是什么？ 1. 2. 3.

续上表

第二步	老师在课堂中最希望我们做到的是什么？ 1. 2. 3.
第三步	我们之间的共同目标是什么？我愿意又能够支持的是什么？
第四步	如果老师的教学内容、教学方法一时不能满足我的利益与需要，我该怎么办，才最有利于共同利益？

练习2：支持我们班的共同利益。

有学生干部反映：现在做学生干部很难，一方面学校和老师的要求很多、很高，另一方面同学们都很有个性，常常得不到支持和配合，不知该如何解决这个问题，才能让自己所在班级成为优秀班集体，让同学们毕业多年后，仍为曾经在一起学习生活的班级感到骄傲和自豪。下面我们就通过“关注共同利益”，看看可否找到解决问题的路径和方法。

1. 全班按学生干部和非学生干部分成A、B小组，如果班级人数多，可分成若干A、B小组进行讨论。

2. 用头脑风暴给出对方最想要的是什么？(确定最主要的5条，写在空白纸上)

3. A、B小组在全班分享、相互确认，是否真的是对方想要的？如果不是，请发问：你们想要的到底是什么？

4. 我们能支持对方拥有的是什么？请在空白纸上圈出。

5. 双方形成有力的共同利益的表达，并在全班进行分享。

6. 两个小组的人写下共同誓言。

(1) 我们的共同目标是：________________

____

____

____

____

(2) 我可以全力支持的是：________________

____

____

____

____

练习3：我和企业的共同利益。

这门课很重要的目的之一是：让同学们通过心智与行为模式的训练，为走向企业、走向社会做好充分的准备，缩短适应期，尽快融入工作团队中，为企业、为社会创造自己的价值。

下面，我们就通过“关注共同利益”，来思考如何应对未来工作带给我们的挑战，先做好心智上的准备。请用心完成下面所列内容，并进行团队分享，找到更好的答案。

第一步	我们未来就职的企业最想要的是什么？ 1. 2. 3.
第二步	我能为企业做些什么，同时又符合我个人的利益？ 1. 2. 3.

续上表

第三步	对于不符合我个人利益的企业要求，我应如何面对？有无更好的解决方式？ 1. 2. 3.
第四步	万事同理，与你的领导、师傅、顾客、同事、朋友相处都是同样道理。总结一下，你准备如何去面对彼此的共同利益。 1. 2. 3.

单元9 坚持要事第一

【个人练习】

1. 请回顾昨天你做过的所有事情，并按Ⅰ、Ⅱ、Ⅲ、Ⅳ以及发生的时间段分类列出。例如，昨天清晨6：30－7：30读英语。每天必须的、正常的如睡眠、三餐、洗漱等可以不写。

一天的事务分类表

类别 时间	Ⅰ	Ⅱ	Ⅲ	Ⅳ

2. 第四象限的事情可否不做？可以减少哪些？或减少时间的投入？

（1）以后可以不做或减少时间去做的是：

____

____

（2）算一算每天这样可以节省多少时间？

____

____

3. 第三象限的事情有哪些可以减少不做？或减少时间的投入？

____

____

4. 减少第四、第三象限的事情，能节省多少时间呢？把节省下来的时间用在第二象限上，可以增加的事情会有哪些？

____

____

____

____

____

5. 第一象限的事情会很多吗？有哪些是因为第二象限上的事情拖着不做，或没有足够的时间去做，就会因为自己的原因转成第一象限的事情的？

____

____

____

现在把第四象限的事情不做或减少，节省下来的时间用于第二象限后，会否减少你第一象限的任务，让你的学习和生活变得更从容有序？

6. 试想一下：你若能坚持上述的行动，三年后你会是一个什么样的人呢？会否与现在有很大的不同？你愿意成为那样的人吗？若愿意现在就开始行动好吗？

____

7. 你愿意采取的第一步行动会是什么呢？你愿意每天坚持吗？

____

____

8. 你行动的承诺度有多高？如果按 1 ~ 10 计分，你会给自己的承诺评多少分呢？

没有人可以改变你，能改变我们的只有自己。加油，相信你在不久的将来，一定会遇见一个更好的自己！

【个人练习】

对应逻辑层次图，你会发现我们要寻找的“要事”是在第二层次“行为”上，到底什么才是我们想要的？我们不能只是在这个层次去想问题、去寻找答案，在“环境”和“能力”中寻找答案会更难，你会发现环境和能力中有很多让你不具备的条件，以形成你的借口，阻止你的行为，我们需要向上三层去寻找答案。下面就开始静下心来，回答如下这些直击灵魂的问题吧：

1. 你人生真正想要的是什么？你想有什么样的成就？

2. 你想要成为一个什么样的人？你希望别人怎么评价你？

3. 你为自己确定了什么目标？这个目标足够明确吗？你将用什么标准来衡量你的目标？

4. 你只是想要，还是一定要实现这个目标？

5. 你这么做是为了谁或是为了什么？

6. 一定要实现这个目标的话，你为此想做的一件“要事”是什么？它对你的目标有什么帮助？

7. 你会遇到什么困难，你准备如何克服？

8. 你第一步行动要做的是什么？你会坚持下去吗？

9. 如果不坚持下去，你付出的代价将是什么？三年后你会成为一个什么样的人？

10. 如果坚持下去，三年后你会成为一个什么样的人？那时的你会带给父母或亲朋什么样的感受？

单元10　100%全力以赴

【个人练习】

练习1：刻度尺。

（1）你对自己大学中学习与生活的表现评分，如果用刻度尺1～10分来计，你会得几分？

（2）距离10分的差距是多少？你能改善什么？做到什么？就可以得到这几分呢？

练习2：平衡轮。

（1）你认为自己最满意的大学学习和生活应该包括哪些方面，选取小于等于8个方面，填写到右边的平衡轮中。

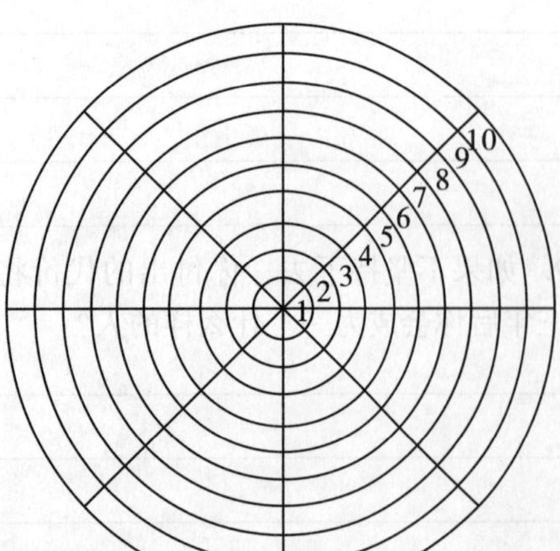

（2）每一方面的满意度是多少？如果10分是满分，你给每一方面评几分？请在图中用不同颜色或阴影标识出各方面的分数。

（3）你对目前的状况满意吗？你有什么发现？你最希望哪个领域有所改变？希望达到多少分，这个领域的改变可否带动其他方面的提升？

（4）你想要有什么样的改变？

（5）你做些什么可以实现这个改变？

（6）你愿意100%全力以赴地去改变吗？如果愿意，你的承诺度从1～10分，现在是几分？如果不是满分，那么差距是什么？

单元11 适度包融他人

【个人练习】

回顾自己曾经被排斥的经历（例如，被忽视，无人倾听、贡献不被认可等）：发生了什么？你有怎样的感受？这样的经历会带给你什么成长？

己所不欲，勿施于人。经过此事，你是否能够更好地包融他人。更大的挑战是：如果你下一次再次经历被排斥的情况，你会如何应对？

【团队训练】

1．反思我和我的团队

（1）我的包融不足：

（2）我的包融过度：

（3）我团队的包融不足：

（4）我团队的包融过度：

2．请给出本班“五不准”倡议书

（1）针对班级包融不足和包融过度的现象，进行反思和觉察，找到需要改善的地方。

（2）先小组讨论确定班级“五不准”事项。

（3）确定后写在空白纸上，并署名。

（4）请全班同学对各组的选项进行投票，确定五项。

（5）全班同学举行“五不准”倡议书签字仪式。

单元12 严格遵守协议

【个人反思】

1．对照上述关于诚信的解释，你给自己的“诚信”评分，用1～10分来衡量，你会得几分？你做得好的是什么？距离10分还有几分，那个差距具体是什么？

2．请思考并写下你的观点：

（1）人会在什么时候不诚实、不真诚？又会在什么时候不守信？

(2) 上述情况哪些是主观原因？哪些是客观原因？哪些属于品质的问题？哪些属于能力的问题？

(3) 你觉得品质问题如何解决？能力问题如何解决？

【个人练习】

回忆一件让你印象深刻且未能处理好的违背协议事例，按照“修复协议、重回诚信”的流程复盘一次，看有无新的觉察。

1. 承认违反协议的事实。

2. 描述发生了什么导致违背协议？

3. 未来会采取的防范措施：

4. 表达真诚的歉意，正重道歉：

5. 与对方确认是否可以和好如初：

【个人调查】

你如何管理你的协议的，这从很大程度上决定了别人认为你是否值得信赖。评估你对自己行为以及对他人影响的自我觉知。

步骤1：给自己的各项协议评分（1～10分）：“10”分（严格遵守）；“1”分（随意违反且毫无悔意）。

1. 学习协议

______关于学习的相关协议，我说到做到。

______按时上课、完成作业、参加活动等。

信守学习协议得分：________

2. 家庭协议

______按照承诺的时间及时与父母联系和沟通。

______我信守所有对家人的承诺，尤其是对父母的承诺。

信守家庭协议得分：________

3. 自己的协议

______我遵守进行锻炼身体的承诺。

______我遵守对拓展人脉、改善情绪管理、健康生活等的承诺。

______我遵守自我确定的其他计划与行动的承诺。

信守与自己的协议得分：________

4. 与同学朋友的协议

______我遵守对同学和朋友的各种承诺。

______我遵守与同学和朋友达成的各种协议。

信守与同学朋友的协议得分：________

5. 与陌生人或初识者的协议

______我遵守对陌生人或初识者的各种承诺。

______我遵守与陌生人或初识者达成的各种协议。

信守与陌生人或初识者的协议得分：________

我的诚信自评总分：________

步骤2：反思这些协议遵守起来最为困难的是：________________________________

步骤3：没有信守的协议给你带来的直接影响和潜在影响是什么？静下心去觉察。

____

____

____

____

____

单元13 学会解决问题

【个人练习】

1．根据“SMART原则，确定一个学习目标。

____

____

____

____

2．根据“SMART原则，确定一个其他目标。

____

____

____

____

【个人练习】

反思一个你曾经难以解决或解决不好的问题，用本单元学过的分析方法与解决问题的思考方式和工具进行复盘，看看你会有什么发现，能否将这次经历沉淀成你的人生经验，请用文字或图形总结：

____

____

____

____

单元14 坚持细节制胜

【个人练习】

“当你的才华还撑不起你的雄心时，那你就应该静下心来学习；当你的能力还驾驭不了你的目标时，那你就应该沉下心来历练。”，愿我们每个人都能带着一颗“匠人之心”，不慌不忙地去打磨自己——这件世界上独一无二的艺术品。

请完成一件极具匠人匠心的事情，不需多大，你可从小事做起，例如：

1．画一个精致的妆容

2．做一个精美的手工

3．录一首极美的歌声

4．拍一张极美的风景

5．做一次极致的卫生

6．设计一次极为用心的服务

7．表达一次极为用情的心声

8．写一篇极佳的推文

❺ 学习成果——学生成长记录

第（ ）周　本周学习内容：
班级：　姓名：　学号：

经过一周的学习，请以具体事例从“认知、情感和行为”三个方面，反思总结个人心智与行为的变化，让成长可以看得见！

（举例如下，你可以写得更具体，可以多写几项，期待你有更多成长！）

时间	认知	情感	行为
学习之前	对亲人和好朋友不需要总是道谢，那样会很见外 ……	因为不去表达，会让自己内心情感匮乏，甚至麻木 ……	不习惯道谢，表达爱，不习惯表达感情，也没有用其他行动来表达 ……
学习之后	没有什么是理所当然的。每个人内心都需要被认可和感谢 ……	表达了感激之后，感觉彼此的情感更深厚，彼此的内心更温暖、更有爱 ……	除了用语言，也用具体的行动表达感激、关心和爱 ……

学习成果——学生成长记录

第（ ）周　　本周学习内容：

班级：　　　　姓名：　　　　学号：

经过一周的学习，请你以具体事例从“认知、情感和行为”三个方面，反思总结个人心智与行为的变化，让成长可以看得见！

时间	认知	情感	行为
学习之前			
学习之后			

学习成果——学生成长记录

第（ ）周　本周学习内容：

班级：　姓名：　学号：

经过一周的学习，请你以具体事例从“认知、情感和行为”三个方面，反思总结个人心智与行为的变化，让成长可以看得见！

时间	认知	情感	行为
学习之前			
学习之后			

学习成果——学生成长记录

第（　）周　　本周学习内容：

班级：　　　　姓名：　　　　学号：

经过一周的学习，请你以具体事例从“认知、情感和行为”三个方面，反思总结个人心智与行为的变化，让成长可以看得见！

时间	认知	情感	行为
学习之前			
学习之后			

学习成果——学生成长记录

第（ ）周　本周学习内容：

班级：　　姓名：　　学号：

经过一周的学习，请你以具体事例从“认知、情感和行为”三个方面，反思总结个人心智与行为的变化，让成长可以看得见！

时间	认知	情感	行为
学习之前			
学习之后			

学习成果——学生成长记录

第（ ）周　　本周学习内容：

班级：　　　　姓名：　　　　学号：

经过一周的学习，请你以具体事例从“认知、情感和行为”三个方面，反思总结个人心智与行为的变化，让成长可以看得见！

时间	认知	情感	行为
学习之前			
学习之后			

学习成果——学生成长记录

第（ ）周 本周学习内容：

班级： 姓名： 学号：

经过一周的学习，请你以具体事例从“认知、情感和行为”三个方面，反思总结个人心智与行为的变化，让成长可以看得见！

时间	认知	情感	行为
学习之前			
学习之后			

学习成果——学生成长记录

第（ ）周　　本周学习内容：

班级：　　　　姓名：　　　　学号：

经过一周的学习，请你以具体事例从“认知、情感和行为”三个方面，反思总结个人心智与行为的变化，让成长可以看得见！

时间	认知	情感	行为
学习之前			
学习之后			

学习成果——学生成长记录

第（ ）周　　本周学习内容：

班级：　　　　姓名：　　　　学号：

经过一周的学习，请你以具体事例从“认知、情感和行为”三个方面，反思总结个人心智与行为的变化，让成长可以看得见！

时间	认知	情感	行为
学习之前			
学习之后			

学习成果——学生成长记录

第（ ）周　　本周学习内容：

班级：　　　　姓名：　　　　学号：

经过一周的学习，请你以具体事例从“认知、情感和行为”三个方面，反思总结个人心智与行为的变化，让成长可以看得见！

时间	认知	情感	行为
学习之前			
学习之后			

学习成果——学生成长记录

第（ ）周　　本周学习内容：

班级：　　　　姓名：　　　　学号：

经过一周的学习，请你以具体事例从“认知、情感和行为”三个方面，反思总结个人心智与行为的变化，让成长可以看得见！

时间	认知	情感	行为
学习之前			
学习之后			

学习成果——学生成长记录

第（ ）周　　本周学习内容：

班级：　　　　姓名：　　　　学号：

经过一周的学习，请你以具体事例从“认知、情感和行为”三个方面，反思总结个人心智与行为的变化，让成长可以看得见！

时间	认知	情感	行为
学习之前			
学习之后			

学习成果——学生成长记录

第（ ）周　　本周学习内容：

班级：　　　　姓名：　　　　学号：

经过一周的学习，请你以具体事例从“认知、情感和行为”三个方面，反思总结个人心智与行为的变化，让成长可以看得见！

时间	认知	情感	行为
学习之前			
学习之后			

学习成果——学生成长记录

第（ ）周　　本周学习内容：

班级：　　　　姓名：　　　　学号：

经过一周的学习，请你以具体事例从“认知、情感和行为”三个方面，反思总结个人心智与行为的变化，让成长可以看得见！

时间	认知	情感	行为
学习之前			
学习之后			

学习成果——学生成长记录

第（ ）周　本周学习内容：

班级：　　　　姓名：　　　　学号：

经过一周的学习，请你以具体事例从“认知、情感和行为”三个方面，反思总结个人心智与行为的变化，让成长可以看得见！

时间	认知	情感	行为
学习之前			
学习之后			

学习成果——学生成长记录

第（ ）周 本周学习内容：

班级： 姓名： 学号：

经过一周的学习，请你以具体事例从“认知、情感和行为”三个方面，反思总结个人心智与行为的变化，让成长可以看得见！

时间	认知	情感	行为
学习之前			
学习之后			

学习成果——学生成长记录

第（ ）周 本周学习内容：

班级： 姓名： 学号：

经过一周的学习，请你以具体事例从“认知、情感和行为”三个方面，反思总结个人心智与行为的变化，让成长可以看得见！

时间	认知	情感	行为
学习之前			
学习之后			

学习成果——学生成长记录

第（ ）周　　本周学习内容：

班级：　　　　姓名：　　　　学号：

经过一周的学习，请你以具体事例从“认知、情感和行为”三个方面，反思总结个人心智与行为的变化，让成长可以看得见！

时间	认知	情感	行为
学习之前			
学习之后			

学习成果——学生成长记录

第（ ）周 本周学习内容：

班级： 姓名： 学号：

经过一周的学习，请你以具体事例从“认知、情感和行为”三个方面，反思总结个人心智与行为的变化，让成长可以看得见！

时间	认知	情感	行为
学习之前			
学习之后			

学习成果——学生成长记录

第（　）周　　本周学习内容：

班级：　　　　姓名：　　　　学号：

经过一周的学习，请你以具体事例从“认知、情感和行为”三个方面，反思总结个人心智与行为的变化，让成长可以看得见！

时间	认知	情感	行为
学习之前			
学习之后			

学习成果——学生成长记录

第（　）周　本周学习内容：

班级：　　　姓名：　　　学号：

经过一周的学习，请你以具体事例从“认知、情感和行为”三个方面，反思总结个人心智与行为的变化，让成长可以看得见！

时间	认知	情感	行为
学习之前			
学习之后			

学习成果——学生成长记录

第（ ）周　　本周学习内容：

班级：　　　　姓名：　　　　学号：

经过一周的学习，请你以具体事例从“认知、情感和行为”三个方面，反思总结个人心智与行为的变化，让成长可以看得见！

时间	认知	情感	行为
学习之前			
学习之后			

学习成果——学生成长记录

第（　）周　　本周学习内容：

班级：　　　　姓名：　　　　学号：

经过一周的学习，请你以具体事例从“认知、情感和行为”三个方面，反思总结个人心智与行为的变化，让成长可以看得见！

时间	认知	情感	行为
学习之前			
学习之后			

学习成果——学生成长记录

第（ ）周　　本周学习内容：

班级：　　　　姓名：　　　　学号：

经过一周的学习，请你以具体事例从“认知、情感和行为”三个方面，反思总结个人心智与行为的变化，让成长可以看得见！

时间	认知	情感	行为
学习之前			
学习之后			

学习成果——学生成长记录

第（ ）周 本周学习内容：

班级： 姓名： 学号：

经过一周的学习，请你以具体事例从“认知、情感和行为”三个方面，反思总结个人心智与行为的变化，让成长可以看得见！

时间	认知	情感	行为
学习之前			
学习之后			

学习成果——学生成长记录

第（ ）周　　本周学习内容：

班级：　　　　姓名：　　　　学号：

经过一周的学习，请你以具体事例从“认知、情感和行为”三个方面，反思总结个人心智与行为的变化，让成长可以看得见！

时间	认知	情感	行为
学习之前			
学习之后			

学习成果——学生成长记录

第（ ）周　　本周学习内容：

班级：　　　　姓名：　　　　学号：

经过一周的学习，请你以具体事例从“认知、情感和行为”三个方面，反思总结个人心智与行为的变化，让成长可以看得见！

时间	认知	情感	行为
学习之前			
学习之后			

学习成果——学生成长记录

第（ ）周　　本周学习内容：

班级：　　　　姓名：　　　　学号：

经过一周的学习，请你以具体事例从“认知、情感和行为”三个方面，反思总结个人心智与行为的变化，让成长可以看得见！

时间	认知	情感	行为
学习之前			
学习之后			

学习成果——学生成长记录

第（ ）周　本周学习内容：

班级：　姓名：　学号：

经过一周的学习，请你以具体事例从“认知、情感和行为”三个方面，反思总结个人心智与行为的变化，让成长可以看得见！

时间	认知	情感	行为
学习之前			
学习之后			

学习成果——学生成长记录

第（ ）周　　本周学习内容：

班级：　　　　姓名：　　　　学号：

经过一周的学习，请你以具体事例从“认知、情感和行为”三个方面，反思总结个人心智与行为的变化，让成长可以看得见！

时间	认知	情感	行为
学习之前			
学习之后			

学习成果——学生成长记录

第（ ）周　本周学习内容：

班级：　　姓名：　　学号：

经过一周的学习，请你以具体事例从“认知、情感和行为”三个方面，反思总结个人心智与行为的变化，让成长可以看得见！

时间	认知	情感	行为
学习之前			
学习之后			

参考文献

1. 中共中央宣传部. 习近平新时代中国特色社会主义思想学习纲要［M］. 北京：学习出版社，2019.
2. 陈先达，杨耕. 马克思主义哲学原理［M］. 北京：中国人民大学出版社，2019.
3. 李锦鸣. 知行至善：社会主义核心价值观读本［M］. 北京：光明日报出版社，2019.
4. 佩勒林. 4D 卓越团队［M］. 北京：中华工商联合出版社，2014.
5. 惠特默. 高绩效教练［M］. 5 版. 北京：机械工业出版社，2018.
6. 阿特金森，切尔斯. 唤醒沉睡的天才：教练的内在动力［M］. 古典，王岑卉，译. 北京：科学技术文献出版社，2013.
7. 阿特金森. 被赋能的高效对话：教练对话流程实操［M］. 杨兰，译. 北京：华夏出版社，2015.
8. 莫琳，希凯. 深度思考：不断逼近问题的本质［M］. 南京：江苏凤凰文艺出版社，2018.
9. 威廉姆斯，等. 改善情绪的正念疗法［M］. 谭洁清，译. 北京：中国人民大学出版社，2009.
10. 吉泽准特. 解决问题的三大思考工具［M］. 南昌：江西人民出版社，2019.
11. 巴斯. 进化心理学［M］. 上海：华东师范大学出版社，2015.
12. 王阳明. 传习录［M］. 西安：三秦出版社，2018.
13. 霍斯. 共创式教练：转变思维，蜕变人生［M］. 3 版. 北京：电子工业出版社，2018.
14. 斯托茨福斯. 提问的威力［M］. 北京：华夏出版社，2014.
15. 刘润. 人与人之间最大的差距，不是情商和智商，而是“思维模型”［EB/OL］. 公众号：洞见，2019－08－17.
16. 唐若. 一个人心智成熟的五个迹象，你有吗？［EB/OL］. 公众号：真心约工作室，2018－10－07.
17. 艾菲. 优秀的人，往往都具备这 5 种视角［EB/OL］. 公众号：管理的常识，2018－12－15.
18. ENZO S. 心智模式运行原理和改变方法总结推荐［EB/OL］. 公众号：魔言大通工作室，2018－09－12.
19. 博见. 4D 卓越领导力之“天性探索 1”［EB/OL］. 公众号：博见微课堂，2017－07－14.
20. 吉利汽车销售公司. 远航三期案例之 4D 领导力［EB/OL］. 公众号：博见微课堂，2016－10－10.
21. 吸引力法则：你的人生由你的语言和思想决定！［EB/OL］. 公众号：大任海洋成长俱乐部，2016－11－10.
22. 那些一眼看透本质的人，逻辑都是这样练就的！［EB/OL］. 公众号：一秒刘，2018－04－07.
23. 谢春霖. 一秒钟，看透问题的本质［EB/OL］. 公众号：富研社，2018－08－29.
24. 罗静之. 情绪没有好坏，但不可执著［EB/OL］. 公众号：静之兄，2019－11－10.
25. 童太太. 0－1000，测测你的情绪能量级是多少？［EB/OL］. 公众号：慢主妇，2018－11－06.
26. 胡鸿杏. 理所当然阻碍感恩之路［EB/OL］. 公众号：胡鸿杏名师工作室，2019－11－07.
27. 刘良钰. 4D 那些事：上［EB/OL］. 公众号：领导力专业教练，2017－06－08.
28. 刘润. 你们公司是利益共同体，还是事业共同体？［EB/OL］. 公众号：刘润，2016－07－14.

29. 陈哲. 逻辑层次图，让每件事情都有价值 [EB/OL]. 公众号：有邻书舍，2017 - 04 - 25.
30. 王玉珂. 教练技术：刻度尺提问——让问题真正看见 [EB/OL]. 公众号：华住大学，2019 - 06 - 13.
31. 教练工具：什么是人生平衡轮？[EB/OL]. 公众号：江山教练，2019 - 03 - 14.
32. 4D 卓越领导力 - 行为模式 [EB/OL]. 4D 领导力项目研究院，2017 - 05 - 05.
33. 高正坤. 教练视角丨接纳无常，活出自在 [EB/OL]. 公众号：迈士顿国际教练社，2019 - 07 - 17.
34. 每个人都是 OK 的：教练的五大原则之一 [EB/OL]. 公众号：云鹏教练，2018 - 01 - 18.
35. 张良计. 如何培养高薪人士的逻辑思维力 [EB/OL]. 公众号：张良计，2019 - 10 - 14.
36. 木舟. 细节决定成败，教养决定生命层次 [EB/OL]. 公众号：北大纵横，2018 - 11 - 23.
37. 官微君. 生活中 100 种实用的优雅小动作 [EB/OL]. 公众号：西安外国语大学，2015 - 03 - 06.
38. 工匠精神：让工作成为一种修行！ [EB/OL]. 公众号：道德经智慧，2018 - 01 - 13.
39. 单霁翔. 院长谈故宫人的“工匠精神” [EB/OL]. 公众号：微故宫，2016 - 05 - 17.
40. Susan Kuang. 为何“工匠精神”如此重要 [EB/OL]. 公众号：SusanKuang，2017 - 01 - 07.
41. 杜德春. 工匠精神的精髓是什么 [EB/OL]. 公众号：食品工匠杜德春，2019 - 11 - 01.
42. 静读君. 看透 10 幅逻辑思维图，提升你思考的层次 [EB/OL]. 公众号：静读空间，2019 - 10 - 05.
43. 帮你解决问题的三大思考工具 [EB/OL]. 公众号：文都共享智库，2019 - 12 - 12.